海外中国研究丛书
刘东 主编

[英] 罗伯特·沃迪
(Robert Wardy) 著
韩小强 译

ARISTOTLE IN CHINA
Language, Categories and Translation

亚里士多德在中国

语言、范畴和翻译

江苏人民出版社

图书在版编目(CIP)数据

亚里士多德在中国:语言、范畴和翻译／(英)罗伯特·沃迪著;韩小强译. — 南京:江苏人民出版社,2019.3(2022.1重印)

(海外中国研究丛书/刘东主编)

书名原文:Aristotle in China:Language,Categories and Translation

ISBN 978-7-214-23344-8

Ⅰ.①亚… Ⅱ.①罗… ②韩… Ⅲ.①语言哲学—研究 Ⅳ.①H0

中国版本图书馆 CIP 数据核字(2019)第 108490 号

This is a Simplified Chinese edition of the following title published by Cambridge University Press:
Aristotle in China:Language, Categories and Translation by Robert Wardy
ISBN:9780521028479
© Cambridge University 2006
This Simplified Chinese edition for the People's Republic of China (excluding Hong Kong, Macau and Taiwan) is published by arrangement with the Press Syndicate of the University of Cambridge, Cambridge, United Kingdom.
© Cambridge University Press and Jiangsu People's Publishing House 2019
This simplified Chinese edition is authorized for sale in the People's Republic of China (excluding Hong Kong, Macau and Taiwan) only. Unauthorised export of this simplified Chinese edition is a violation of the Copyright Act. No part of this publication may be reproduced or distributed by any means, or stored in a database or retrieval system, without the prior written permission of Cambridge University Press and Jiangsu People's Publishing House.
Copies of this book sold without a Cambridge University Press sticker on the cover are unauthorized and illegal.
本书封面贴有 Cambridge University Press 防伪标签,无标签者不得销售。
江苏省版权局著作权合同登记号:图字 10-2016-159 号

书　　　名	亚里士多德在中国:语言、范畴和翻译
著　　　者	[英]罗伯特·沃迪
译　　　者	韩小强
责 任 编 辑	高　佳　洪　扬
装 帧 设 计	陈　婕
责 任 监 制	王　娟
出 版 发 行	江苏人民出版社
地　　　址	南京市湖南路 1 号 A 楼,邮编:210009
照　　　排	江苏凤凰制版有限公司
印　　　刷	南京新洲印刷有限公司
开　　　本	652 毫米×960 毫米　1/16
印　　　张	13.75　插页 4
字　　　数	171 千字
版　　　次	2019 年 3 月第 1 版
印　　　次	2022 年 1 月第 2 次印刷
标 准 书 号	ISBN 978-7-214-23344-8
定　　　价	39.00 元

(江苏人民出版社图书凡印装错误可向承印厂调换)

序"海外中国研究丛书"

中国曾经遗忘过世界,但世界却并未因此而遗忘中国。令人嗟讶的是,20世纪60年代以后,就在中国越来越闭锁的同时,世界各国的中国研究却得到了越来越富于成果的发展。而到了中国门户重开的今天,这种发展就把国内学界逼到了如此的窘境:我们不仅必须放眼海外去认识世界,还必须放眼海外来重新认识中国;不仅必须向国内读者迻译海外的西学,还必须向他们系统地介绍海外的中学。

这个系列不可避免地会加深我们150年以来一直怀有的危机感和失落感,因为单是它的学术水准也足以提醒我们,中国文明在现时代所面对的绝不再是某个粗蛮不文的、很快就将被自己同化的、马背上的战胜者,而是一个高度发展了的、必将对自己的根本价值取向大大触动的文明。可正因为这样,借别人的眼光去获得自知之明,又正是摆在我们面前的紧迫历史使命,因为只要不跳出自家的文化圈子去透过强烈的反差反观自身,中华文明就找不到进入其现代形态的入口。

　　当然,既是本着这样的目的,我们就不能只从各家学说中筛选那些我们可以或者乐于接受的东西,否则我们的"筛子"本身就可能使读者失去选择、挑剔和批判的广阔天地。我们的译介毕竟还只是初步的尝试,而我们所努力去做的,毕竟也只是和读者一起去反复思索这些奉献给大家的东西。

刘　东

目 录

前言 *1*

第一章 "中国综合征":语言、逻辑形式、翻译 *1*
  1. 引言 *1*
  2. 引导和限制 *4*
  3. 到底什么是翻译? *13*
    3.1 伍尔夫假说 *13*
    3.2 缩减的哲学人类学 *19*
    3.3 洪堡的遗产 *23*
  4. 案例分析一:条件句 *31*
  5. 案例分析二:汉语是名称一览表 *37*
  6. 逻辑形式 *43*
    6.1 反"逻辑"翻译 *43*
    6.2 形式为何重要 *49*
    6.3 削足适履式的逻辑 *55*
  7. 案例分析三:Being *64*
  8. 案例分析四:真理 *70*

9. 案例分析五：名词和本体论　74

10. 小结　79

第二章　亚里士多德传话游戏　86

1. 引言　86

2. 名字里有什么？　108

3. 论辩、分辨、推论　120

4. 逻辑的必要性　129

5. 有限和无限　134

6. 简单与复杂　139

7. 所有存在之物　144

8. 有多少问题？　156

9. 相对而言　160

10. 特殊与一般　163

11. 译不可译　174

后记　179

术语表　182

书目　194

前　言

《亚里士多德在中国》探讨的是语言与思想的关系问题。这个题目听起来确实宽泛得有点荒唐,不过就其具体涉及语言与哲学思想的关系,尤其是汉语与中国逻辑的关系而言,它实际上也就不那么不着边际了。对通过阅读汉译亚里士多德《范畴篇》来探讨这些重大问题的做法,也许读者从一开始便能认可它是一种有意而为的迂回方式,而不是无聊之举。我相信,如果读者能耐心读下去,他们确会发现这种迂回方式有许多好处。

本书第一部分介绍、界定和分析(剖析)各种语言相对主义理论,并着重探讨与此相关的中国问题。第二部分全部用来研读《名理探》这部十七世纪亚里士多德《范畴篇》的汉译本。我试图通过这种"元评论"来激活这个在中西方都存在的古老传统。尽管本书所针对的读者群包括在以下学术领域中从事研究的人们:哲学、古典学、汉学、语言学、人类学、传教学,对纯哲学感兴趣的读者不妨只读第一章,而关心汉学的读者可以专注于第二章而不必在第一章中的哲学问题上花功夫。作为一个篇幅短小的跨学科研究,本书不可避免地存在着许多哲学、语言学、历史学及人类学方面的不足之处。我只能坦率承认自己能力有限,同时希望本书能抛砖引玉。为使具有不同专业背景的学者从我的研究中获益,我还在技术层面上提供了必要的条件。所有希腊语、拉丁语和汉语都做了翻译(有些引用的二手研究文献是用其他现代欧洲语言写成的,我将理解它们的任务留给读者了。另外,日语和现代汉语则超出了我的能力范围)。在第二部分,我将依赖大量间接引文,因为拉丁原文和其汉语翻译极为稀少,哪怕在那些主要的大图书馆里也难以找到。我直接引用大量汉语原文,因此我无法总是采用音译的办法。不过每当讨论一个汉字或汉语句子时,我会附上韦氏拼音。

在第一章里,我相当全面地阐述了我与葛瑞汉(Angus Graham)在观点上的不同之处。对他在其代表作《辩道者》中对伍尔夫假说的解释,在困惑之余我感到其不足,而这则成为撰写本书的一个动因。葛瑞汉的论著充满了令人叹为观止的雄辩,我认为这样一位作者最能欣赏的赞誉应当是批判性的回应。他曾慷慨地应我之邀在剑桥大学就这一问题发表讲演,据我所知这可能是他最后一次在学界公开露面。很遗憾那次起始的讨论只能在没有他的不可替代的参与下继续进行,不过我还是决定撰写一部恰如其分的有失恭敬的论著以示纪念。在试图澄清我的异议时,我从许多人的帮助中获益匪浅,他们是迈尔斯·贝恩耶特(Myles Burnyeat)、罗杰·克里斯普(Roger Crisp)、何莫邪(Christoph Harbsmeier)、杰弗里·霍洛克斯(Geoffrey Horrocks)、詹嘉玲(Cathérine Jami),保罗·桑福德(Paul Sanford)。尤其值得一提的是理查德·戴维斯(Richard Davies)、尼古拉斯·丹耶(Nicholas Denyer)和斯蒂芬·梅金(Stephen Makin)的细致和尖锐的评论。当我在李约瑟研究所(Needham Research Institute)介绍这份研究的一份草稿时,听众积极的反应又一次坚定了我对这项研究的信心。不列颠学院-利弗休姆信托高级研究基金为我的研究提供了资助。对我来说,没有这项资助,要想完成这样这一如此繁重的研究项目无疑是不可能的。我还得到了柏林"中国之欧洲(之三)"研讨会参与者的热情鼓励,尤其受惠于钟鸣旦

(Nicholas Standaert)的中肯建议。李约瑟研究所的图书管理员约翰·墨菲特(John Moffet)在查找稀有资料中所表现出的友善和效率堪称楷模。手稿审阅者朗宓榭(Michael Lackner)和戴维·塞德利(David Sadley)的提议是我在本书修改阶段获得了极大的帮助。凯瑟琳·艾瑟顿(Catherine Atherton)对手稿广泛和深入的批评尤其宝贵。大卫·麦克姆伦(David McMullen)为了修改我那些生涩的译文投入了大量时间,他所表现的无私精神让我真正理解到"君子"的含义。最后,我将此书献给杰弗里·劳埃德(Geoffrey Lloyd)。他尽管对汉之后的中国无太大的热情,但没有他给我树立的榜样,难以想象我能在如此远离我母语的世界中流连忘返。

	tem, & poteſtatem literarum, ignorata earum natura,ita Logici cognoſcunt vim prædicationum, ſuppoſito earum fundamento quod Metaphyſici exponunt. Ad tertiam reſpondetur opus eſſe Dialectico, omnia rerum genera, quoad rationem prædicandi, & ſubijciendi, cognoſcere, non vt earum rerum notitiam per ſe comparet, ſed vt medijs abundet, ad quancunque de re propoſita quæſtionem pertractandam. Argumentum ſecundæ reſolutum iam eſt.
Ad 3.	
Ad varias intellectus operationes variæ quoq; Logicæ tractationes ordinatur.	Hactenùs de ordine huius tractationis ad cæteras diſciplinas, nunc de illo, quem ad alias Logicę Ariſtotelis partes obtinet; is verò eſt idem, qui in operationibus mentis conſpicitur. Nam primæ operationi, qua ſimplicia apprehenduntur, reſpondet hæc prædicamentorum doctrina, vbi ſimplicia nomina in claſſes rediguntur. Secundæ, qua componimus, & diuidimus, aptantur libri

de interpretatione, in quibus de enuntiatione diſputatur. Tertiæ, qua ratiocinamur, congruunt Analytica, & Topica, vbi conſequentiæ, argumentationes, ſyllogiſmique fabricantur.

Huius doctrinæ commoditas, & vtilitas eſt quam maxima ad omnem vſum dialecticum, nam ad diuiſiones, definitionesque conficiendas expedita præbet materiam, Genera, Species, Differentiaſque diſtinguendo. Ad argumentationem verò de quacunque re inſtituendam, omnè ſubijcit naturã, omnè proprietatē. Diſtributio operis eſt in tres partes, in ante Prædicamenta, in Prædicamenta, & poſt Prædicamenta. Prima quatuor capitib. continetur. Secunda, quæ præcipua eſt, quinque ſequentibus. Tertia, vt ordine, ita vtilitate, & dignitate vltima, totidem extremis. **Hæc doctrina ad omnē vſum dialecticum eſt maximè neceſſaria. Tractatio Prædicamētorum in tres partes diuiditur.**

EXPLANATIO CAPITIS PRIMI,
DE AEQVIVOCIS, VNIVO-
cis, & Denominatiuis.

SVMMA CAPITIS.

Definitio Aequiuoc.	Hoc caput tres continet definitiones, & totidem in partes diuidi poteſt. Prima eſt Aequiuocorum in hunc modum; Aequiuoca ſunt ea, quorum nomen commune eſt, ratio verò ſubſtantiæ nomini accommodata, diuerſa; hoc eſt, quæ nomine conueniunt, conceptibus autem, vel eſſentia diſcrepant. Secun-
Definitio Vniuoc.	da eſt Vniuocorum, & ſic habet; Vniuoca ſunt, quorum & nomen commune eſt, & ratio ſubſtantiæ nomini accommodata, eadem, ſeu quæ & nomine, & eſſentia conueniunt. Tertia, deſcribuntur Denominatiua hac ratione. Denominatiua ſunt, quæ ab aliquo
Definitio Denomina tiui.	nominis habent appellationem ſolo differentia caſu;hoc eſt, quæ tribuunt ſubiecto appellationem alicuius formæ,quæ afficitur vocabulo initio eodem, fine tamen diuerſo.

CAPVT I.

	COMMENTARIVS.
	a *Æquiuoca dicuntur*] Quoniam huius primæ partis doctrina eo tendit, vt nonnulla explicentur ad prædicamentorum intelligentiam neceſſaria, quæ ſi poſteà traderentur, inchoatam diſputationis ſeriem interrūperent, idcircò primis quatuor capitibus, quædam; omnibus, vel pluribus Categorijs, partim repugnantia, partim conuenientia, edifferit. Huius conſilij ratio, vt in hoc primo capite elucet, aduertit Albertus Magnus tractatu decimo
Trifariam conferri poſſunt prædicamenta.	capite 2. Aegydius hic, & alij trifariam conferri poſſe Prædicamenta. Primò, omnia cum Ente, cuius membra ſunt. Secundo, ſingula cum ſuis inferioribus. Tertiò, quædam ad alia, verbi cauſa, Prædicamenta accidentium ad ſubſtantiam. Si comparatio fiat primo modo,omnia ſunt Aequiuoca,ſeu analoga;qua de cauſa, differit hoc loco de Aequiuocis, adde etiam, vt oſtendat ea excludenda eſſe à Prædicamentis. Si ſecundo modo omnia conueniunt vniuocè, vt planum eſt. Si denique tertiò,ſingula nouē Categoriarum accidentia dicuntur de ſubſtantia, non æquiuocè; quia prædicari poſſunt eadem ratione, vt in Prædicabilibus viſum eſt; non vniuocè, quia affix-

A a *Equiuoca dicuntur ea*, b § *Quorum nomen ſolum commune eſt*: c § *ratio verò ſubſtātia* d § *Nomini accōnodata,diuerſa: vt animal dicitur,& ipſe homo,& id, quod eſt pictū. Horū enim nomē cōmune tantūmodo eſt, ratio verò ſubſtātiæ nomini accōmodata diuerſa. Si quiſpiā enim,quanã ſit vtriuſq; ratio animalis voluerit aſſignare ratione vtriuſq; profectò propriã aſſignabit.* e § *Vniuoca ea dicūtur,quorū & nomē commu-* **Alb. Mag. Ægyd.**

㊄ 物倫首辯同名岐義活人塑人皆謂之人厥名雖同體義則異。

解 此論分別十倫從義端物理推較而定所較有三。舉上倫與總有而較二舉各倫與其屬之下性而較三舉自立者之倫與他諸倫而較也舉總有之較則十倫之諸性皆同名岐義者也舉自一理故岐義西云額計勿加者是也舉下性之較則十倫之諸性皆同名同義者西云悟尼勿加者是也

第一章 "中国综合征":语言、逻辑形式、翻译

> 对语言和科学可做的唯一概括说明是对它们不做任何概括说明。——赵元任

> 语言遮蔽思想。从思想的外部包装上完全无法推断出隐藏在它之后的思想的样式,正如衣着的样式本来就不是为了体现衣着下面身体的样式,而是服从于完全不同的目的。——维特根斯坦《逻辑哲学论》①

1. 引言

在第一章中,我将探讨一个方法论上的预设,这个预设对在中国哲学领域中从事研究的很多东西方学者影响很大,不过我先不评论这种影响到底是好是坏。这一预设大致是关于中国哲学总体上具有的独特的中国性。它认为这一(或这些)中国性决定了中国哲学发展的轨迹,我们

---

① 原文为德语:"Die Sprache verkleidet den Gedanken. Und zwar so, daß man nach der äußeren Form des Kleides, nicht auf die Form des bekleideten Gedankens schließen kann; weil die äußere Form des Kleides nach ganz anderen Zwecken gebildet ist, als danach, die Form des Körpers erkennen zu lassen."

有必要用它(或它们)来说明我们所能感受到的存在于中国哲学和作为另一奇特的单一整体的西方哲学之间的任何广泛和深刻的差别。

强调(广义上的)中国思想中的中国性,对任何不习惯于极端抽象论证的人来说,有点莫名其妙,因为这听上去等于什么也没说。无论是整个由李约瑟开启的对中国科学的研究,还是对中国哲学的研究,都不只是表现于对某些影响到中国思想演变有决定性的多元文化因素的恰当把握:占主导地位的是专注于那些和西方形成鲜明对比的特征。有时这有点像法庭辩论。中国人被看作是如此不同,几乎注定难以取得西方在某些方面取得的成就,那么问题是为什么会这样?但各种研究,无论是出于对这一现象辩护开脱还是批评责难,总是套用一些特定的研究模式,它们通常是通过曲解或至少是减省来削足适履地引用汉语资料。

吉奥夫雷·劳艾德在他新近出版的《去神秘化心态》一书中对一大批属于同一类的比较方法论做了猛烈的抨击。① 我想先谈谈以语言学方法为准则的一组相关理论,它们的重要性不仅仅在于它们在哲学界非常流行,还因为对它们的评价本身是一个特殊难题,尤其是一个哲学难题。心态研究试图在某些独特的思维方式(及其局限性)和某一特定的文化之间建立起联系,并以此来说明许多人类学问题。劳艾德一书反复出现的一个主题是,很多无法克服的困难使得既能找到一个可被清晰界定的社会单位来说明一种主导心态,同时又不陷入有趣的循环论证的任何努力难以实现。对劳艾德来说,至少在这一领域人们应该获得的教训是,把各种不同的倾向特征作单一化处理几乎无法自圆其说。不过我要加以细致分析的各种假说至少有一个棘手之处,它们的基本前提是,使用同一种语言的群体具有相对单一的特征,而这与很多从心态入手的研究

---

① 劳艾德:1990。

相比并不显得有多么荒谬。①

不过从另一个角度来看,要使此一前提不沦为真正的谬论,它必须能推动具有极大潜力的解释方法,尽管这听上去不无自相矛盾。我们先不考虑方言之间的差别,历时语言学,口语和书面语的关系,或特定文化群体语言表达上的专属模式这类问题。我们将从语言结构本身入手,类似于从"语言"(langue),而非"言语"(parole)入手。我们需将语言结构本身当作基础性的,以便不受我列出的任何重大差异的限制,哪怕冒着失去这虚设的理论统一体,即语言的危险。在狭窄的关于心态研究的争论圈子之外,比较语言假说的第一个与之不同方面是,后者热衷的比较方法更不易于被指责为纯理论虚构。第二个方面是,语言比较研究的倡导者并不总是认为思想实质上是语言性的,但他们确实欣然宣称,一方面语言结构在相当大的程度上与主要的思想型式同构,另一方面语言必定强加给思想那些型式,而不是思想决定语言结构。第三,这种同构关系应显现于理性的自我阐明,即哲学。哲学所使用的语言之于哲学发展,从积极的意义上说是它对哲学的引导作用,从消极的意义上说,则是对哲学的限制。

关于语言基本结构既激发又阻碍哲学思潮和观念之发展的假说,无论有益还是有害,它在研习中国哲学的人群中出人意料地一直非常流行。为了方便起见,我权且称它为"引导和限制假说",并通过对它如何在汉学圈内外开始流行来考察为什么人们对它抱有持续的热情。这一假说的显而易见的引人之处在于,它对理解为什么这么多的学者会采用

---

① 让-保罗・雷丁(Jean-Paul Reding)在《希腊和中国的范畴:重估语言相对主义》一文中有力地批判了关于语言影响哲学传统的那种在他看来过于轻率的相对主义结论:"如果人们能在语言中发现范畴,这并不表明范畴因语言而生,它只意味着范畴以某种不完善的方式呈现在语言中。说语言提供了思想的渠道也是错误的:语言反倒淹没了思想,哲学家的职责在于找到那些可通行的浅滩。"(雷丁:1986,第 355—356)。

某一特定的研究方法(富)有启发性。① 除此之外,我所采用的做法还具备一个额外的优势,即有助于解释比较方法论的一个如若不采用这种做法便会令人惊异的方面:即它与主流哲学人类学的明显冲突。在把它的发展脉络理清以后,我将通过对某些涉及可能是最有趣且最重要的主题的案例分析,来评估假说倡导者各不相同的机运。显然,戏称这一假说在汉学圈中的流行为"综合征"确含贬义。不过,即使我对它的评价基本上是负面的,也能帮助确诊困扰着比较语言哲学的严重问题,而且还可以提供一个新的理解那些有关语言及逻辑形式的至关重要但多变的概念。

2. 引导和限制

要清晰地阐述"引导和限制"并不难,难的是如何说明它具体的有用性,以及确定哪类语言现象是可以用来支持这一假说的证据,哪类语言现象是可以用来否定这一假说的证据。"引导"有两种形式。对相对论者而言,第一种形式意味着成功,因为它显示语言结构的某一特点要么有力推进,要么是更为常见的那样,至少促成哲学真理的发现。就第二种形式而言,哲学思想之所以"误入歧途",是因为语言的"误导",例如实体化语言的枝节性因素被误认为这些因素有指称现实世界的功能。"限制"和"误导"可以用来描述同一种现象,不过"限制"更多的时候是指某一种语言,从而某一种哲学传统完全缺乏在另一种语言,和另一种哲学传统中得到充分发展的整套思想方法。

在此我想谈谈一个在文献中常常被忽视的重要原则,恰如充分掌握各种相关语言的基本要求至多只能得到部分满足。参加讨论的人反复

---

① 一些(假如不是所有)我将要在下文中以批评的方式讨论的学者,可能会不无道理地指责我从一开始就严重地歪曲了他们的观点:因为他们在如何阐释中国哲学和语言的一些基本问题上明显不同,他们很难构成一个"群体"。我将试图展示的是,坚信"引导和限制假说"构成了一个成问题的方法论的整体,这个整体比起他们所处的各不相同的层级更具本质性。

引用一些在他们看来很能说明问题的语言现象,即那些可被称为"怪异"或"新奇"的语言现象。他们声称,这些现象是语言结构异质性造成的翻译阻塞的例子。可实际情况是,大部分这类证据,如果真能当作证据的话,最多只能用来否证"引导和限制"的假说。如果说要想用古汉语、古希腊语、现代英语或现代法语来表达某些哲学观念必须通过发明或借用某些术语,通过引入全新的定义和重新定义所用词语,甚或使用完全陌生的表达法,这恰恰说明哲学思想是可以表达的,尽管存在着要么相当巧妙地改造原义要么繁复冗长,或二者兼有的问题。汉学家常觉得那些将欧洲哲学文献译成汉语时所表现的巧智了不起,可他们应该注意到以英语译本来研习希腊哲学也一直需要精细调整。当人们用西方模式来与汉语和中国思想的复合体作比较,从语言学上来解释它们之间的差异被认作是基本性的,而当这种对比涉及的是古希腊语,如人们常常做的,那么这种基本差异便被用来区分印欧语系的语言和所有其他语系的语言。所以"怪异"或"新奇"的例子如果能说明问题,它们必须显示由于某种基本语言结构的存在,将中国思想从汉语译成其他语言和把产生于其他语言的思想译成汉语基本上是不可能的,仅仅是偶尔的改造原义无法作为一个充分的理由。

葛瑞汉在一系列著述中①阐述了"引导和限制假说",并将其运用于对中国哲学的总体评估上。② 不过我将反复讨论的是他的《论道者》。由于葛瑞汉在语言上无可比拟的造诣明确地的体现在他广袤精深的哲学论述,研读他本人所倡导的那个"引导和限制"特殊形式以及他对其他对立版本的批判一定会获益匪浅。

葛瑞汉对"刺耳"这一概念的使用似乎并不一贯,他有时夸大其作

---

① 最著名的是《论道者:古代中国的哲学论辩》,附录2。
② 虽然我们很容易在葛瑞汉篇幅浩瀚的作品中发现他早期立场有趣和各不相同的零星表达,就这一主题而言它们并不是简单地来回重复。事实上,在所有关键性文献中附录2是他的这番论点的结论性的、最终的总结。

用,而有时又表现出愿意和缓他的语言决定论的策略。他举出在他看来是柏拉图和安瑟伦对存在与本质的混淆,并缺乏根据地声称"这一谬误无法在汉语中重现"。① 如果真是这样,翻译便是不可能的。不过,也不全是,假如我们采用破坏常态的句法创新:"可以设想,从一种语言翻译而来的哲学,尽管似乎能丰富语汇,却会导致句法衰变。"② 但是他认为可以肯定,不可译性并未威胁到'那种极端的语言相对主义',或用葛瑞汉的话说,"无效性独立于个别的语言结构。"③

仅就此个案而言,因为葛瑞汉坚信把存在当作谓词是哲学上的一个错误(而且是西方哲学两千年发展史中最大的错误),而我则对此存疑,如果我们非得探讨所谓的东西方间的角逐,我当然不会得出他那样的结论。但任何比较研究都以他提出的假设为前提:汉语中任何一个用来翻译西方哲学的词或表达式,实际上都不是真正意义上的词或表达式,而所谓的翻译不是正当的翻译。在我看来,这无异于完全的任意。也许葛瑞汉的反驳理由是,将外国哲学翻译成汉语会造成句法"衰变",从而使得真正意义上的翻译无法实现,而这里并不存在循环论证。要使葛瑞汉的解释具有说服力,我们必须有把能够支持"引导和限制假说"的各类"衰变"现象和至少在哲学的意义上无害的语言创新区别开来的中立的标准,无论这些创新是语汇上的还是句法上的。同时这一标准应该具有明确无误的客观性,甄别"衰变"的方法不能只是根据研究者自己的哲学取向。很遗憾,葛瑞汉没有符合这个要求,仅仅是对某些语词的怪异感觉,并不能成为一个使人信服的论据,即使它是现代汉学领域里一位大

---

① 葛瑞汉:《论道:古代中国的哲学论辩》,第 412 页。
② 同上,第 413 页。
③ 同上,第 414 页。雷丁利索地颠倒了葛瑞汉的手法,他通过汉语是否得体来发现逻辑曲解:"唯一能够将我们引向中国范畴的道路,在于研究逻辑区分如何受到汉语句法的扭曲……在此,'曲解'并不是一个抽象概念:它显示为如同是哲学家感受到的一种不适或挫折,他在运用语言时,无意中撞上了语言的限度并起而反抗语言的缺陷,通过指出语言的缺陷,或者通过提供新的表达方式"(雷丁:1986,第 361—362 页)。我们将在 6.2 部分进一步探讨雷丁似的有关哲学受制于语言这种理论的历史演化。

师的感觉。

也许基于某一有趣的理由,可以说这一要求的确无法满足。甚至那些说母语的人也无法清楚地区分什么是"古怪"的句子,什么是完全无法理解的句子。① 如果想避免循环论证,葛瑞汉的哲学取向不应该影响他语言学方面的判断。但实际情况正相反,确实无人能在任何情况下作纯粹的语言学判断(除非是语法学家,而且是在处理专门选定的,且其语境被最大限度地消解的句子)。

与此相关的一个问题涉及到"语言"到底是什么。我已经强调说明了对"引导和限制"假说的评估由于其倡导者无法在某些句法结构层面上对之进行运用和测试而很难前行,以至于无证据显示存在着能威胁到文化比较的基本条件并导致其瓦解的重大语言变异。但是即使他们能做到这一点,到底有多少语言变异应不算在考虑范围之内仍不清楚。试图避免盲目地陷于循环论证极为重要性,而这充分地解释了关于中国独特的构词法,或独特的缺乏构词法的基本假设如此盛行。缺乏构词法应该是汉语的一个重要的基本特征。

这确实是任何懂汉语的人都知道的,并且和那种认为汉语极其不确定的说法有内在的关联②,而这种说法早在西方人刚接触到中国人的时候就有,一个很好的例子是以下利玛窦的看法:

> 最近我开始学习汉语,相信我,汉语是一种完全不同于希腊语或德语的语言。汉语口语具有很强的不确定性,很多词可以表达上

---

① 同样道理,清楚地区分什么是句子,什么不是句子,或什么是符合语法的句子,什么不是符合语法的句子也做不到,除非有人以死守某种语法元理论的方式,断然规定所有的语法必须是生成一种语言中所有(all and only)句子的规则。
② 例如,"在文献中发现的平均句法成分(尤其是基本的 2500 字[也即常用字])在语意内涵上如此丰富,以至区分含义非常困难,其结果是每个段落都可能是不确定的,可作多重解读,直到而且除非被赋予一重特殊的解释"(罗思文:1974,第 83 页);这一近乎普遍性的不确定性被引用来支持罗思文的令人惊讶的有争议的论点,也即古汉语的文字,由于与口语明显不同而不是一种自然语言。)

千种事物,而且很多时候区别两个词的唯一方法是用四声中的不同声高。当中国人在互相交谈的时候,他们会写出他们想说的话,以避免对方误解,因为汉字是千差万别的。至于那些汉字,如果你没有像我那样亲自见过和使用过,你无法想象。它们多到和词汇及所指事物一样多的地步,总共有七万多,而且每个都不一样,每个都很繁复。①

与此不同,约翰·维伯设想构词法的缺失决定了语言的自由,除了汉语,所有其他语言都丧失了这种原初的自由:

> 中国人从未像其他民族的人们那样陷入为寻找能派生出各种词的词根的困境。在汉语中,一个词根同时就是一个词,或者说一个词就是一个词根。……而且中国人全然不采用各种语法上的区分规则,譬如像动词和名词在性、数、格和时态上的变化,从而不受这些常常引起混乱的偶然因素的羁绊。除了自然之光的指引,他们无需遵守任何规则。也正由于此,他们的语言体现了纯自然言说应有的朴实、平易和简明。②

不过汉语真是如他们所说的那样具有无限的不确定性?假设这一判断是对的,这种不确定性如何才能被用来支持"引导和限制假说"?关于古汉语是否超级不确定的问题没有也不会有明确的可被接受的答案,原因是任何语言自身是不可能不确定的。"不确定性"就其可被精确定义和其扩展运用可被限定而言,是一个专业术语,其具体含义源自不是这种便是那种语言理论。现有的各种语言理论,还很难对什么样的语言现

---

① 致马蒂诺·德·福尔纳利信(1583),引自斯宾塞:1985,第 136—137 页。利玛窦把语词主要当作言说对象,似乎完全不理解书写符号是语词的符号,而不是字母一类的东西,即不是言说单位的符号。但是,正因为他对汉字的这种理解决定了他把汉字和它们所代表的语词当作不变的。
② 维伯:1669,第 192 页;并见维伯:1678。

象才算"不确定"达成共识,更不用说对"不确定"的原因作出解释。① 换句话说,人们能探查到的语言中的不确定在其性质和程度上,多半取决于如何区别语义学和语用学,以及是否赞同语用学的规范可以用来解决语言内部的含义问题。正因为这样,罗思文并未假定他所坚持认为广泛地存在于书面古汉语之中的不确定性是不可消除的,尽管不可思议的是,他否认句法在消除不确定上所起的作用:"上下文为解释某些文字段落提供了基本条件,而帮助完成这一解释的不是句法或语音要素,而是语义方面的信息"。② 他并没有想到如果上下文有规律地决定甚至只允许某一种解读,或至少某几种解读,类似于出现在大多数、甚至有可能是所有语言中的灵活性,那么宣称"几乎任何一段文字都是歧义(不确定)的"说得好听点也是高度误导的。罗思文所说的那些"解读"并不是读者加上去的,虽有助于理解,却外在于古汉语的东西。围绕着文本的各种因素对掌握所选段落的意义至关重要,而只要我们能认识到这些因素的范围和复杂性可能因不同的语言文化而大不相同,我们就能在语言之内获得罗思文所说的那些"解读"。

我想重申,无论是在古汉语还是在现代汉语中,动词既无时态也无虚拟态。尽管古汉语和现代汉语很不一样,但它们都没有像现代英语,更不像古希腊语那样明确地标示出条件关系。然而,如果我们能扩展视野,认识到除了词语形态和句法特征,还有其他的因素也能消除歧义,我们就必须抵御任何试图确定汉语限制中国思想的做法。对那些非常熟悉西方语言并对之有研究的人来说,把这些词语形态和句法特征之外的消除歧义的因素统称为"上下文"是一种方便甚或难以避免的做法。当然如果这种做法仅仅意味着忽略这些因素妨碍甚至解除人们还原本文

---

① 这一看法具有普遍适用性:单音、单音字、双重含义等等也是由意义的载体和意义的内在本质决定的,而能清楚理解这种决定关系并不容易。例如,"单音词听起来一样,但含义不一样"是一个无法被接受的很不严格的定义。不过试图澄清"听起来一样"和"含义不一样"究竟是什么意思则将会把我们带入最深层的理论思辨。
② 罗思文:1974年,第82页。

含义的能力,这本身也没什么可指摘的。我们可能会进一步设想,既然"上下文"对"文本"起着补充作用,而"文本"从语义的角度而言明摆着是首要的,需依赖于根据上下文来消除歧义以达到有效传达意义的语言必然根深蒂固的暧昧。但我们必须抵御这种想法的诱惑,尽管不那么容易。我们的答案是,只把某类语言单位看作适合于语义分析,至少从语义学家的角度而言,并不是一个理论上无可厚非的举措。假如以一种类似于理论家们在确定西方语言中的语义单位的方式来确定汉语中的语义单位,并且这种确定汉语中的语义单位的做法促使我们"发现"汉语中存在着不成比例的暧昧性,我们所应质疑的应是生搬硬套地运用理论,而不是这种语言在交流上的有效性。举一个简单的例子,何莫邪尽管对古汉语由上下文确定含义的重要性显示出令人赞叹的敏锐把握,但他据此得出的结论颇令人吃惊,且没有什么道理:

>   汉语句子的意义由上下文确定这一现象,使得从语用学的角度来描述汉语句子变得顺理成章。一个由上下文确定其意义的句子一般来说不会被用来当作指示现实事物的意像或对其客观再现,而是主要用来交流思想。我们也许可以说,那些只想达到交流的目的,而不是一定要再现或客观地呈现事物的人,会像中国古人那样以一种省略的方式来交谈和书写。①

另外如果"交流"不是必然地排斥,而只是省略"客观再现",我不能断定"交流"是指什么(何莫邪对这些技术性问题没有做更多的解释)。这一

---

① 原引文为德语:Aus der Kontext-Gebundenheit von AC-Sätzen ergeben sich Konsequenzen für die allgemeine pragmatische Charakterisierung dieser Sätze. Ein Satz, dessen Bedeutung sich erst aus dem Zusammenhang ergibt, ist im allgemeinen nicht primär als Abbild oder objektive Darstellung des Sachverhaltes gemeint, sondern primär als Mitteilung. Man ist versucht zu sagen, daß nur wer mitteilen will, ohne notwendigerweise auch abbilden oder objektiv darstellen zu wollen, so elliptisch reden und schreiben würde, wie das die alten Chinesen anscheinend zu tun pflegten. (何莫邪:1979年,第115页。)

推断和刚才强调的理论偏见相背离:如果脱离上下文的句子具有异常简约等特征,那么要想从语用学角度理解古汉语会产生瞩目的成果,我们必须假定"孤立的句子"确实是我们能赋予省略等性质的主要语义单位。①

如果以交流为目标,可以被称作"语言"的任何部分都可实现这一目标。但能够很好地实现这一目标的那些部分在不同的语言中可能非常不同。② "引导和限制假说"在古代中国哲学研究上的运用给我们的启示十分明显。缺乏词形变化被当作影响思想的一个重要的因素,它可能涉及"引导和限制假说"中的"限制"部分。它应该以不确定性和/或歧义的方式显示出来。但同时我们必须注意到存在着各种通过上下文消除歧义的因素,当然这种哲学文本中的消除歧义的因素显然和无论是古汉语还是现代汉语口语中的消除歧义的因素不尽相同。可以说古代中国哲

---

① 何莫邪后来提出了一种极其有用的对古汉语语法性的阐述,这一阐述实际上否定了他早期的推断:"Grammatikalität ist für ihn [meinen chinesischen Meister] nicht eine Eigenschaft von Sätzen als solchen, sondern eine Relation zwischen Satz, Interpretation und Kontext. Eine Theorie der Grammatikalität im Altchinesischen ist also in ganz elementarer Weise zugleich eine Theorie der Kommunikations-Kontexte. Dem Versuch, Grammatikalität rekursiv und pragmatisch kontextfrei im Hinblick auf das AC zu klären, geht jede Plausibilität ab"("对他(我的中国大师)来说,语法性并不是句子本身的特性,而是句子、解释和上下文的关系。所以语法理论在古汉语中是某种初级的关于交流的上下文的理论。试图以递归和语用的方法澄清古汉语也是可能的"(同上,第 266 页)。)另外,他所谓的"das Entbehrlichkeitsprinzip"("可扩充原则")可以帮助我们脱离那种过于地方化的语法背景所造成的盲区:"Abgesehen von idiomatischen Wendungen sind im AC alle informationstheoretisch (pragmatisch) redundanten Wörter grundsätzlich grammatisch facultative". ("除了习惯用语,所有古汉语中在理论(语用)信息方面多余的词的语法性质完全由说话者自行决定。"(同上,第 119 页)。)
② 罗伊·哈里斯以他惯有的尖锐风格对下面这种看法表达了类似的态度:"一种语言所提供或未曾提供的元语言术语,它所具备或缺乏的用来谈论语言的资源,反映了不同文化在将语言当作一种行为方式时所采用的路径的差别,这些差别时而微妙时而十分明显"(哈里斯:1980,第 21 页)他接着论辩道:"同意这一点的人却有可能会觉得,声称不同文化关于何为语言拥有不同的概念未免牵强。他可能没有意识到这个观点本身可能被视为反映了一种特殊的文化背景。因为欧洲人继承了一种知识传统,这种传统本身有着非常严重的偏见,它偏向于将语言视作表面不同但本质上等同的表达体系。这种假设以各种不同方式表现出来,其中包括试图对'语言'和其所服务的'文化'加以明确区分"(同上)。

学确实存在着"不确定"的特征,而这种特征很可能是其所使用的语言的一种功能,如果我们赋予"语言之功能"这一概念以灵活的定义。但是我们很难认为这是语言所带来的必然结果,如果"引导和限制"假说的倡导者必须把研究的对象完全集中在语言层面,也就是说,(按这一假设所规定的那样),只有在这一层面上他们才能避免在意义解释上还存在着各种棘手的、不是由中国"语言"造成的问题。

我们同时不能忘记,对整个中国古代哲学做某种概括本身是极其匆忙武断的做法。葛瑞汉曾经说过,晚期墨家对语言和逻辑的准确性的关注促使他们创建了某种形式的汉语,它的独特性在于它可以独立于上下文:

> 在大多数书面汉语中,一个词可能有很多不同的含义。理论上讲,这些不同的含义都可在字典中找到。在具体的交流中,我们可以通过熟悉词所出现的上下文而确定其含义。但是墨家论辩中使用的关键词只保留了基本的含义。这种语义上的限制,加上句法的精确化使得这些词不再具有在普通情况下其含义由上下文确定的特点。①

葛瑞汉还另外举了不少例子来说明墨家为了明晰性对词语和句法所作的改造,包括以下这个多半是猜测性的,但很有趣的例子:"墨家辩者有意保留了动词前置词'有'和'无'作为量化词,以避免它们在与其他字和助词一起构成合成词时所产生的混乱。"②当然,墨家逻辑学者在考虑这类问题和寻找解决方法上并不算很有代表性,但他们这种不寻常的探讨在语言学上意义深广,对此我们决不能忽视。

现在我们知道为什么"刺耳"并没有什么特别,并且了解到造成某些"引导和限制假设"各种问题的原因是"不确定"本身的不确定,以及"语

---

① 葛瑞汉:1978,第162页。
② 同上,第134页。

言"在作为一个理论术语所带有的不明确的多介性。接下来我们想讨论本杰明·沃伍夫的理论,以及为什么它在汉学研究领域有如此持续的影响。我首先想说的是,葛瑞汉在其《中国思想和汉语的关系》一文中开宗明义地提出:"从我们现在所能获得的资料来看,在佛教自印度传入之前,中国思想所代表的是一个非常独特的哲学传统,它完全独立于印欧语系的语言中发展出来的哲学传统。……所以中国思想可以是一个用来印证沃尔夫假说的理想范例,沃尔夫认为一种文化中的思想是由表述它的语言的结构所引导和制约的。"①

3. 到底什么是翻译?

3.1 伍尔夫假说

伍尔夫于1956年出版了他的《语言、思想与现实世界》,这是在他对霍皮(Hopi)语言的研究基础上写成的。伍尔夫在本书中提出的观点接近于我所称的"引导与限制假说",这一观点在哲学界和人类学界都具有巨大的影响,尽管这种影响是间接的。在哲学界的影响是通过奎因的学说,而在人类学界的影响是通过有关相对主义及理性的争论,在争论中,伍尔夫的理论还与一些由杰弗里·劳艾德的《破神秘心态》选取的补充性资料作了相互印证。沃尔夫本人对列维·布留尔的研究有浓厚的兴趣,他认为有关心理模式合理性的问题"只是涉及语言学的许多重要的心理学问题中的一个,它有待于语言学研究来提供客观和实证的解答。"②

阅读伍尔夫常令人恼怒,这种恼怒源自读者在试图弄清语言相对主义原则的确切含义时遭遇到的重重困难。不过这种恼怒情绪却能造成

---

① 葛瑞汉:1989,第389页。
② 伍尔夫:1967,第80页;摘自其中论文《原始社群思维的语言学考察》(约1936年)。

一种意想不到的效果,因为正是这种在阅读伍尔夫时产生的恼怒在很大程度上使伍尔夫产生如此大的影响力。显然伍尔夫笃信语言结构影响思想和行为,但是他所指的"结构"到底是什么?语言结构如何影响人的感知和人如何对现实世界反应?有多大的影响?还有支持语言相对主义的证据是什么样的?这些证据是否有说服力?所有这一切都很不清楚,因为伍尔夫从来也没有对他自己观点作确切的说明。我们有理由认为至少他的某些论断之间有互相矛盾之处。尽管他经常引用他所谓的词汇数据来支持他的说法,但他所注重的是"结构和语法"而不是词汇,因为他似乎认为前者的特性是自明的。例如他声称"那些抽象物(在我们的语言中没有对应于这些东西的恰当的表达法)在霍皮语中可以心理学或形而上学的语词来明确地表达,或者在更多的情况下以间接的方式通过语言的结构和语法,以及可被观察到的文化和行为来表达。"①伍尔夫明确否定思维总是语言性的,②他还不可思议地反对那种相对温和的关于语言和文化关系的理论,认为语言和文化之间不存在任何确定的联系,更不要说因果关系了。③但另一方面他却使用一些(准)比喻式的表达法,暗示语言确实对思想起决定作用,④他宣称"此(语言)研究表明一个人思维的形式是受到他自己意识不到,但无法违背的规则所控制"。⑤他甚至把牛顿的很多概念看作部分地源于牛顿所使用的语言:"牛顿的空间、时间和物质概念绝不是他直观的结果,它们是语言和文化的印记。

---

① 同上,第58—9页。摘自其中论文《美洲印第安人的宇宙模型》(约1936年)。
② 同上,第66页;摘自其中论文《原始社群思维的语言学考察》
③ 同上,第138—9页;摘自《语言、文化和个性:纪念萨丕尔文集》(1941)。
④ 例如他说:"(印欧语系语言中的)动词的三种时态影响了我们对时间的看法"(1967年,地143页,摘自《语言、文化和个性:纪念萨丕尔文集》);"英语和类似的语言促使我们把宇宙看成是一些对应于词的不同物体和事件的集合体"(1967,地240页,摘自其中论文《语言和逻辑》(写于1941))。
⑤ 伍尔夫:1967,第252页,摘自《语言、心智和现实世界》(写于1942)。

牛顿是在语言和文化中获得这些概念的。"①伍尔夫在立场上确实有不断出现的摇摆,但人们记住的往往是他那些相当极端的"引导和限制"的说法。这些说法深入人心,他由此而享有盛名。② 他最有名的那段话无保留地支持彻底的"引导和限制"理论:"同样思维也沿着语言所设定的路径前行。一种语言是一个组织体,它系统地关注于现实世界、认知领域的某些方面,同时系统地舍弃其他语言所关注的那些特征。用这种语言的人完全意识不到存在着这种组织性,他受到这种语言的彻底制约。"③

像众多发生在学科间相互交流的情况一样,伍尔夫不再在语言学界享有盛名。他的影响力消退的一个原因是转换生成语法的兴起,转换生成语法的倡导者(也许过快地)得出结论,在他们那里获得新生的普适主义推翻了伍尔夫语言相对主义。杰罗德·卡茨宣称"人们熟知的语言相对主义认为文化的不同会导致概念构架的互不相通,它既不是根据像沃尔夫那样的语言学家在异国语言中发现的奇特现象,也不是从奎因那样

---

① 1967 年,第 153 页,摘自《语言、文化和个性:纪念萨丕尔文集》。说这是一种极端形式的"引导和限制"假说并非不妥,因为在这段中作者把"文化"和"语言"看作是原因,我们应该注意到,伍尔夫所说的"思想世界"指的是"所有语言和作为整体的文化间的互相影响,文化中的很大一部分并不是语言的,但表现出语言的塑造性影响"(1967 年,第 147 页)。"语言的塑造性影响"这类吸引人但模糊的表达式可以免去伍尔夫清楚地说明和论证他的假说的义务。
② 语言型式和文化规范,哪个在先? 简单说,它们二者是一起成长起来的,并总是互相影响。但在这种合作关系中,语言是那个限制自由变化和控制发展方向的更加武断的角色。这是因为语言是一个系统,而不只是一些规则的组合……所有语言所代表的是公众的心,它会受到各种发明创造的影响,但这种影响比较微小并且缓慢。但反过来它对发明创造的人却能直接发出指令(1967 年,第 156 页,摘自《语言、文化和个性:纪念萨丕尔文集》)。请注意那种可以称作"彻底的引导和限制假说"的比较直截了当的表达:"当任何天然的逻辑学家("天然的逻辑"就是"关于交谈及其与思维之关系的根深蒂固的观念")在谈论理性、逻辑和正确思维的规律的时候,他只是与某些纯粹的语法因素保持一致,这些语法因素构成他自己语言或语系背后的某种特性,但这绝不是普遍存在于所有语言中的,也绝不是共有的理性基础"(1967 年,第 211 页,摘自《科学与语言学》(1940 年)。参见"我们是按我们的母语所给出的线索来切割自然",第 213 页)。
③ 1967 年,第 256 页,引自《语言、心智和现实世界》。这里需要澄清的是,伍尔夫自己常常论证语言结构强烈地影响,但并不完全决定它所表达(创造?)的思想,但他的追随者却走得很远,倡导一种非常极端的"引导和限制"版本(几个例子:爱德华·豪 1959 年;迈克尔·戈尔丹斯基 1963 年;缪勒《人》第 57 期)。

的哲学家在方法论研究中推导而来。语言相对主义源于语言学家和哲学家共同持有的经验主义。"①卡茨认为语言相对论威胁到语言之间的普遍可翻译性这个从理性主义的转换生成理论可以直接推导出来的结论。然而这类早期反驳流行的相对主义而为普适语法所作的辩护存在着某些错误:

> 人们常常认为现代语言学和人类学的研究已经完全否定了传统的普适语法论,但这一论断在我看来实在言过其实。确实近代研究表明各种语言在表层结构上千差万别,但由于对深层结构缺乏关注,这类研究还没有尝试证明在深层结构上也有相应的多样性。事实上,近代语言研究中所积累的证据并不表明存在着任何这种类型的多样性。②

很明显,如果"引导和制约"只涉及表层而非深层的语言结构,转换生成语法和伍尔夫相对论并不是不可以在一起和平相处的。③ 不过这取决于"不相通的概念构架"之间必须得多么不相通。

不过导致伍尔夫影响力消退的第二个原因才跟我们当下所关心的主题有关。伍尔夫相对论最令人惊讶的一个地方是它被当作是对现实中具体的人类社会的真实描述。有关极端翻译(radical translation)、不定指称(the inscrutability of reference)、和概念模式(conceptual scheme)的哲学讨论令人困惑的地方,是这些概念被描述为基本上是无需接受经验实证和质疑的思想实验,而人类学不光在从哲学借用这些概念的时候,而且在和后者产生分歧时都忽视了这一点。无论哲学家有没

---

① 卡茨:1978年,第220页。
② 乔姆斯基:1967年,第118页。
③ 我一直努力强调"引导和限制"的有效性在于如何决定基本语言结构在何处以及如何以基本语言结构来说明问题。不过"深层"中的"深"只是个相对的概念,所以总能找到足够深的结构以满足"引导和限制"的倡导者的需要,而这一结构同时对转换生成语法理论来说又是相对是浅层的。参见"我们可以说在伍尔夫的时代,结构主义者和伍尔夫语言学著述中所说的结构只是表层结构"(罗宾斯:1976年,第103页)。

有在这方面取得任何进展,①伍尔夫认为,霍皮语表现的基本特征以及与此相关的霍皮思想,例如对时间的表达,明显与他自己所用的语言和与之相关的思想不同,而这在伍尔夫看来已是不争的事实:

> 经过长期细致的研究分析,我们发现在霍皮语中完全不存在可以用来直接指称我们叫做"时间"的那种东西,或指称过去、现在、将来、或延续的词汇、语法形式、句法结构或表达法……甚至不存在指称某种空间的词汇、语法形式、句法结构或表达法,由于这种空间去除了宽度或存在,我们就可以称它为"时间",也就是这种去除过程所留下的痕迹就可以被指称为"时间"。因此,霍皮语既不能以明确的方式,也不能以暗示的方式来表达"时间"。②

问题是目前有关美洲印地安语的最佳研究成果有力地证明了伍尔夫的结论站不住脚:可以说不仅是他所收集的第一手资料,而且他对这些资料的解释都相当成问题。也许对伍尔夫理论最具毁灭性的否证来自艾克哈特·马洛特基(Ekkehart Malotki)对上面我们所引的那个段落的一部分和这段摘自他本人 1980 年实地考察笔记引用的霍皮语的翔实比较:"然而第二天一大早,就在人们向着太阳祈祷的那个时辰,而就在此时他把那个姑娘再次唤醒。"③马洛特基的代表作(《霍皮时间》,共 677 页,此书之厚度说明其研究的深入细致)表明伍尔夫的另一类"思维世界"纯粹是臆想:"尽管在此我们无法详细地介绍如何对霍皮语中非叙实动词(nonfactive verbs)进行现在时和过去时解释的很多别的关键因素,显然说霍皮语的人从来不会认为他们无法在任何特定情况下指称过去、

---

① 我将在下一部分中讨论这些思想实验以及从这些实验中得出的结论。
② 伍尔夫:1967 年,第 57—58 页,选自《美洲印第安的宇宙模式》;还有这个典型的随意推断:"霍皮语可被称为无时间性的语言"(1967 年,第 216 页;选自《科学与语言学》)。与我们常常在沃尔夫各种有关语言相对性的言论中感到的暧昧性完全不同,他对霍皮语缺乏语言学意义上的和观念上的时间性深信不疑。
③ 马洛特基:1983 年一书题记。

现在、或将来。"①看来那种被认为是"无容置疑"的案例也失去了说服力：假如确有人生活在这样一个如此特别的世界里，他们肯定不是霍皮人，而且至少不是出于伍尔夫所声称他发现的原因。如果说霍皮人远离美洲主流社会，这可能与他们所受到的经济和政治上的压迫有关，而与他们有趣的时态体系无关。

我们知道伍尔夫本人并不反对在他对霍皮语的研究中，考虑和"语言"有别、被他称为"文化"的因素。一般而言，这种广泛性当然不错。"文化"因素确应得到关注，但对任何"引导和限制"论倡导者，这种关注会导致理论上的不一致性，如果他要想理清语言、思想和社会之间的关系。事实上对语言相对论作过思考的学者对一些类似于这种两难境地的问题有很清楚的认识。在伍尔夫获得巨大声望过后不久，很多语言学家和人类学家很自然地被如何定义语言的问题所困扰。② 这是因为有太多的人难以消受伍尔夫所发明的"思想世界"(thought world)，他们认为他的这些想法要有道理的话，他就应该在原则上论证从"语言"到"文化"（或者说，从语言学方面的结论到与此密切相关的民族志问题）的推演。这样"语言"不应该和"文化"在外延上重叠，二者需在理论和实证上加以明确地区别。不过，关于如何最佳地描述满足伍尔夫相对论的条件以使它具有某种合理性，这一理论是否能取得成功，以及从伍尔夫理论带来的问题中能获得什么用以指导今后研究的经验教训等诸多议题上，大家则莫衷一是。

与此不同，我的这个"引导和制约假说"版本有意做成至少在一开始

---

① 同上，第625页。马洛特基对他那个声名显赫的前辈没有作严厉的指责，尽管这类指责并不为过："我不想说我所有的调查都是无懈可击的，但人们不禁会问，为什么伍尔夫在霍皮语的时间问题上犯有如此严重的错误"（第631页）。一个马上能想到的明确答案是缺乏基本的语言能力以及想当然。不过，马洛特基所作的并不总是否定性的，他在人类学方面缜密精深的素养使他的论证非常令人信服：霍皮语使用的是一套繁复的、和西欧范式大相径庭的时间概念，当然这不是出于伍尔夫所想象的那种原因。
② 我们可以从霍伊杰1954年的著作清楚地了解到当时理论界的氛围。这本书主要是探讨伍尔夫关于形而上学"隐藏于"语言中这个观点（第viii页至ix页）。

不受上述两难困境的袭扰:我的意图是,对语言的基本句法和语义特征和在这种语言中产生的哲学之间关系的研究,应该在不同于"文化"的"语言"中进行。还有,如果中国哲学确实构成一个被汉语"塑造"或"浸染"的整体,汉语必然是可以被看成在历时和共时上皆一成不变的语言基础。在实地考察的人类学家在生活于真实的时间和空间中的社会群体中展开他的工作;和这样的人类学家不同,哲学上的新伍尔夫主义者则必须离开表层现象而进入到深层并一直呆在那儿,如果他认为中国思想是一个独特的整体。

3.2 缩减的哲学人类学

在上一讲中,我们谈到了伍尔夫无时间的霍皮"思想世界"和当代哲学人类学中某种有特殊影响力的思潮之间的显著对比,这种思潮专注于极端翻译与不定指称这类题目。霍皮语所提供的应该是一种和我们的言说和思想方式不同的另一种实际存在的方式,而哲学思想实验室里的诞生的"异类"当然是不真实的。不过有人会说,就我们对语言的理解,这种区别并不显示它们真正的不同。确实,这样的思想实验是用来启发我们去思考可能存在,但和我们的概念模式不相同,甚至不相通的概念模式。就其作为一个<u>应严肃对待的可能性</u>(在哲学中,可能性"在原则上"总需要严肃对待)而言,它在"火星"上还是在新墨西哥变为现实无关紧要。按奎因所描述的那个著名情景,一个从事实地考察的语言学家,突然遇到一个陌生的部落,他对这个部落的语言一无所知。[①] 完全靠观察他们的行为——这是他唯一能使用的方法[②],语言学家先是从当地语

[①] 对极端翻译这一概念最著名的阐述是奎因 1960 年出版的书。但奎因自己承认,从很多方面来看,《言说物体》(收录在奎因:1969 年,但它实际上写于《词与物》之前)中的论述更有帮助性。
[②] "在心理学中,你可以是个行为主义者,也可以不是。但在语言学中,你没有选择"(奎因:1987 年,第 5 页)。

言选取一些片段作为样本,然后推断其含义。含义的推断以善意假设为前提,即假设他们的想法和我们的类似:如果他们的想法不真实,其不真实性至少可以用我们共享的理性原则来理解[尽管奎因说得很清楚,善意原则(the principle of charity)并不总是比其他明显可行的方法论上的考虑要优先]。① 当这位语言学家完成了他的"丛林"翻译手册,他的任务便完成了。但奎因宣称,完全照着行为主义的原则去做并不一定能完成一本最好的手册:当地人的行为是唯一可以用来判断不同手册之优劣的标准,但他们的行为可能和任何手册兼容,尽管这些手册提供的翻译之间并不兼容。(奎因竭力反对由此而得出翻译是不可能的错误结论。在他看来,"翻译毫发无损,它是不可缺的。不确定性不意味着没有可被接受的翻译,而是可被接受的翻译很多"。②)最后,所有可能存在的证据都无法确定这些翻译选项中哪个是最好的,但它们都是用来确定"丛林"语言中的某一个词语指的是哪种性质或哪一类事物。正因为如此,加上如奎因自己的"嘎伐盖"(gavagai)例子所显示的那样,可能的所指物之间有可能不兼容,翻译不确定性似乎导致一种彻底的相对主义形而上学,即存在着互相不兼容,只相对于不同的翻译手册的本体论。③ 但是如果确实如此,奎因的方法论就其产生互不兼容的概念模式这点上,完全和从伍尔夫"思想世界"推导出来的令人绝望的结论相吻合。

但奎因把"丛林"语言使用者和学说英语的人常联系在一起的做法

---

① "他(翻译者)将选取那种反映语言使用者具有理性或与其可观察到的生活相协调的翻译。但是他不会过分地将赋予当地语言的语法和语义的结构复杂化,因为这样做将是糟糕的心理学。语言必须足够地简单而使说它的人能掌握。在没有相反的证据的前提下,我们得假设这些人的心智应该和我们的是大致一样的。"(同上,第7页)
② 同上,第9页。
③ 当然不兼容性(incommensurability)并不意味着不相容性(incompatibility)。彩虹有颜色但没有重量,我们无法把色彩词汇"转译"成重量词汇。但是有重量并不排斥有色彩,同样具有观察和描述色彩的能力并不排斥具有观察和描述重量的能力。不过我所一直试图说明的是,将"丛林"语言的词汇按照某些在与之具有同样兼容性的翻译手册来翻译,会导致不相容性的指称物。

本身,已清楚地表明这种看法完全是错的:在实际生活中,当我们出生不久开始学习语言的时候,我们都是极端解释者。"①难道这种论调不会导致更加令人不安的相对论吗?我们不必去新墨西哥见外星人;也许我们周围的人有和我们完全不同的概念模式。例如当我和我的妻子在乡间散步的时候,我指给她看一只兔子,"兔子"这个词对她来说指的就是我用"连在一起的兔子部分"所指的东西,而这一点我根本不知道(并且不可能知道)。但这种思路有误,因为它忽略了奎因方法论中占主导地位的实用主义:他的思想实验所表现出来的反语义倾向并不是出于对无法在不断增多的各种可能意义间进行选择的绝望,而是因为根据他的原则,没有必要在观察所能提供的东西之外设定任何意义的存在,所以总有残存的无法消除的翻译或解释不确定性:"假设这个语言学家完全掌握了这种新的语言,并能和把它作为母语的人一样思考——不管这种说法是什么意思,但这改变不了什么。因为在我们把自己理解事物的方法带入对异族语言的掌握中存在着任意性,这种任意性所反映的不是异族人心智的不可思议性,因为根本不存在需要思议的东西。"②为了凸显这个问题在语义学方面的意义,我增加了一个可替代"翻译"的概念:"解释"。这一概念借自戴维森:"'极端解释'这个术语是用来表达它和奎因'极端翻译'的亲近关系。不过亲近关系不是等同关系,'解释'和'翻译'的一个不同之处在于:'解释'更多地把重点放在明确的语义方面。"在我看来,戴维森和奎因的观点基本一致:"意义或翻译上的不确定性并不代表无法表达重要的差别,它只意味着那些表面上的差别不重要"。③但是如果"根本不存在需要思议的东西",在不同翻译手册间所作的选择算不上真正意义上的选择。把奎因当作和伍尔夫一样认为存在着不相容概念

---

① "我们每个人掌握自己的语言是通过观察其他人的言说行为,以及让别人观察到自己有错的言语行为并让他们纠正"(奎因:1987年,第5页)。
② 奎因1969年,第5页。
③ "极端解释",见戴维森1984年,第126页,注1。

模式,实际上肯定犯了一个严重的错误。①

反对把哲学人类学作缩减式处理的第二个方式是,通过集中探讨严格意义上的不相容(而不仅仅是不相同)的概念模式或语言的某一形态,来把戴维森和奎因对立起来。戴维森不仅仅否定伍尔夫的相对论,②还指责奎因暗中对"经验主义的第三个教条"仍深信不疑,"经验主义的第三个教条"是关于模式和内容的一个无法成立的二元论。③ 戴维森的论证如下:只有当我们假设在各种互相不兼容语言之外存在着某种独立于它们的东西,即"经验",从而使和语言相关的模式成为它的模式时,对翻译的分析才能用来支持存在着不同概念模式的说法。但是由于这种概念中立的"经验"顾名思义必然存在于所有的模式之外(要不然它就可以以不同的方式在不同的语言中表达,而如果这样的话,这些语言之间便可以互相翻译),它就永远是无法思议的,而这恰恰是荒谬的。戴维森的结论是对他那扩展了的诚意原则的运用,以此可以纠正经验主义第三个教条所犯的错误:"通过扩大共享(可翻译)语言或共享观点的基础部分,我们可以改善在显示无论是模式还是观点的差异时的清晰度和力度"。④

---

① 卡茨在别的著述中谈到了如何更好地理解奎因思想实验的意义:"他把极端翻译当作实际翻译中的一个特殊的案例来对待,其中不同语言的历史性差异以及语言使用者的文化差异达到极限。极端翻译的思想实验是哲学上关于实际翻译的最具有启发性的案例分析,因为在这里关于意义的问题尽量地做到不和历史文化的相似性相混淆"(卡茨1988年,第232页)。卡茨认为奎因对意义的限定是没有道理的,因为这种限定是基于布隆菲尔德的语义确定的替代标准,而这种标准已经过时,它现已被生成语法中公理—演绎的定义方法所取代(第240页至242页)。但他问的问题是,"奎因是不是真的认为说英语的语言学家和那些给他们提供语言信息的同样是说英语的人无法在同一种语言中交流?"(第249页)这个问题显示出很难消除的困惑。我无意在此裁断奎因和意义(Sinn)的守卫者孰对孰错,因为判断内涵语义学的有效性对我们理解奎因哲学中那些对我们课题有关的思想没有什么帮助,我们要想知道是,什么不是从不确定理论中推导出来的。
② 实际上,戴维森指责伍尔夫完全被我称之为语言的"刺耳"所迷惑:"伍尔夫试图证明霍皮语所暗含的形而上学与我们的如此不同,按他的说法,霍皮与和英语无法'协调',他就用英语来表达那些霍皮句子的内容"(戴维森1984年,第184页,收录于《论概念模式的概念》。关于伍尔夫的观点,见伍尔夫1967年,第55页,收录于《霍皮语动词瞬间及片段时态》)。
③ 戴维森:1984年,第189页。
④ 同上,第197页。

要回答第二种反对意见并不难。奎因首先明确地表示,戴维森的指责没有道理:

> 概念模式、语言和世界这三项并不是我所考虑的东西。和戴维森一样,我考虑的只是语言和世界。我暂且把第三项(tertium quid)当作标签观念博物馆中的一个虚构物。我实际上可以用语言来替代所谓的概念模式。我所谓的怪异概念模式实际上就是翻译起来非常别扭或让人摸不着头脑的语言,戴维森应该很高兴知道这一点。①

这一回答听起来确实合情合理,可是奎因和戴维森之间确实存在观点上的不同:也许那些在奎因看来是"别扭或让人摸不着头脑"的翻译状态,是戴维森无条件地拒绝认可的东西。但是即使我们接受戴维森对奎因的批评,它只是强化了我们最希望从这场交锋中获得,并可以运用在当代语义学的一个重要领域中的观点:即否定任何关于存在着极其不同的语言进而存在着不可相通的概念模式的想法。我们已经看到,使人误入歧途的是对语言"不和谐性"的作用作稀里糊涂的夸大,或坚持内容超越语言—概念"模式"的自相矛盾的想法。所以如果我们真想理解中国综合征,我们必须认真地思考为什么那些我们试图理解的汉学家们和哲学人类学中的主流思想如此地不同步?为达到这一目的,我们将在下一讲中探讨语言学汉学的非常独特的发展过程。

3.3 洪堡的遗产

列维—布鲁尔关于存在着前逻辑原始思维方式的观点在欧洲一直占据主导地位,这种情况在很大程度上仍旧如此。② 美国人类学界(尤其是伍尔夫本人)富于挑战性地对"原始文化"大加赞赏,他们把它誉为能

---

① 《关于第三个信条的说法》,见奎因:1981年,第41页。
② 见劳艾德:1990年。

替渐趋死寂的西方主流文化提供可能的出路。但如果我们认为两个大陆的人类学传统之间存在着不可逾越的鸿沟,那可能是严重的误解:亚历山大·冯·洪堡仍对欧洲发生着深刻和持续的影响,而这种影响更容易和美国学派相交融。由于萨丕尔师从鲍阿斯,而鲍阿斯使美国人最早了解到亚历山大·冯·洪堡的哥哥威廉·冯·洪堡的思想,最后伍尔夫又师从萨丕尔,这样威廉·冯·洪堡到伍尔夫在语言学理论方面一直存在着一种实实在在的授业解惑的联系。①这个家族谱系在我们看来很说明问题,因为洪堡在欧洲人理解中国语言的独特性上作出了很大的贡献。所以我们的基本假设是,在很大程度上汉学界不寻常的研究阵容至少可以部分地从这种遗传意义上获得解释。由于"原始世界"很容易被人当作是"东方世界"含义的一部分,不管是出于轻蔑还是善意,也由于东方"先进"的语言在历史上被和"野蛮"而同样"奇异"的美洲印第安语归为一类,源自洪堡和伍尔夫的欧美两股思潮交汇在一起,从而产生了独特的"引导和限制"汉学研究方法论,这种方法论与我们前面详细介绍的语义学中流行的方法论不协调。为了完善和证实这一论点,我将重点讨论洪堡那本精彩的论著《致阿贝尔-雷缪萨先生,关于语法形式的本质的一般问题以及汉语之奇才》(Lettre à M. Abel-Rémusat sur la nature des formes grammaticales en général, et sur le génie de la langue chinoise en particulier)。②

　　首先提一下,我所讲的这个遗传关系的目的不是想简化这段发展历史,也无意为中国综合征提供一个充分的解释,我甚至不认为它是唯一

---

① 假如我们相信乔姆斯基的话,我们就无法作这种联系。乔姆斯基认为在洪堡关于语言是没法教授的观点(乔姆斯基1969,第77页往下)里已有了他自己理论的雏形。对乔姆斯基而言,存在着天然的学习机制,它可以根据言语(parole)片段构造任何语言(langue)的生成语法:"完成这项任务得用现存的语言功能(faculté de langage,洪堡的术语),内在的语言习得过程具体化以及对要从事的任务的性质作出规范的固有机质(第26页)。他设法把洪堡算在反语言相对主义的普适主义阵营里,可问题是他忽略了像《致阿贝尔—雷缪萨(Abel-Rémusat)》这类资料中明显存在对这种看法的否定。

② 洪堡:1827年。

说得通的遗传分析。例如,以他惯常的方式,尼采在下面呈现的是一个具有挑战性的"引导和限制"极端版本,它已经完全预见了本世纪这方面最让人瞠目结舌的研究结论:

> 印度、希腊和德意志在哲学思考的方式上有着奇特的族类相似性,这一点不难解释。从这些语言的关系上,我们必然会注意到如下事实:由于相同的语法哲学,我是指由于无意识地受到相同的语法功能的掌控和引导,从一开始所有的事情都已经为哲学体系的相似发展和先后次序设定好了,同时把通向解释世界的另外可能的道路堵死了。①

我不想否认尼采关于语法对哲学"不为人知的掌控和引导"的思想也同样深刻地影响了那种试图在汉语和中国思想间寻找某种特殊关系的理论的兴起,尽管这种影响是间接的。不过考虑到《致阿贝尔-雷缪萨先生》所受到的不可争议的知名度,我仍然认为洪堡作为思想源泉理应享有殊荣。

根据阿贝尔-雷缪萨的说法,"语法形式的本质和实际的重要性"的问题在对两个几乎是相互对立的亚洲语言的研究中获得新生:"一个(梵语)是因为其在体系上的完善,另一个(汉语)则是因为其表面的贫乏而引人注目"。② 正因为梵语和汉语都是"异域"的东方语言,阿贝尔-雷缪萨才能把它们作这种既没什么道理,且容易引起人们情绪化反应的对比。在评估这一著作的时候,有一点我们绝不能忘记,这个时期的语言

---

① 原引文为德语:"Die wunderliche Familien-Ähnlichkeit alles indischen, griechischen, deutschen Philosophierens erklärt sich einfach genug. Gerade, wo Sprach-Verwandtschaft vorliegt, ist es gar nicht zu vermeiden, daß, dank der gemeinsamen Philosophie der Grammatik-ich meine dank der unbewußten Herrschaft und Führung durch gleiche grammatische Funktionen-von vornherein alles für eine gleichartige Entwicklung und Reihenfolge der philosophischen Systeme vorbereitet liegt; ebenso wie zu gewissen anderen Möglichkeiten der Welt-Ausdeutung der Weg wie abgesperrt erscheint."尼采:1987年,第24页。
②《致阿贝尔-雷缪萨先生》前言。

学方面的理论探究不仅遵循的是一种现已消亡的规范——至少明显存在于十九世纪作为常态的异常露骨的极化方法现已消亡——而且作为还未绝迹的古典遗产的一部分,对以某种特定语法为标准来评估所有语言并不是一件不妥的事情,这种特定的语法标准是从传统的对希腊语和拉丁语的研习中所归纳出来的。这样,梵语"体系"上的完善被大加赞赏,因为它的词法和句法所带来的惊人效果很容易令那些受过古典教育的人折服。用他们所熟悉的语法繁复性的标准来衡量,梵语体现了语言的精巧。同时用这个基于西方古典语言,而现在看来完全不恰当的语法观念来评价,汉语则被视作一种"贫瘠"的语言。当我们在评论洪堡关于"汉语之奇才"一说时,不能忽略这种带有极度偏见的价值判断标准。

关于洪堡的汉语理论首先要注意的是,尽管他清楚地知道汉语没有我们传统意义上的词类(word-classes)和语法范畴(grammatical categories),但不寻常的是,这在他看来并不意味着汉语缺乏恰当的语言结构:"它在表达思想的时候是以另外一种方式把语言的不同成分联系在一起的"。① 实际上,洪堡对语法的敏锐使他能够注意到罗思文那些愚昧的先人并发现他们最大的错误:"我认为那些学者近乎不由自主忘记汉语是一种说的语言,他们如此夸大汉语书面语的影响,可以说他们把书面语当作语言本身了。"②他强调,即使在那些不表明语法范畴,没有由单词构成短语这类现象的语言中,也存在着"语法价值"(une valeur grammaticale),尽管这种语法性能无法在孤立的词上表现出来。这种语法性能来自何处?洪堡认为语法范畴是从现实世界的范畴推演而来,并代表着现实世界的范畴(至于这些本体论范畴是跟亚里士多德哲学有

---

① 原文为法语:"elle fixe *d'une autre manière* les rapports des éléments du langage dans l'enchaînement de la pensée"。洪堡:1827年,第2页(作者加着重号)。
② 原引文为法语:"je pense que les savants qui se sont presque laissés entraîner à oublier que le chinois est une langue parlée, ont tellement exageré l'influence de l'écriture chinoise, qu'ils ont, pour ainsi dire, mis l'écriture à la place de la langue."洪堡:1827年,第80页。

关,还是跟康德哲学有关则不得而知)。似乎是介于世界和语言之间的"思想"(le pensée)实现了这种从现实范畴到语法范畴的推演。所以他主张一个词的语法性能可以来自许多不同的地方:首先,如果一个词的所指物必须从属于某个单一的本体论范畴,这个词的语法性能便是最直接获得的。其次,一个有指示性的词的语法性能从属一定的语法范畴,而这个语法范畴类似于被指物所属的本体论范畴。或者一个有多重含义的词可以基于惯例而被限制在某个单一的范畴中。最后,也是最有趣的一点,语法性能可以直接来自一个现有短语的句法或更大的上下文。①这个异常繁复的形而上学语义学带给洪堡的明显优势是,它能帮他在汉语缺乏词法形态的情况下为其找出语法功能:"从语法的角度上说,汉语根本不知道有变位动词这回事,它没有真正意义上的动词,只有动词意念的表达法,而这些都是以不定式的形式出现的,即那些是我们所知道的最不确定的动词形式。"②

这倒不是说洪堡的理论不接受某种类型的"引导和限制假说",特别是其中"限制"的部分:"假如一种语法关系没有表现在语言中,它就不会给说这种语言的民族造成鲜明的印象,它也就不会被清晰而准确地感受到。"③洪堡在现实世界和语言之间建立某种认知的中间状态,这样他就不必全盘接受"引导和限制"的理论,因为反映本体论范畴并把它们带入到语言中的思想不可能完全受制于语言的规定。也许按洪堡的设想,思想和语言互相依存。不过他还是认为汉语作为"思想的器官"(comme

---

① 同上,第8—9页。
② 原引文为法语:"la langue chinoise ne connaît donc, à parler grammaticalement, point de verbe fléchi; elle n'a pas proprement de verbes, mais seulement *des expressions d'idées verbales*, et ces dernières paraissent sous la forme d'infinitifs, c'est-à-dire, sous la plus vague de celles que nous connaissons."同上,第16页,着重号为作者所加。
③ 原引文为法语:"si un rapport grammatical ne trouve pas d'expression dans une langue, il ne frappe pas vivement la nation qui la parle, et n'en est pas senti avec clarté et precision."同上,第27页。

organe de la pensée)明显地比和它在语言学意义上"相对"的语言要低级。① 他的结论非常具体:正因为汉语要求它的读者进行大量的推测,思想在长长的推论链条上轻松而不费力的前行就变得不大可能,因为只有明确的语法形式才能在如此复杂的旅途中引导推理。② 然而洪堡并不因此而把汉语贬为"原始"语言:相反,它不能与那些表面上相似,但却是那些还没有在智力发展上达到一定高度的民族所拥有的"不完善"语言混为一谈。③ 汉语不仅仅是一种"发达"的语言,而且有点自相矛盾地,它凭着绝对的规范性取得了和希腊语和拉丁语相当的地位,这种绝对的规范性使它保持住极低限度的语法性(而这正是它的"特异才能"所在)④,尽管这种相当性并没有表现在用汉语作逻辑推论上。汉语"作为思想的器官"(comme organe de la pensée)并不合适,因为它的句法顶多只能标示主体(subject)和属性(attribute)的区别,而不能描述更加复杂的"逻辑"范畴。⑤ 如果"汉语之奇才"确实给人以深刻的印象,它在逻辑上如此明显的缺陷使洪堡不得不宣称,语言实际上应朝着相反的方向发展。⑥ 关键的问题是,汉语的完美还只表现在一定的范围里的,而西方古典语言

---

① 同上,第 65 页。
② 同上,第 66—7 页。
③ 同上,第 47 页。
④ "恰恰相反,汉语以其语法体系运用上的简明与纯洁,完全可以与古典语言等量齐观;古典语言,也即我们所知道的最完善的语言。但是汉语体系不只是不一样,而且相反,但这是在语言的普遍本质允许的范围内。"("C'est, au contraire, par la netteté et la pureté qu'elle met dans l'application de son système grammatical, que la langue chinoise se place absolument à l'égal et au rang des langues classiques, c'est-à-dire, des plus parfaites parmi celles que nous connaissons, mais avec un système non pas seulement différent, mais opposé, autant que la nature générale des langues le permet." 同上,第 48 页。洪堡的天才之处不在于他能够置身于他那个时代占统治地位的价值体系之外(尽管他也曾经坚持认为存在着许多可以用来评估语言的定性标准,所以这类判断的对错无法最终确定(同上,第 50 页)),而在于以他那精彩的独创性,把那些一直当作无可置疑的价值标准作了彻底的扩充和改变。
⑤ 同上,第 68 页。
⑥ "语法体系相反的语言令我们惊异于其完美,从这种完美,我们认出了语言所真正应该抵达的完美。"("les langues d'un système grammatical opposé nous étonnent par une perfection que nous reconnaissons comme étant celle à laquelle le langage doit réellement viser.")

所具有的高度发达的逻辑能力则可以超出这些范围。①

洪堡留给汉学研究的遗产不可估量,尽管其中不乏模棱两可之处。一方面,他以明确的方式表达了自西方最早和中国接触以来形成的关于汉语的看法,即为汉语很不寻常,还可能独一无二。洪堡通过哲学上富有启发性的词汇,即充满形而上学意味的理论语义学和语法学的词汇来表达这一看法。但另一方面,他为汉语"特异才能"的辩护是以否认汉语是理性思维的有效工具为代价的,这种辩护同时部分地造成了汉学界一个主要的习惯性思维:汉语即使不像列维-布鲁尔意义上那样"原始",中国人的心智无论如何也无法达到西方理性的高度,所以要求它符合本来为在希腊语、拉丁语或继承它们的现代西方语言中进行的思维所设立的理性标准是不恰当的。换句话说,洪堡对后人的影响之一是他关于思维的看法,而这些看法与那些我们在前一部分介绍的缩减式哲学人类学运用的诚信原则所引申出来的观点会发生冲突。其次,洪堡把作为一个关键的理论术语的"思想"和"语言"相区别,而这为后来汉学中有关汉语和中国文化之间关系的讨论中出现的心理主义一派提供了某种支持。

洪堡给后人留下的这方面的遗产明显地保留在法国的汉学传统中。不幸的是,洪堡最重要的真知灼见,即一种语言即使没有我们熟悉的词法和词类,并不意味着它不具有语法功能这一思想基本上没有被保留下来。例如葛兰言(Marcel Granet)将汉语缺乏语言理性的说法推演成一种更为极端的理论,他认为汉语在概念表达上很贫瘠,同时崇尚具有象征意味的模糊性:"汉语的构成看起来完全不是为了表达概念。与能够帮助确切表达意念的抽象符号相比,它更偏爱那些具有丰富实用含蕴的象征;它不具备确定的含义,但

---

① "它的语法的技艺在于为它提供并未超出其体系的手段,但是这种语法为句段提供的延展和结构方式总是限于其手段的范围之内。"("l'art de sa grammaire consiste à lui en fournir les moyens sans sortir de son système, mais l'étendue et la tournure qu'elle donne aux périodes est toujours renfermée dans la mesure de ses moyens.")同上,第67页。

它的不确定性却有效。"①令人吃惊的是,他认为节奏在汉语里起着句法的作用("汉语将组织表达思想的职责全都留给了节奏。"),②并得出结论,汉语有意回避分析式的论述,以便专注于情感交流和用修辞的方式来论说,可能葛兰言把"汉语"("langue chinoise")当作女人了③:"汉语的构成看起来完全不是为了记录概念、分析意念、以论辩的方式表达论点。它完全服务于传达情态,暗示行为举止、说服人、改造人的目的。"④

谢和耐(Jacques Gernet)积极倡导一种极为严格的"引导和限制"理论。尽管他很了解洪堡关于汉语缺乏词法上区分词类的大致看法,但他认为只有通过人为地引进其他语言中存在的语法范畴,汉语词汇语法的功能上的独特性才会显示出来,而这是对洪堡的严重歪曲:

> 在世界上所有的语言中,汉语具有一个奇异的特征,即它没有靠词法系统来进行语法范畴上的区分:似乎没有任何机制能把动词和形容词,副词和补语,主语和谓语区别开来。实际上,只有在把那些确实存在着这些语法范畴的语言被用作暗示性和任意的参照的时候,汉语才可说也存在这些语法范畴。⑤

---

① 原引文为法语:"la langue chinoise ne paraît point organisée pour exprimer des concepts. Aux signes abstraits qui peuvent aider à spécifier les idées, elle préfère des symboles riches de suggestions pratiques; au lieu d'une acception définie, ils possèdent une efficacité indéterminée."葛兰言:1934年第8页。又见:"汉字呈现的是一些特殊的意象的不确定的复合体,首先显现的则是其中最为活跃的意象("Il [le mot en Chinois] évoque, en faisant d'abord apparaître la plus active d'entre elles, un complexe indéfini d'images particulières",第37页)。"

② 原引文为法语:"il [le chinois] a su réserver au rhythme seul le soin d'organiser l'expression de la pensée."同上,第79和82页。

③ 译者注:这里的法语"langue chinoise"是一个阴性名词。

④ 原引文为法语:"la langue chinoise n'apparaît point organisée pour noter des concepts, analyser des idées, exposer discursivement des doctrines. Elle est tout entière façonnée pour communiquer des attitudes sentimentales, pour suggérer des conduites, pour convaincre, pour convertir."同上,第82页。

⑤ 同上,241页。谢和耐继续写道:而且,在汉语中,没有表达 existence 的词,也没有表达 being 和 essence 这些概念的词,而这些概念可以很方便地用希腊语中的名词 οὐσία 和中性词 τὸ ὄν 来表达(第241页)。我在第二章的第7和第9两节处直接讨论西方和中国关于"being"的问题。

他坚持认为汉语在句法结构的清晰度上是最低的,并以此得出及其离谱的结论:"一般而言每个汉语文本都带有一种非个人性的语调"。①他最终决定完全照搬洪堡的方式,以此来解释文化间的冲撞,并把中国心智和汉语一起当作和由完全是西方的理性论辩领域无涉:"在汉语的操控下,起作用的心理机制和能力和西方推崇的心理机制和能力不一样。中国人更重视比较和组合而非清晰的逻辑论证。"②现在我们可以看到洪堡的思想是如何使一些汉学学派如此轻易地接受伍尔夫相对论的影响,同时对奎因和戴维森的诚信原则为"引导和限制"理论提供的解药则基本上不为所动。在下一节中,我将探讨第一个案例,并用它来说明,(从西方的角度看来)中国综合征如何在汉语语法那些明显的特性和被看作是中国人在进行抽象和科学思维的时候所表现出的特性之间有某种具体的关联。

4. 案例分析一:条件句

不巧,有这么一个关于受这类理论影响的现代汉语研究方面的著名案例。阿尔弗雷德·布鲁姆的《语言塑造思想:语言对中西思维方式的影响》③是一个极端的伍尔夫主义宣言。④布鲁姆声称汉语中的条件句是不确定的,因为它们在简单条件(simple condition)、假设性条件(hypothetical condition)和违反事实条件(counterfactual condition)之间不做任何区别,而这些区别在英语里是无法避免的,如果使用者遵循标

---

① "……主语无非是任何言说的对象。在主语、动词和补语之间没有任何通过词法建立起来的必然联系。"(同上,第246页)
② 同上,第242页。
③ 布鲁姆:1981年。
④ 布鲁姆在书中明确地表明了此书和伍尔夫理论的密切关系,见第11页。

准的(被认可的)词法和句法的规则。① 他于是得出结论,通过假设状态的练习而产生的抽象思维对中国人来说相当困难。布鲁姆认为以下四种证据可以用来支持这一结论:来自香港的受试者明显地表现出对纠缠于违反事实假设这种做法感到反感。当他们被邀请去作这类假设的时候,他们的回答是"这不自然","这不符合汉语的习惯";②只会说汉语的中国受试者无法认识到条件句可以是直陈的也可以是违反事实的,但如果他们的思想方式没有受到"引导和限制"的影响,③他们是能够认识到它们的不同;中国学生在学习英语违反事实条件句时会遇到特殊的困难;④最后是由一系列在中国人和美国人身上作的心理实验所得出的数据。布鲁姆承认中国人确实使用几类可以识别的条件句,他们借用某种预先设定来决定一个句子应表达直接蕴含关系还是违反事实条件句。尽管如此,他极力想找的是某种明确的标示,在这方面他有点像伍尔夫,认为没有这种标示就无法促使(尽管不是完全阻碍)中国人发展出一个对应于语法范畴未经标示的"认知模式"(cognitive schema)。⑤

所有这些论点都被郝大维(David Hall)和安乐哲(Roger Ames)在他们的《孔子思微》(*Thinking Through Confucius*)中用来解释中国古代哲学。他们声称恰恰因为条件句结构的不确定性,"科学和伦理的思辨和论断"对古代中国人缺乏"吸引力"。⑥ 显然他们不知道何莫邪早已提供了广泛和确凿的证据,可以证明古代中国存在着直接条件句和违反

---

① "……汉语中不存在明确的语汇、语法、或语调方面的机制来标明违反实际的假设领域,确切地标明那些被谈论的事件的确没有实际发生,谈论它们的目的只是为了理解事情可能会如何发生"(同上,第 16 页)。
② 同上,第 13 页。
③ 同上,第 17 页。
④ 同上。
⑤ 同上,第 20 页。
⑥ 郝大维和安乐哲:1987 年,第 265 页。

事实条件句的区别。① 何莫邪告诉我们,"使"不同于"若"或"如",它所引入的是一个违反事实条件句。②

布鲁姆非常强调他的实验结果。他设计了诸如包含以下形式的调查问卷:"X 不是那回事;但如果 X 是那回事的话,那就 W,那就 Y,那就 Z……"并辅以一系列问题,它们以不同的方式问受试者结果从句是否表达实际发生的事件。下面是得到的结果:28 个美国大学生中有 25 人答对(89%),而 54 个中国大学生③中有 37 人答对(69%),36 个中国旅馆工作人员中有 6 人答对(17%)。布鲁姆相信这些数据可以为"引导和限制假设"提供确凿的科学根据。④

但是布鲁姆的实验程序有严重的缺陷。首先,他完全没有提及他研究中没有包括任何来自美国工人阶层的受试者。他用了两组中国受试者,可能是因为他想测试他们熟悉英语或其他西方语言的程度给他们的影响。但即使我们不考虑测试的人数很少这一事实,而认可这些不同的得分确有意义,所存在的差别也无法说明这跟印欧语言的影响有关,因为布鲁姆忽略了中国受试者之间在受教育程度上的差异。所以,在中国工人受试者上获得的戏剧性的数据不应包括在内。所以,作比较的应该是在 89%(美国大学生)和 69%(中国大学生)之间。

其次,这两组受试人群真的是可比的吗?那些中国人来自台湾大学,⑤而那些美国人则来自史瓦兹摩尔学院(Swarthmore College),但布鲁姆没有提供任何关于他们的社会及文化背景的信息。现在有两个关

---

① 如他的权威之作《古汉语句法要义》(*Aspects of Classical Chinese Syntax*)中题为《违反事实条件"使"》一节。(何莫邪:1981年,第 272 至 287 页)
② 我将在下一节中对郝大维和安乐哲的语言理论方面的论述做详细分析。
③ "……所有这些学生都学过英语,其中有些学过很多"(布鲁姆:1981年,第 24 页)。
④ "这些结论……不仅能说明在大部分说汉语的人中缺乏相应于英语和印欧语言中的非真实条件句的思维模式,而且还说明语言中的某些变量与事实之间存在的具体的相关性……很多答对了的中国人在他们阅读的故事旁边用英语写下'would have'('可能会'或'可能是'),即使测试题是用汉语写的,并由中国的研究助手分发的"(同上)。
⑤ "……台湾最著名的大学"(同上,第 23 页)。

键的问题:那些中国人大部分是学工程的学生？史瓦兹摩尔学院具有人文氛围,即使所有受试的美国人都是心理学专业的,他们在处理复杂的测试方面仍需具有相当多的经验。那些中国人也有同样的经验吗？这一点我们无法得知。不过更重要的是,所有美国人都擅长于对短文作快速逻辑分析的能力笔试,其中包括很多涉及违反现实条件句的问题。中国人的情况如何呢？除非他们受过类似的教育,布鲁姆所测试的跟在试验心理常见的情况一样,无非就是受试者的应试技巧。

第三,即使布鲁姆那些涉及到中国受试者背景的问题能以有利于他的方式得到解答,那又怎么样呢？肯定得不出汉语的语言结构"无法促成"抽象的"认知模式"的结论。布鲁姆给我们提供了一些零散的轶事性的证据来说明违反事实条件句在汉语里(相对)比较少。暂且不论引用轶事的手法普遍地容易出错,我们先假设引用的轶事确实是真的,那么在汉语和英语之间,或在两组使用不同语言的人之间,或确切地说在两种语言文化之间,确实存在着对立。布鲁姆急切地想在这个所谓的事实和是否有违反事实条件句的标示之间建立某种联系。但这种做法似乎本末倒置,如果布鲁姆敢于假设这种关联违背了语言结构(或语言结构的缺失)影响认知过程这种因果关系。所以,如果汉语和英语之间的对照是一个(成问题)的事实,我们可以直截了当地说,中国(语言)文化的某些地方不鼓励违反事实句的造句练习。为什么要认为缺乏标示是所有这一切的根本原因呢？

在所描绘的这个测试案例中,双语的中国学生在他们对违反事实条件问题给出的正确答案旁边加上了英语"would have"("可能会"或"可能是"),这倒不是"好像这些词能使取自他们库存英语中的模式能持续地起作用,从而这些中国人可以在这类情况下用这个模式帮助他们处理汉语",①而是因为他们对这类思维的熟悉是由于他们接触过英语文化产

---

① 同上,第25页。

品。布鲁姆认为他测试的是"超越具体情况的违反事实推理",但没有什么比这样的推理对多种多样的教育和社会因素的互动关系更敏感的了。公平地讲,布鲁姆其他的实验①并没有类似的缺陷,因为参加实验的全部是大学生。而且,这些实验做得更加细致,因为测试题包括两种类型的故事,第一类可以作前后一致的违反事实解释,第二类必须作违反事实解释才说的通,所以作违反事实解释的最小(第一类)和最大(第二类)意愿的对比就会表现得很不同。实验所得出的结论是,针对违反事实类的问题作正确回答的在中国人里是29%,在美国人里是97%。② 这些测试并不因为包括了没有受过教育的中国人而造成致命的对实际情况的歪曲,但即使我们不深究,这些测试仍然忽视如下问题,即美国受试者所具有的文化使他们相对来说熟悉大规模违反事实用法(尤其在考试中),所以这些测试仍旧不能决定测试结果到底是否由基本的语言结构造成。布鲁姆自己似乎在承认这点时有点尴尬,③但他马上回应道:"我所论证的不是否认文化上的倾向性对塑造思想起重要的作用,而是语言结构也起着重要的作用,当我们深入到越来越抽象的认知领域,例如违反事实领域,语言结构对思想和文化二者所起的构成作用就变得越来越明显"。④

在布鲁姆关于违反事实条件句伍尔夫式的分析的姊妹篇中,他还论到,我们可以通过英语和汉语各自所使用的类型概念(generic concepts)很容易清楚地把二者区分开来。一个由中国人组成的受试组当被问到"袋鼠在吃萝卜"[为表达这个句子在汉语中的不确定性,权且将它写成:"(the) kangaroo(s) is/are eat turnip(s)"]是否不仅可以指称所有袋鼠,还可以指称"概念的袋鼠","即既不是一只,也不是所有具体的袋鼠

---

① 同上,第25—30页。
② 同上,第28页。
③ 同上,第32页。
④ 同上,第33页着重号为作者所加。

的东西"。① 他们的第一反应显得非常合乎情理:"'概念的袋鼠'是啥意思? 要么是一只袋鼠,要么所有袋鼠,还能有什么?"说英语的人(在没有对他们的类型概念机能作测试的情况下,)会有很不同的反应吗? 布鲁姆想当然地认为"被抽离出来的理论构造物"要么是一个共相(universal),或至少是一个在想象或假设的情况下所使用的心理构造物。但是他关于这种想法的描述本身已经充分地显示,我们没有理由相信任何人在充分掌握某一语言后,仅凭他对此语言的熟练程度,必须拥有和布鲁姆一样的对概念的理解,无论是对类型概念还是其他概念的理解。

和他很成问题的测试程序不同,②布鲁姆的语言种族论(linguistic-racist)式的研究结论基于如下信条,通过说话的情境去除不确定性无论做得多么细致和有效,都不能算一种语言塑造思想的机制。假如去除不确定性是语用方面的,它只能用来支撑一种已经无可救药地残疾的语言,这种语言充满了原始和无处不在的不确定性。③ 当然我并不想说语用学规则就等于是语法规则,相反我们应该把语法规则看作总是受到语用因素的限制。理由是,既然任何话语都有其所在的情境,确定话语的含义是否得通过遵循语法规则还是语用规则(当然还可以是二者的结合)没有任何区别,重要的是找到恰当的确定方式。由于现实中的语言

---

① 同上,第 36 页。
② 吴光明在他为布鲁姆的书所撰写的名为《违反现实条件句、共相和中国思维》(吴光明:1987)的书评中,列举了更多的问题。吴光明认为,"布鲁姆的测试有这样的结果更多地是因为他将英语的表达法(写成汉语)强加给中国人,而不是因为中国人对违反现实思维的无知"(第85页)。最有意思的是,他指出"整个充满讽刺意味的道家思想的兴盛,就是靠把违反现实条件句通过巧妙的加工,而变成故事和论辩"(第 88 页)。方万全在其《汉语和理论思维:书评一篇》(方万全:1984 年)也列举了类似的问题。他指责汉语测试题的提问方式本身有问题,因为它们和英语的问题比起来显得晦涩和模糊。
③ 这儿有一个可以理解为部分是语音方面的类比。(对那些不熟悉汉语的说英语的人而言),如果认为孤立语(isolating languages)中同音异义词的高频率出现是造成理解困难的不确定性的根源,而标明语义差别的语调上的变化也仅仅是用来帮助缓解这种不确定性,这样的观点比起布鲁姆关于条件句的看法也好不到哪儿去。

无非就是出现在某一情境中的话语,所以在现实中语法和语用不可避免地纠缠在一起。①

我想强调的是,我个人(和很多其他人一样)并不觉得翻译古汉语中的条件句轻松,②我也不否认我们有必要花功夫理解条件句是如何在中国哲学,科学和医学中使用的。但令人担忧的是,这样的研究在不考虑基本语言结构的情况下进行。让我们来看看这个被漫画式处理的有关西方科学哲学,但在我看来是的很有意义的类比推论:多年来,你一直对如何或应该如何用常态条件句来表达倾向特征感到困惑。但是你理解问题的角度不对,因为你没有认识到问题来自英语中有的那种虚拟式表达法:"x is soluble in water because if placed in H_2O, it would have dissolved"("x 可在水中溶解,因为假如把它放入 H_2O,它就会溶解")。没人会认为这算一种语言分析,同样没人应该觉得那种用条件句作例子来说明中国人在认知能力上有局限的"引导和限制"理论有多少意思。

5. 案例分析二:汉语是名称一览表

郝大维和安乐哲提出的"引导和限制假说"版本具有特殊的意义,因为它不光试图从汉语中推出有关中国思想的总体结论,还想推出有关中国哲学,甚至具体到有关中国哲学关于语言的特殊结论。由于郝大维和安乐哲似乎完全接受罗思文那个很难自圆其说的理论,即书面语

---

① 与杰佛利·霍洛克斯的交谈在很大程度上帮助澄清了我的观点。他给了和布鲁姆的数据相对应的一组数据:指代名词的代词(pronominal anaphora)的功能在大部分欧洲语言中高度语法化了,而在很多东方语言中则几乎没有语法化。但正如布鲁姆关于违反现实条件句的说法经不起推敲,没有什么理由相信这些语言在确定正确的代词指示关系方面也会有同样的特殊问题。

② 我们不应该毫不思索地假设,不容易找到的只是某一类条件句,而不是其他的。例如,《论语》第三章第九节中有这样的话:"文献不足也。"孔子在这儿说道杞宋的文献和智者不足,因而无法给他提供描述夏殷之礼的佐证。紧接着一句"足则吾能征之矣"如果不考虑上下文,可以理解为"因为它们很充分,我就可以用它们来说明"。但如果把它放在上下文中,其含义必须是"假如它们很充分,我就应该能够用它们来说明。"

的古汉语作为一种"人工语言",几乎完全和作为"自然语言"的口语的古汉语无关联,他们认为被明确地定义为"萨皮尔—伍尔夫假说"的理论很难运用在古汉语上,这大概是因为口头交流形式为认识早期中国的思想结构提供了最直接的提示,而我们最不了解的恰恰是早期中国的口语形式。①

然而这并不妨碍郝大维和安乐哲对语言和哲学的联系做夸张又含糊的臆想。例如,他们把孔子以礼理解人这一思路和"汉语本身所具有的功能特征"联系在一起,②并不加论证地宣称"对世界作完全内在性的理解只能在一种长于描述具体事物的语言中才能体现"。③ 要么郝大维和安乐哲相信古代中国的书面语对哲学这种专业化的思维模式影响有限,要么他们实际上倡导一种已被稍加改造了的"引导和限制"理论,即用"哲学"替代原来的"思想"。"哲学"并不等同于"思想",尽管对"哲学"是什么他们没作任何限定,对为什么要用"哲学"代替"思想"也没有作解释。无论怎么说,郝大维和安乐哲确实表现出可以被称为中国综合征的征兆。④ 他们主张对孔子的正名理论作全新的解释:"命名对孔子而言并不是将一个完好对应的标签附加在已经存在的现实上面的过程。语言的表现能力在于,通过语言来解释世界实际上是把世界推到人们对它的某种领会之中,或使它以某种方式被人了解"。⑤ 这些说法大概是用来说明他们的论点:在孔子看来,语言不是以中性的方式来指称或仅仅是反

---

① 郝大维和安乐哲:1987 年,第 253—254 页。
② 同上,第 239 页;如果这样,我们不禁要问,为什么还有和孔子持有不同观点的人。
③ 同上,第 263 页
④ 不过他们并不倾向于用一切机会援引"引导和限制"(例如,他们认为中所周知的古汉语中抽象名词和违反现实句的匮乏其实是"中国古典传统中缺乏超验观念的一个结果"(第 267 页)。在这一点上,他们并不寻求语言方面的解释。)
⑤ 同上,第 268—269 页。

映客观和独立存在的被指世界。①

他们的论证无法成立。也许郝大维和安乐哲只能说，某种准确地对应于"名"的"现实"先得存在。可什么情况下存在着没有成为客观标准的名本身或真名？可能的回答有两种。其一，由于郝大维和安乐哲认同"过程"本体论，②他们会说"义"（他们把"义"理解为"意义"）从根本上讲是变化流动，它无法被固定下来作客观的评估。③ 不过除非"意义"的不稳定性达到了不可思议的极端彻底的赫拉克利特式语义变化，在郝大维和安乐哲这种描述事物的框架内，我们总会找到针对名实关系问题的具有客观性的答案。其二，郝大维和安乐哲大概是以"表现"的言说模式来论证他们的理论。但是如果我们对"语言推动世界"这种说法稍加思考，就会发现它完全是胡言乱语，是一种曲解儒家思想中深邃和务实倾向的庸俗现象学，尽管和大部分人一样，郝大维和安乐哲对儒家思想非常欣赏，把它看作是中国哲学传统中最能体现这一倾向的思想。

他们关于语言哲学的主要论述很具刺激性，我们不妨在此完整地引用一段他们的论述：

> 跟大部分西方语言不同，古汉语不是基于命题表达。名词功能的主导地位使得有意义的陈述不仅仅限于那些具有完整句子形态的和

---

① "语言是自我指向的。一个词的含义是它在一个特定的社区中的运用的函项（function）"（同上，第264页）；"孔子似乎对名实的对应关系并不关心"（同上）；"（至少对孔子而言）语言主要不是用来指称各种物体的世界"（第263—264页）。但是有点自相矛盾的是，郝大维和安乐哲似乎以一种不经意的方式表达他们赞同那种不太激进的语义学："一个命题有意义的特性（其'语义内容'的特征，即它的含义或指称对象）如果从其主动式或回应式（语效的）功效中脱离出来，基本上是无关紧要的。"（第264页）。我猜假如"言语言是自我指向的"，这儿所说的命题的指称必须也是自我指向的。但是普遍的自我指称是荒谬的。使人难以接受他们的观点是因为这段文字对言说行为（speech act）理论严重误解，更因为如下的言论："本体论上的具体对象是无法被指称的，它们只能被迂回地提示或暗示出来"，（第275页）这似乎是说，遮遮掩掩的指称就完全不是指称。
② "……孔子对传统的虔敬并不是绝对的，出于现实的考虑，他认为传承下来的智慧和制度需经常改进以适应这个独一无二的世界不断的变化"（同上，第272页着重号为作者所加）。
③ "……命名和正名是一种动态的过程，其所具有的结构和定义是基于这样的理解，名称和它们带来的和谐在其所在情境中总是处于变动之中，需要不断的调整"（同上，第274页）。

主谓结构的表达式。中国古典哲学家们关注名称排列的倾向就是这种名词功能的主导地位所决定的。① 古汉语不依赖于句子或命题来表达语义内涵这一令人瞩目的论断同时意味着,所有汉语的词都是名称,合成词,短语和句子其实就是名称的串联。正因为如此,我们应该理解为什么古代中国人对"真理"和"谬误"之类的问题缺乏兴趣。词就像名称只能说合适不合适,而只有命题严格地说才谈得上真或假。②

"引导和限制假说"在郝大维和安乐哲那里已变得荒谬绝伦。他们倒不是说古汉语作为一种不同的语言阻碍了那些在西方为人熟知的哲学发展思路,而只鼓励各种奇异的哲学妙悟。他们所声称的是,古汉语根本就不是一种语言——尽管他们显然没有意识到,他们的理论必然导致汉语是一个巨大的名称一览表这么个无法让人接受的结论。也许这一令人诧异的谬论源于关于汉语词是否可作词类划分的长期争论("名词功能的主导地位"这种天方夜谭式的说法本身已经表明了这样一种起源)。实际情况则是,尽管古汉语的词无法完全以印欧语言明确定义的词汇系统来分类,但它们的用法绝不是不守任何规则的。③ 坦白说,我无

---

① 葛瑞汉反对这种说法,他认为要是这样理解语言的话,印欧语言才应该被称为"以名词为中心的"(葛瑞汉:1989年,第394页)。
② 我将在第8节探讨葛瑞汉有关汉语中"真理"问题的看法。葛瑞汉以此回应郝大维和安乐哲的论题。
③ 何莫邪用一个比喻巧妙地讲解了他的"灵活的功能性偏好"理论。他把希腊的语词比作棋子,把汉语的语词比作足球队员:"它们(词语)可以构成一个范畴的连续体,在这个连续体中的词语表现出不同程度的实现其语法功能的倾向"(原文为德语:"Sie [Wörter] könnten ein kategoriales Kontinuum bilden, in dem Wörter eine größere oder geringere Tendenz oder Präferenz an den Tag legen, gewisse grammatische Funktionen auszuüben")。(何莫邪:1979年,第156—157页)。我们可以把这一思想和"范畴挤压"("category squish")和"模糊语法"("fuzzy grammar")这类概念作比较。"范畴挤压"和"模糊语法"是由其他一些反恒常语词分类的人(例如罗斯:1972年)以及对语言要么具备语法规则要么完全没有的观点持怀疑态度的人(例如拉克夫:1973年)。但是何莫邪是否支持"非分立式"语法的观点尚不清楚。持"非分立式"的语法观点的人不是仅仅对任何语法理论(例如某些过了时的转换生成理论)不满,因为这些理论认为的语法功能都具有一定程度的不可变通性,而这不符合他那些很有说服力的有关汉语的第一手资料。

法理解郝大维和安乐哲的基本思路,也许因为它缺乏前后一致性:当他们在说中国古代哲学家在判断一个"名称"是否"合适"(而不是"真")的时候,他们当真会认为中国古代哲学家的这一判断本身没有任何命题内涵,还是他们猜想那些可怜的中国哲学家会这样认为?

葛瑞汉认为郝大维和安乐哲把一个语言单位是否具有主谓形式理解成这个语言单位是否具有真理价值的必要条件,他把这个必要条件(错误地)叫作"亚里士多德原则"。①

> 按这一亚里士多德原则,我们不得不承认中国人的言说从不涉及真假问题,因为即使是一个带主语的动词句也不大容易被分析成具有主谓形式。但确实对现代逻辑而言,命题只有当被作量化处理的时候才需要具有这种形式……如果我们不作主谓结构必要性的假设,可以说我们在学习汉语上反倒有优势,而这一点郝大维和安乐哲似乎没有看到。②

我并不同意这种看法,因为葛瑞汉对他所拒斥的那个所谓"亚里士多德原则"的表述非常不清楚,而这会引起严重的不良后果。他似乎先把它当作一个语法原则。如果仅仅是这样的话,他关于并不是所有的汉语句子具有(语法上的)主谓形式的说法就完全说的通。(实际上,英语或希腊语也如此。)但是在没有提供任何说明的情况下,他马上接下去讲

---

① 葛瑞汉:1989 年,第 394 页。
② 同上。可以说作格语言(ergative language)也没有主谓结构的句子。何莫邪认为古代中国的理论家们不把命题肢解为主项和谓项(何莫邪:1979 年,第 159 页),但他倾向于把古代中国的理论家们关于"实词"和"虚词"(词汇和语法单位)的区分和亚里士多德关于"范畴"(categoremata)和"范畴系词"(syncategoremata)的区别作比较(第 160 页)。这并不是说他完全排除了用主谓形式来分析汉语的语法:"汉语中的主谓句似乎是话题和评说的特例,其中语法的主语和逻辑的主语是重合的"(原文为德语:"im AC scheinen die Subjekt / Prädikat-Sätze ein Grenzfall der Thema /Rhema-Sätze zu sein, in denen Thema und logisches Subjekt zusammenfallen",第 235 页)。

的似乎是逻辑形式,声称只有可量化的命题才需要有(逻辑上的)主谓形式。① 可这并不对。葛瑞汉混淆了语法意义上的主语谓语和逻辑意义上的主项谓项②,从而没能解释逻辑中"主谓形式"对他来说是什么意思,所以我无法知道"主谓形式"在一个形式化了的系统中应处于什么位置。也许他错认为这一形式只能出现在具有受量化约定的变量(a variable bound by a quantifier)的公式中,因为在这样的公式中,变量是被当作主语,而函项字母(function-letter)则被当作谓语。但如果这确实是他所认为的,显然他没有意识到存在着个体名称的谓词演算,个体名称的谓词演算和函项的恰当组合可以构成没有量化的主谓形式,所以说只有量化的命题才"必须有"主谓形式是不对的。

即使葛瑞汉关于这种形式的观点是对的,大部分逻辑学家仍会对他"只能量化的命题才有主谓形式"的说法感到有点诧异,因为这就好像把那些用于量化的机制当作与它们所属的体系无关紧要的附件。可以这么说,逻辑的要素显现于命题的一些特征上,诸如量化,而语法特征可能表达也可能不表达这些逻辑特征。我怀疑葛瑞汉之所以陷于这种混乱是因为很具讽刺意味,他始终服膺于亚里士多德。他对古代顶礼膜拜,把传统的三段论当作逻辑研究的中心。尽管在展开论述的许多地方,他把他所引用的现代形式逻辑既作为对贻害无穷的亚里士多德主义的解药,还作为理解古汉语语法结构有用的方法来源,他所关注的仅仅是谓词演算的某一个方面,而实际上他应采纳更开阔的视野,思考述谓(predication)如何可以在任何他能够接受的形式系统中得到表达。对语法和逻辑的混淆敦促

---

① 值得称道的是,赵元任从来没有把这两种不同的形式混为一谈:"主谓形式在汉语中的语法意义不是像在大部印欧语言中那样是行为者和行为的形式,而是话题和评说的形式,行为者和行为只是话题和评说的特例。这种一般意义上的主谓关系从逻辑的角度来理解,便是它更接近符号逻辑中的 φa,其中 a 并不一定代表某种行为 φ 的执行者,但只要 a 是 φ,我们就可以说 φa"(赵元任:1955 年,第 38—39 页)。
② 语法上的主语谓语和逻辑意义上的主项谓项在英语中的表达是一样的,都是 subject/predicate—译者注。

我们去寻找什么是理解语言结构和逻辑形式之间关系的最好途径。

在讨论这一问题之前,我们应注意到陈汉生(Chad Hansen)所提出的和郝大维和安乐哲的观点类似(且同样经不起推敲)的理论,但他想在"主谓形式"的问题上给"引导各限制"找根据:"中国的理论家们自觉或不自觉地把注意力放在词上,而不是句子或跟句子对应的思想、观点、判断上。对句子缺乏理论的关注是因为……在西方哲学中,人们对主谓形式具有持续的兴趣,而在中国哲学中,人们没有表现出对汉语中一个完整句子所具有的'最基本'的形式有同样的兴趣。"①陈汉生还重复了郝大维和安乐哲那个缺乏根据的推论,即从中国哲学家钟情于伦理问题这一特点,可以推出他们一定相信某种极其原始的语义理论:"中国的诸子百家视语言主要起着指导行为的作用,而不是用来描述事物。(他们感兴趣的是伦理学,而不是形而上学。)他们对语言的兴趣主要集中在词,而不是句子上面。"②此外他还说道:"我们用传统的西方语法来分析汉语的词序,而这已经假定句子是语言中起关键作用的结构单位"③,陈汉生似乎认为,确认句子的做法(有别于我们讨论过的对词的严格分类)所反映的是某种过了时的语法理论。

6. 逻辑形式

6.1 反"逻辑"翻译

现在我应该马上讨论一下我那些容易遭到攻击的论点。有些分析哲学家认为自然语言中真正的句子有时显示其真实的结构,即逻辑形式,而有时则隐藏起这种结构。(在这些人看来)哲学的很大一部分包含着一个巨大而可怕的错误,这个错误就是愚蠢的形而上学,而形而上学

---

① 陈汉生:1987年,第319页。
②《古代诸子应该注重理性?》见罗思文:1991年,第193页。
③《心中的语言》见爱莲心:1989年,第82页。

是由混淆语法形式和逻辑形式所导致的。成功的哲学分析通过在人工语言中把这种逻辑形式清楚地显示出来而清除这些混淆,因为人工语言比起误导人的"自然"语言具有无可比拟的严格性和清晰度。如果我们同意这种观点,①我们可以基本上不用把"引导和限制"假说当回事,因为不管各种"自然"语言的句子在语法层面上有多么不同,至少在此之下无一例外地存在着相同逻辑形式的实质性的东西。当然,这一观点并不否认人们确实会被语言误导,但拥护这一观点的人和"引导和限制"假说的拥护者不同,他们坚持认为在语言的最深层,即逻辑形式的层面,语言之间是没有什么差别的。如果我们有足够的分析技巧和识别能力,无论任何特定哲学用的是什么语言,我们总是能达到处于底层的逻辑形式。我不想说分析哲学的积极倡导者在这方面达到了清晰度,但总的来说,这是他们应该持有的立场。我和葛瑞汉的分歧在于,我反对他滥用"亚里士多德原则",但我并不认为他必须依赖于某种能唯一正确地显示结构的特定形式系统。

关键的是,我不觉得任何此类形式化的表达方法是对"自然"句子的翻译。首先为什么会有人认为把"所有的动物会死"("all animals are mortal")这个句子表达为 $(\forall x)(Ax \supset Mx)$ 完全等同于把它翻译为"omnia animalia sunt mortalia"?撒缪尔·古腾普兰(Samuel Guttenplan)对这种等同理论的正确性深信不疑,这体现在他那本逻辑入门教科书《逻辑语言》(*The Languages of Logic*)的标题上②,他好几处明确地支持我所否定的那种翻译模式。例如,他写道:"我们现在要详细地探讨如何把英语翻译成'句型语'(Sentential),'句型语'是一种完全不同于像法语之类的语言,它是一种结构的语言。然而,从英语转换到'句型语'的过程具有许多涉及翻译的问题。"③我们可能会认为古腾普兰把逻辑表达当作翻译只是一

---

① 关于这种思潮的兴衰与中国综合征的关系将在下一讲中论述。
② 撒缪尔·古腾普兰:1986年。
③ 同上,第106页,参见第39—40页,第166和第220页。

种出于教学考虑的有趣说法，尽管不是什么好的做法。可实际情况并非如此，"逻辑方法的进步对我们理解语言，并通过理解语言理解思想有很大的启示"。① 由于他常常将他所教授的方法描述为翻译规则，他肯定认为这些规则可以被用来理解语言和思想，恰恰是因为逻辑"翻译"不只是一个比喻。

人们可能会这样推想古腾普兰和其他人所作的这一假设：逻辑体系最好是（某种）语言，因为逻辑首先应该为区分有效的推论型式与非有效的推论型式提供衡量方法。一个推论是有效的，当且仅当前提为真而结论为假的可能性完全不存在。所以逻辑作为逻辑必须研究语义概念。具有语义和严格句法的形式系统，完全有权被称作"语言"。当然与逻辑常量不同，"A"和"M"在谓词算法中没有标准的解释，在确定其语义时，人们对赋予这些或任何其他谓词字母什么样的外延完全无所谓。但是我们选用如下的解释应该没有任何问题：以"A"代表单个成员序列的集合，这些成员属于此域且是动物，以"M"代表只有单个成员序列的集合，这些成员属于此域且是会死的。如果这样约定，且（∀x）(Ax ⊃ Mx)是"所有动物会死"的谓词算法形式，这确实就是英语翻译成谓词算法的一个普通的例子？

假如我们仔细想一想那些围绕着我们那个平常的例子所产生的争论，我之所以呼吁拒斥这种看起来无害论调的理由就变得很清楚了：在被告知"自然"语言中这类量化句子要么"确实"是条件命题，要么可能"掩盖"条件命题时，很多人表现出正常的怀疑。问题在于，即使我们对词语内涵和隐喻的神秘性给予足够的关注，并掌握了关于不同"自然"语言中（大致）同义句子的确凿证据（例如我们可以用外语词典大致达到我们的目的)，为逻辑"翻译"之正确性唯一有效的辩护只能是，它在推论中的表现符合我们（某些）所设想的与之相当的"自然"论理的表现，或这种

---

① 同上，第36页，参见第221—222页。

论理应该具有的表现。然而逻辑学家对如何再现各种"自然"的形式存在着分歧,这种分歧严重地阻碍了建立不同推论的对等关系。正如克里斯多夫·克尔万(Christopher Kirwan)所指出那样,"人们可能认为整个形式化的过程类似于从词语到符号的翻译,但因为其中的步骤并不见得保留含义的一致性,它们是一种特殊的翻译,具体说范式化与一般意义上的翻译大相径庭"。①

但是只有当我们意识到,如果我们接受作为"人工"语言的形式化算法可以和"自然"语言互译的观点,那么类似于"(∀x)(Ax ⊃ Mx)"这样的公式就可以作为标准来衡量不同的"自然"语言所具有的相对逻辑性,我们就会清楚地发现"逻辑"翻译这一概念会带来极度的危险性。假如(∀x)(Ax ⊃ Mx)在某一种语言可以翻译成能保留条件结构的句子,我们得承认说这种语言的人跟我们比起来在逻辑上更有优势。这种逻辑主义的规范和以前的希腊语和拉丁语对语言学的暴政一样令人厌恶且一样没有根据:有什么证据可以显示结构的明确性能确保减少推论上的错误?

用这种方式提醒人们避免陷于无聊空想也并不是没有必要。葛瑞汉试图证明古汉语"比任何其他语言更接近符号逻辑"。② 与此不同,何莫邪让我们注意到一个更加微妙的问题:

> 毫无疑问古汉语不像符号逻辑,没有自然语言会像符号逻辑。但是……我们当然可以问它是否一定不属于洪堡所称的汉语之奇才(le génie de la langue chinoise)。汉语之奇才是指,汉语最为一种孤立语,完全不同于我们所熟悉的印欧语,它比后者在逻辑上要更加透明。(我们可以问,对什么人来说更透明?)我们没有什么理由必须相信某些语言一定不可能比别的语言在逻辑上更加透明,我们也没有什么理

---

① 克里斯多夫·克尔万:1978年,第196页。
② 葛瑞汉:1989年,第403页。

由相信所有的语言就其表达逻辑复杂性的能力上是一样的。①

何莫邪似乎用"逻辑透明"的概念来取代直接相似的概念。可这具体怎么做呢?他用了整整一大段来讨论否定关系,认为在古汉语中不存在不逻辑的多项否定,并明确地把它当作一个和古希腊语形成鲜明对比的特征。② 但是这种例子不会也无法对不同语言相对的"逻辑透明"作有意义的比较。例如,何莫邪本人就谈到古汉语到处都有确定量化范围的麻烦:③我们如何在汉语量化上的失的基础上来衡量它在否定式上的得?这里关键的问题是那个把人引入歧途的形式化系统翻译的概念。何莫邪以下的说法最具启发性:

> 非常有意谓的是当我们在逻辑课上学习如何把自然语言翻译成逻辑符号,我们所做的常常令我想起我们在把同样的句子翻译成古汉语时所作的:我们通过"因式分解(factorisation)"和约简法把句子变成尽量最简单的形式。④

他没有试图解释到底什么是"非常有意谓":对我来说这一说法本身表达了一种深陷误区的神秘逻辑主义。这源于他在逻辑课上学习如何将句子翻译成一种全新语言时所获得的错误印象。

葛瑞汉在《论道者》⑤多处嘲笑了那些关于语言的概念化与该语言的曲折化程度成正比的观点。⑥ 这种批评当然完全正当,可是当我们放弃汉语缺乏违反实际条件句这一观点,我们应如何看待以下说法?只有像希腊语这类带有时态、体、语气的高度曲折化的语言才能允许(注意不是

---

① 何莫邪:1998年,第8页。他有时也提到了译成形式语言的逻辑"翻译",见何莫邪:1979年,第239页。
② 何莫邪:1998年,第112—113页。
③ 同上,第154—156页。
④ 同上,第172页。
⑤ 例如第403—404页。
⑥ 汉语不是这类说法的唯一受害者。不久以前,在古典学内部,某些可笑的希腊学学者对"简单"的拉丁语通常也持这样一种轻蔑的态度。

鼓励,更不是必然导致)那种希腊化时期出现的异常繁复的模态逻辑。

参与论证中国逻辑的人们似乎经常显得过于急切,他们对汉语和像英语那样的语言(通常以故意不利于汉语的方式)所作的比较并不可靠,但他们以这种不可靠的比较迅速推至对所有自然语言和各种符号系统的比较(葛瑞汉等中国迷通常把它当作一种辩护手法),后者同样地不可靠。也许我所赞同的那个相对无害的假说更能让人接受:在符号系统发明之前有些差别在一般情况下是不可能被把握的,而高度曲折语言确实可能在表达那些差别的时候比别的语言有优势。譬如说,除了通过直接指出未完成式虚拟式和过去完成式虚拟式的不同意义,来显示哲学上各种模态之间的关键差别,也许没有更好的办法。我暂且认为,与葛瑞汉用来唬人的柏拉图、安瑟伦和康德不同,卡里亚雅苏斯的狄奥多罗斯(Diodorus Cronus)在其大师论辩(Master Argument)中确调制出一种几乎无法在古汉语中表达的哲学。如何很好地再现狄奥多罗斯的推论仍旧是希腊化哲学的学者们热烈争论的一个问题,但是无论采用任何可行的再现方式,我们都会发现用汉语来表达其中的模态和时态是多么的困难。让我们来看一下塞德雷的译文:

> 一个既不真,且永远不会真的东西是不可能的。因为如果(p)它曾经是真或在过去的某个时间将会真,那么(q)在过去的某个时间它将会真这个判断是真的。但是,因为每个关于过去的真命题必然为真,非 q——且必然非 q。所以,p 是不可能的。所以,q 是不可能的,因为一个不可能的命题无法从一个可能的命题推出来。所以没有任何东西是可能的这个命题本身既不真也不会真。①

不会如此(大规模地违反事实),假如中国古代哲学家们对希腊化时期狄奥多罗斯辩证法的难题所引发的关于决定论争论感兴趣的话,这将

---

① 塞德雷:1977 年。有兴趣的读者可把它和丹尼厄的译文(丹尼厄:1981 年)做对比。

会证明他们无力在语言上有所创新,葛瑞汉可能管这叫"句法衰变"(syntactical deterioration),因为他们必需在他们的语言中引入模态机制。① 不过这样做的目的并不是语言方面的,至少不是跟"引导和限制"相关的那种意义上的语言。②

何莫邪提供了另一个我们权且称作对逻辑表达起"语用"或"处理"限制的例子。何莫邪在他那篇专论中探讨了古汉语如何通过在"或"之前加上否定和蕴涵③来表达相当于"or"这样的析取关系。尽管这并不意味着逻辑的贫乏,但的确很容易使多重析取句难以分析。我们还可以把它和福洛德·隆斯伯利关于波罗罗人(Bororo)的数学无法在语言上表达的一些猜想有益的对比。波罗罗人只有两个数字词,但肯定(至少总体上)能表达比较大的(二进制的)数目——它的问题是"语法可操纵性"。④

6.2 形式为何重要

当我承认形式算法(formal calculi)确实应该被称为人工"语言"(至少就这个词被限定的意义上而言)时,我已经提及为什么形式应很重要这个最明显不过的理由了:形式和逻辑有效性之间存在着内在的关联。归根结底,"形式逻辑"是从命题内容抽离出来的逻辑,它的目的是找到

---

① 在《名理探》第二章的部分段落中有许多关于模态的不同表达法,尽管这些表达法跟那些真正用来传达大师论辩的表达法完全不同。
② 古斯塔夫·冯·格鲁内鲍姆认为,之所以马利乌斯·维克托里努斯用发明的拉丁哲学术语来表达普罗丁无法流行,而圣文德(Bonaventure)和阿奎那成功地使专业拉丁语得到推崇的原因,在于语言之外不断变化的"集体动因"(见霍伊杰:1954年,第228—229页)。
③ 何莫邪1998年,第156—159页,另参见赵元任1955年,第33—34页。
④ 霍伊杰:1954年,第129,139页。季冯:1987年是一本极其有趣和有用的小册子,它论述的是比较语言间的表达性和确定性。

这些命题所属的推论形态。① 所以假如形式逻辑用"相同形式"这样的概念作为部分测试有效性的方法，②它最好能解释"形式"这一概念并能为其正当性辩护。我们在前一节中否定"自然"语言和"人工"语言互译性的论点给逻辑主义出了难题。但通过重新定义逻辑主义，我们还是可以在它和中国病兆之间建立某种关联：既然严格说逻辑表达式并不是对"自然"语言句子的翻译，确定和评价这些不同语言相对的逻辑性不还是可能的吗？"自然"语言的问题在于，它们既受到语词的多义性（和模糊性等等）的困扰，又受到句法上的不一致及误导的困扰。之所以存在着"不一致性"，是因为语法坚持给予具有相同的逻辑形式的命题以不同的表达式，而这些习惯性的表达式并不遵守理性准则。语言的外壳会改变命题的逻辑形式的准确呈现，而"误导"就是指语法形式扭曲通过独立的逻辑分析所得到的

---

① 例如，"我们最终的目标是明确地规定什么是逻辑有效性，因为拥有逻辑上有效的形式可以确保演绎的正确性"（克尔万：1978 年，第 41 页）。当然我们可以无止境地引用类似的说法。但是马克·圣斯伯力（Mark Sainsbury）关于逻辑有效性有一个非常不同的定义："一篇形式上有效的论辩之所以有效取决于它所具有逻辑常项的含义，以及其他表达成分排列的方式"（圣斯伯力：1991 年，第 312 页）。在为他那个受到盖莱斯·伊文斯（Gareth Evans）启发的观点所作的辩护中，圣斯伯力写道："关于结构上有效论辩的观念与下述思想有关，确存在着有效的论辩，其有效性不取决于其中各种词语的含义，而是取决于句子建构的方式。尽管人们常常认为形式有效性反映的是这一直观想法，实际情况并不是这样，因为形式有效性之谓有效性部分地因为某些被人偏爱的语词的特定含义，也即那些逻辑常项。而且，如果这一直观想法却有其价值，那必然存在着为什么只是某些语词，而不是另一些被当作逻辑常项的深层原因"（第 311 页）。所以也许我夸大了"形式"逻辑的形式性。不过，圣斯伯力本人也承认，在当今已发表的讨论文献中，还没有找到明显地比定义逻辑常项的"论题中立"标准更加合适的标准，能找到的还不如它（第 323—324 页）。因为这一标准意味着"如果一个语词不用来引进一个特定的主题，或如果要理解这样一个词语我们无需知道任何客体，它才能是逻辑常项（第 314 页，重点作者所加）"，所以这一标准基本上继承了那种传统的关于逻辑的观点，即逻辑只涉及形式而非内容。（马克·威尔逊（Mark Wilson）指出："由于我们对我们自己的语言常常了解不够，以至于无法完全以句法学或语义学来理解我们的推论活动，包括那些看来是'纯粹逻辑'的推论活动。我们在不同的情况下，可能会用我们的语义理论来纠正我们在句法上的错误，反之亦然"（威尔逊：1994 年，第 542—543 页）。）不管怎么说，采用圣斯伯力关于有效性的定义，就意味着把"出现形态"（pattern of occurrence）当作有效性两个必要条件中的一个，而不是唯一的充分条件，这样我关于为什么形式不可或缺的说法仍然说的通。

② "……一个论辩能被称为有效，只有当使用同样形式的任何论辩不会使人从真的前提推论出伪的结论"（普莱尔：1955 年，第 1 页）。

逻辑形式。这些问题存在于所有"自然"语言中，不过认为它们必然等量地存在于所有语言中则有点纯粹的武断。（显然，这就是所谓的"引导与限制的假说"。但是我们必须注意到，它无法和沃尔夫的相对主义假说相融合，因为后者很容易被用来把异域的"思想世界"贬低为"原始"——实际上这类"世界"所产生的只是有别于西方理性的正确思维规范。与此形成对照的是，在确认古汉语相对逻辑性的过程中，人们假定存在着一套适合于所有"自然"语言的客观逻辑标准。并不是所有中国综合征患者都能完全意识到，相对主义和规范性逻辑主义是水火不相容的。）因此，反对者便会认为：人们有充分理由质问，"在什么程度上，中国古代哲学家所用的语言对他们建构基本上有效的论辩，或像古希腊哲学家那样有意识地思考有效性标准时起着促进或阻碍的作用？"①

实际上，思考"形式逻辑"中"形式"一词的含义还会帮助我们对"引导与限制假说"作进一步的修正。"确实，很多在西方语言中通过句法完成的任务，在汉语中则是靠语用学上的特征来完成。所以人们便认为西方语言可以用句法的术语来描述逻辑蕴涵——而这就是形式逻辑所做的。不过这样的'引导'并不左右具体的逻辑研究方向。有些逻辑研究可能乐观地假定，对逻辑概念作句法描述可以多少直接地运用在自然语言上，或至少可以用在被稍加调整后的自然语言上。另一些逻辑研究可能通过发明特殊的语言来使定义逻辑蕴涵更加方便。为什么在中国思想中我们找不到类似的研究？原因是它不具有来自句法的对逻辑探索的动力。"但是，所有这一切取决于这一版本的"引导和限制"假说在它试图解决的问题上应该有多大

---

① 本人的研究着眼于比较古汉语及古希腊语、拉丁语，但是我们可能还会注意到其他很多语言也被认为具有语言学上的霸主地位，尽管这并不让人感到有法语爱好者常有的那种可笑的无理："……无论古代语言和现代语言中的词序是什么样的，作家内心所追随的是法语句法所示范的次序"（原引文为法语："quell que soit l'ordre des termes dans une langue ancienne ou moderne, l'esprit de l'écrivain a suivi l'ordre didactique de la syntaxe française"。狄德罗：1975年，第1卷，第390页）。

胆，进而相应地有多令人感到兴趣和有多不合情理。（某些）说西方语言的人真能只在句法驱使下主动思考如何达到有效性吗？或是否可以在表达上不那么极端，只涉及到必要条件，而非充分条件？即说非印欧语言的人，由于在句法方面的劣势，将无法发现形式逻辑（尽管原则上讲他们能够发现它），而处于优势的西方人则至少有机会发现它？我本人暂且认为，只有当这一版本的"引导和限制"假说被稀释为某种类似于我在前一节讨论卡里亚雅苏斯的狄奥多罗斯时提出的那个无害的建议，即高度曲折语具有表达逻辑性的优势，它还是有一定的道理。

通过仔细研究这一分析项目在历史上有说服力的先例，我们可以使这一被更新了的挑战变得更为鲜明。与我各种关于逻辑主义"引导与限制"的说法（不是完全出于偶然地）相似，早期维特根斯坦称赞符号语言如何从那种在科学和哲学角度看属于口语交流不畅的劣势中解放出来："为避免这类错误，我们必须采用符号语言（Zeichensprache），因为符号语言可以避免用同一符号形式（Zeichen）来表达不同的符号表征（Symbol），还可以避免以表面上相似的方式来使用具有不同意义型的符号形式。这是一种由逻辑语法，即逻辑句法规范的符号语言。"①（"这些错误"是指 3.323 提到的错误。在 3.323，维特根斯坦援引"is"一词作为例子来说明这个既可以作系词、又可以表达同一性及存在的含义的词会带来混乱，而这种混乱可以用理想的符号语言来加以避免。②）如果维特

---

① 维特根斯坦：《逻辑哲学导论》3.325。原引文为德语："um diesen Irrtümern zu entgehen, müssen wir eine Zeichensprache verwenden, welche sie ausschließt, indem sie nicht das gleiche Zeichen in verschiedenen Symbolen, und Zeichen, welche auf verschiedene Art bezeichnen, nicht äußerlich auf die gleiche Art verwendet. Eine Zeichensprache also, die der logischen Grammatik-der logischen Syntax-gehorcht."（维特根斯坦：1978 年，第 16 页）。
② 第 7 部分将探讨葛瑞汉如何用这个例子来说明古汉语在逻辑上比印欧语言，尤其是希腊语优越。

根斯坦关于"逻辑语法"和"逻辑句法"的说法被接受的话①,它似乎会鼓励热衷于评估各种自然语言相对"透明性"的嗜好。但引自《逻辑哲学导论》的这段话不应理解为对"自然"语言的句法和语义的失望,因为:"事实上,我们日常语言中的所有命题本身就具有完美的逻辑秩序"(5.5563)②日常语言中的任何句子必须具有逻辑秩序,即必须符合《导论》中的具体规定,因为日常语言的句子是有意义的,而《导论》具体规定的是如果一个句子有意义,它必须是什么样的。这一想法并不与那种认为有些句子比另一些句子更容易误导我们的观点矛盾。我们可以像维特根斯坦那样坚持这一观点,但还可以建立能最佳地说明这一观点的人工语言,同时并不试图用这样的人工语言来替代我们已经有的语言。

所以《导论》并没有贬低"自然"语言的逻辑能力,它更没有建议创建一种逻辑上理想的语言用来替代我们所用的日常语言。所有对《导论》的错误理解起源于罗素为其第一版所撰写的引言,而这一错误理解确实导致了那场助长逻辑主义的"引导与限制"假说的哲学运动。事实上,在那些否定中国综合征的理论基础的人中,维特根斯坦可以算是最具说服力的一位:"逻辑之所以是'先验的'(a priori)在于非逻辑的思想是不可能的"(5.4731).③既然如此,为什么还要创建形式逻辑?原因是,尽管"自然"语言在表达上可以不带有严格意义上的逻辑瑕疵,要不然它们根本不算语言,但作为交流工具,它们仍然是有缺陷的,即它们的不确定性和结构上的繁复性。要达到已经存在于"自然"语言中的逻辑,我们需要

---

① 伊丽莎白·安斯康(Elizabeth Anscombe)对《逻辑哲学导论》中的逻辑形式的概念以及它就形而上学和认识论而言所带来的独特影响是这样解释的:"我们称构成一个命题的某种关联的可能性为'逻辑形式'……既然一个结构通过逻辑形式能获得真(T)假(F)二极,并且真或假的东西和在现实中此或彼是一回事,维特根斯坦把'逻辑形式'又叫做'现实形式'"(安斯康:1959 年,第 75 页)。
② 原引文为德语:"alle Sätze unserer Umgangssprache sind tatsächlich, so wie sie sind, logisch vollkommen geordnet"。(维特根斯坦 1978 年,第 56 页)。
③ 原引文为德语:"daß die Logik a priori ist, besteht darin, daß nicht unlogisch gedacht werden kann"。维特根斯坦:1978 年,第 47 页。

创建一种形式系统,它以确定和简约的方式来表达"自然"语言中的逻辑形式。①

以上绝算不上是对《导论》这部艰涩著作的诠释,但就我们所要达到的目的而言也足够了。我们仅希望能找到引发了中国综合征的罗素式误导性阅读的起源,并为那个极有启发性的对逻辑形式的维特根斯坦阐述提供一个至少暂时看来还行得通的说明。我们马上能得出的结论是,这一特殊例子表明,一般而言我们确实很难证明不同质的表达式具有相同的逻辑形式。② 这不是说接受逻辑形式这一概念本身意味着接受逻辑原子主义。不过我们不清楚现在用来替代二十世纪初期分析哲学的范畴和概念的那些东西,作为能够给评估相对的语言逻辑性的逻辑形式这种观念提供某种理由会更少地引起争议。所以我下一步要做的是简单地讨论一下罗素对《导论》独创性的误读所造成的那个哲学运动的一些特点。

---

① 我设想所有这一切需要满足一个条件:"任何可以被思想的东西都可以被清晰地思想。任何可以被语言表达的东西都可以被清晰地表达。"("alles was überhaupt gedacht werden kann, kann klar gedacht werden. Alles was sich aussprechen läßt, läßt sich klar aussprechen". 4. 116,维特根斯坦 1978 年,第 26 页)。这就是为什么"没有哲学,思想在某种程度上是含混不清的:哲学的任务是使思想变得清晰,并给它们勾勒出鲜明的轮廓。"("die Philosophie soll die Gedanken, die sonst, gleichsam, trübe und verschwommen sind, klar machen und scharf abgrenzen."4.112,维特根斯坦:1978 年,第 25 页)为什么维特根斯坦加上"在某种程度上"("gleichsam")这句话? 这表明他承认另一种被抑制的不确定性? 也许,因为并不存在着与 4. 116 或 5.5563 必然的冲突,4. 112 肯定流露出对是否存在着恒常一致的逻辑内容的疑虑,这样的逻辑内容我们多少可以清楚地加以思考。只有当存在着《导论》所设想的逻辑形式,这种疑虑才会消失。但要满足这个条件,还得有另一个条件,即通过对现实和所有对它的再现进行结构上的调整使客观的模糊性和主观的不准确性被和能被证明是可以消除的;这样就可以部分地了结《导论》那种严格的乌托邦梦想。

② 与此不同,赖尔(Gilbert Ryle)的分析方案在历史上影响很大,它所关注的是发现隐藏在语法的一致性中的逻辑上的差别:"很多非哲学言说中的表达式能被使用它们的人完全清楚地理解,但是它们所具有的语法或句法的形式对它们所记录(或它们声称记录)的现实状态而言明显地不恰当"(赖尔:1968 年,第 13—14 页)。当人们以抽象的方式思考具有潜在危险性的语言时,问题就出现了:"前哲学的抽象思维总是被具有全面误导性的表达式所误导,甚至哲学抽象思维本来是用来治愈这类疾病,但也实际上成为它最可怜的受害者之一"(同上,第 35 页)。因此,可以设想倡导赖尔式的"引导与限制"思想的人可能认为汉语中相对稀少的清晰结构使它拥有大量的在语法上无法区分不同逻辑形式的表达式。

关于罗素对逻辑原子主义哲学的界定,我所想提的第一件事是它所坚持的毫无疑问是哲学上的"引导与限制":"我相信语言对哲学的影响是非常深远的,但几乎不被人们所察觉。如果我们想避免这种影响带来的误导,我们必须首先意识到这一点,并有意识地自问,它的合理性到底有多少。"① 不仅如此,他还完全预见到了中国综合征本身:"主谓逻辑,以及与此相伴的主体加属性的形而上学就是一个实例。很难设想它们是由说非雅利安语的人发明的,显然它们不大可能出现在中国,除了带有印度哲学的佛教。"② 罗素积极地倡导建立"某种理想的逻辑语言":他解释道,这种语言不是去补充哲学之外的"自然"语言,从消极的角度看,其目的是避免哲学陷入从语言的特性推导出世界的特性时所出现的谬误,这些谬误源于语言在逻辑上的缺陷。从积极的角度看,其目的是以没有自相矛盾的"人工"语言所进行的有效推论为理解现实的结构提供真知灼见。③ 在下一节中我们将说明坚守(修改版的)罗素方案会有些什么样的后果。

6.3 削足适履式的逻辑

我在开始的时候就提醒大家注意两点,哲学家希望获得稳定及可识别的形式,它们可以被当作公认的标准来解决有关相对"逻辑透明性"的争论,可是这类想法没有什么根据。我们可能认为大家都接受逻辑主谓形式这样的东西即使不是无处不在但确实存在这种说法,可是像弗兰克·兰姆塞(Frank Ramsey)这位一点也不能让人忽视的重要哲学家却对此提出强烈的质疑,他坚持认为主谓形式最多具有语法意义,而以下所谈到的很明显就是一个有害的"引导和限制"的实例:

---

① 《逻辑原子主义》(1924年),选自罗素:1956年,第330页。
② 同上。我们可以看到当葛瑞汉在激烈地批评所谓的"亚里士多德原则"时(见本书第6.1段),他完全是步罗素的后尘(罗素步尼采的后尘,尽管不是亦步亦趋)。
③ 同上,第338页。

>这个观点是罗素经常提及的,即哲学家是很容易被我们语言所构造的主谓结构误导……我将证明几乎所有的哲学家,包括罗素先生本人都曾以一种远比这种方式更为深远的方式受到语言的误导,从而认为整个殊相-共相理论来自错把现实的特点归结为仅仅是属于语言的特点。①

兰姆塞的意思是,既然在一个原子命题中②,主项和谓项同样地不完全,殊相和共相之间的传统区分没有什么根据:

>在我看来,哲学中最清楚不过的事是"苏格拉底智慧"(Socrates is wise)和"智慧是苏格拉底的一个特点"(Wisdom is a characteristic of Socrates)这两个句子陈述的是同一个事实,且表达同一个命题。……在第一个句子中,"苏格拉底"是主项;而在第二个句子中,"智慧"是主项。所以,这两项哪个是主项,哪个是谓项取决于我们用什么样的句子来表达我们所要表达的命题,而这和苏格拉底或智慧的逻辑性质不相干,它完全是语法学家的事。③

他得出结论,与主谓之间的语法关系不同,这两个单元之间的逻辑关系是对称关系,所以所谓主谓逻辑形式只是语言引起的幻象,这种幻象本身使人背上了多余无用的形而上学的包袱:共相是具有很特别的不完全性的客体。

简单说,我不认为兰姆塞的理论有说服力。如果按他的说法,像"个体"(individual)和"性质"(quality)这样的词缺乏内涵,他如何能成功地用它们来辨认出它们所指称"两类不同的客体"?④ 假如二者在逻辑中是

---

① 《论共相》,见兰姆塞:1990年,第13页。他接着写道:"……我们需寻找不仅仅是语法意义上的,而是真正逻辑意义上的主谓形式"(第13页)。
② 他是在逻辑原子主义的意义上使用"原子"一词。例如,苏格拉底并不是一个"真正意义上"的客体,并且我们实际上对真正的原子命题缺乏直接认知。
③ 《论共相》,第12页。
④ 同上,第28页。

对称的,它们怎么可能在类型上有区别而同样是(不)完全的?假如它们之间没有区别,构筑命题结构的材料又在哪?一旦我们注意到关系,主谓的差别似乎再清楚不过了:在一个原子命题中,专名的数量逻辑上讲可以是无上限的,而动词只能有一个。只能量化个体变量的量化逻辑是完全的,无论一个原子命题允许有多少个个体变量;而一种还可以量化谓项变量的逻辑则是不完全的。但是如果个体和关系之间在类型上没有任何差别,二阶逻辑和一阶逻辑就没有什么不同。

也许是兰姆塞所主张的逻辑原子主义造成了对他推论的致命影响。兰姆塞声称"……我们完全不知道并无法知道原子命题的形式是什么样的"①,这种说法实际上最有效地打消了我们思考命题是如何获得结构这一念头。兰姆塞的《关于前文的注释》(1926年)证实了这一猜想,他承认,通过对熟悉的原子命题分析所得到的关于原子命题不可认知的结论不可靠;如果我们真能通过分析而认知原子命题,那么我们则可以在原则上对共相和殊相作出区别(因为这类分析可以使原子主项无法通过重新解释而变为谓项)。兰姆塞最多只能说,类型上的区别是无法先验地确立起来。但这并不意味着兰姆塞完全放弃了他原初的主张,因为他仍然认为在表面上看来是实体词和形容词之间的对称性关系可以通过类似怀特海把物质实体理解为事件那样的方式重新建立起来。

兰姆塞论证的成功(与否)之所以对我们来说无关紧要,是因为他最后所采用的那种伎俩。我们的推论可以归结为,在我们看来,在"苏格拉底"(Socrates)和"智慧"(wise)之间存在着一个重要的逻辑上的差别。②这一直觉确有其道理,因为可以说,我们所感到的那种不对称性源自以下事实:"智慧"("wise")既集结大的命题集合("智慧"只出现这些命题

---

① 同上,第29页。
② 译者注:这种逻辑差别在英语或其他西方语言中能以其语法特征表现出来,例如"wise"作为形容词是无法作主语的,只有在意义上相同的名词"wisdom"才能作主语。而汉语的"智慧"在作名词和作形容词的时候在语法形态上是没有任何差别的,所以"苏格拉底"和"智慧"之间的逻辑差别至少没有像上述英语或其他西方语言中有的那种语法特征来标示。

中),也集结小的命题集合[即那种由"x 是智慧的"("x is wise")这一形式规范的集合],而"苏格拉底"("Socrates")只集结大的集合。兰姆塞会反驳道,这只不过是一种幻觉,"因为作为一种理论上的可能性,苏格拉底完全可以被表达为也具有小集合,虽然这样做完全没有必要。"① 这里提及的所谓理论上的可能性就是按照怀特海的方式,把苏格拉底理解为苏格拉底所参与的一系列所谓"苏格拉底化了"("Socratised")的事件。不过我们可以这样来回应,尽管这一回应并不见得完美:这种可能性是完全不存在的,不管这种可能性是不是"理论上",因为承认这种可能性意味着,我们得放弃人类思维无法回避的实体和属性的形而上学,这一形而上学在弗雷格关于对象和概念的区别中巧妙地表达了出来,兰姆塞对此完全没有看到。

　　我要强调的是,我的重点不是想证明兰姆塞在这个问题上是如何错了,而是想说我和兰姆塞的更为关键的分歧远远超出语言和逻辑的领域。兰姆塞一方面告诉我们,没有什么逻辑形式必须是被看作唯一或自然的;另一方面他又为我关于形式学说的看法提供佐证。我的看法是,形式学说,如果有辩护的价值,就不得不依赖于我们从哲学的其他部门所获得的材料。不过如果是这样的话,"引导和限制假说"就无法从不同的语言如何揭示或掩盖逻辑形式的方面来证明语言影响诸如形而上学之类的东西,而不陷入循环论证:因为我们在语言中确定逻辑形式这一做法本身在很大程度上会取决于我们所认同的形而上学。

　　我想提醒大家的第二点是关于时间。奎因在他的许多著作中明确地告诉那些雄心勃勃的逻辑学家们,分析"包含"把动词处理成无时态的,而同时不改变命题的真值。② 至此他所建议的似乎只不过是一种让

---

① 同上,第 32 页。
② 参见奎因:1980 年,第 6 页。

人觉得轻松方便的表达法。①不过在他另外的著述中,奎因取消时态的理由明显不同:"在时态的问题上,我们有必要彻底地消除英语的影响。这其实是一种闵可夫斯基式的观点,即认为时间是空间的第四维度,与其他三个维度没有什么区别。量化词必须被理解成是无时间的,而'x'的值本身应该是事件,聚居于四维的时空整体中……"②读者会感到不知所措:那些一直被当作在逻辑上绝对不可或缺的东西,结果只是用于全面改造形而上学而进行的量体裁衣。奎因声称他的方法可以消解"概念及语词上的谜团",但像"正如波士顿和伯明翰相距3000英里,凯撒和拿破仑相距1800年……"③这样的说法近乎虚伪。奎因的四维形而上学常常遭到攻击,但大概谁也比不上吉实(Peter Geach)那样毫不留情。吉实有几个著名的论证方式,它们显示四维形而上学无法解释变化。④ 不过我们不必作出明确的结论,从这一争论我们只需要进一步确定,人们从来不是在纯粹的状态下"发现"逻辑形式,或从来不受他们所认可的形而上学的影响,(受形而上学的影响也无可厚非。)这种不纯粹的"发现"则完成了在试图比较不同语言的逻辑能力时的循环论证。

还有其他一些很需要提醒大家的地方。例如,有些哲学家(以戴维

---

① 参见:"试想如果不依靠这类做法(即把时态从逻辑中消除掉),要想使谈论已经不存在的东西,或量化从来没有在同一时间中存在过的东西有意义,会多么地不自然。"(奎因:1986年,第3页,重点为作者所加)。奎因似乎没有意识到,时态逻辑可以通过形式化而非摈弃时态的方法来处理这类问题。
② 奎因:1974年,第165—166页。
③ 同上,第166页,着重号为作者所加。
④ 《关于时间的几个问题》,见奎因:1981年。吉实本人的方法也有问题。他论到:"同时性的自然表达法不是像"与……同时"(simultaneous with)一类的关系词,而是像"当"(while)一类连接不同短语的连词。"同时"(at the same time)这种说法是英语特有的习惯语,似乎是指某一特定的时间,它还必须是同一的。其他语言中表达"同时"的词,如拉丁语的 *simul*,希腊语的 äμα,和波兰语的 *razem* 没有这类含义(第312页)。我们可以有把握地说,当哲学逻辑学家寄希望于一个他所偏爱的表达式中的"自然"性来说明问题的时候,他(此刻)是在把还未曾证明的形而上学信条,或甚至偏见隐藏在"自然"的形式表达的伪装下。我们还应该提到吉实是如何自如地运用"引导和限制"理论来批判奎因;至少在这一问题上,无法说谁对谁错。

森为代表①)认为将"苏格拉底死了,因为他喝了毒堇汁"(Socrates died because he drank hemlock)改写为"喝毒堇汁导致苏格拉底的死亡"(the drinking of hemlock caused Socrates'death)不光是合理的,还是必须的,部分原因是指称事件的名词短语是不可或缺的,因为因果关系实际上存在于事件之间,而非实体之间。当然,对另一些哲学家而言,名词短语用寇塔宾斯基(Kotarbinski)的话来说只是"虚名"(onomatoids,像名词,但不是真正的名词),因为它们让人错误地以为它们指称的东西存在,而实际上这些东西并不存在。而且这些名词短语在解释因果性时,并不是不可或缺的。但是正如我们用的那两个主要例子所表明的,靠在争论双方都认可的因果句中寻找某种中性的逻辑形式并不能解决这类争论,因为根本不存在这样的形式。

现在我们可以给语言间逻辑性比较这种做法以最后的一击。首先,我们之所以能提出有关某一自然语言能显示一定程度的逻辑性这个问题,是因为我们已经作了论证,②而解决这一争论的唯一办法则是找到在所探讨的语言中实际上作的论证(或可能作的论证,如果这说得通的话),然后综合计算这些论证中占有份额较大的部分所呈现的逻辑性程度。从事这项工作,也许还有其理论上的可行性所构成的挑战就已经十分巨大了,即使我们允许公式化。研究著作中对相对的逻辑性所作的评

---

① 见《行为句的逻辑形式》和《因果关系》,收入戴维森:1980年。
② 为避免循环论证,逻辑学家还得在引入逻辑形式的概念之前,确定什么可以算作论辩,以及什么可以算作仅仅是一个论辩。马克·威尔逊提醒我们,更多的复杂性还来自:"我们都熟悉那种含义两可的图画,其中一组线条可以用来表现两个不同的形象,一个年轻女子的侧影和一个带着头巾的老太太。在语言中也有类似的情况,同一种语言可以被看成是同时由不同句法型式结构而成的。由于语法的不同,语义分配的型式也会极其不同,而这又会导致不同的推论规则"(威尔逊:1994年,第519—520页)。他把"表层语法"定义为"'逻辑形式'的句法成分"和正统的语言学作其负责研究的附加规定,并把"可操作语法"(working grammar)描述为产生于说话者对下列变化的逐渐认识:"……之前没有确认的句法范畴现在对推论有效性的不可或缺显得越来越明显了"(第520页)。威尔逊的主要结论表达了一个与确认论辩有关的重要思想:"一种有效的语义学以取消或重新分解那些被表层语法接受的区域'逻辑'联系"为代价,试图使主要的、大范围中进行的推论所具有的基本一致性合法化"(第527页)。

估常常不是根据实际上已经以确切方式表达的推论,而是根据某个词法特征、某个词汇或某种句法安排,对这种做法我们有充分的理由表达直接而强烈的怀疑。

其次,让我们再引用一下那个被反复使用的例子:"所有动物是会死的,苏格拉底是动物,苏格拉底会死"在命题运算中则变为"P;Q;所以R"。它可能是人们所能指望的有关无效推论的最佳例子。如果我们说它的逻辑形式"实际"上是"(∀x)(Ax ⊃ Mx);As;∴ Ms",这并不解决问题。"所有动物是会死的,苏格拉底是动物,苏格拉底会死"用命题算法的规则来衡量"确实"是无效的。但这并不是否认谓词算法更好地符合我们在形式化之前拥有的关于推导能力的想法,这些推导能力会被赋予根据这种样式来形式化的推理。所以哈克建议把"优化的形式化表达"定义为"能揭示某种最简结构,这种结构总能提供在系统中有效的形式化论辩,如果非形式化的论辩在系统之外被认定为有效的"。① 不过这并不意味着我们得认为谓词算法包含着这一论辩的唯一形式:根本不存在唯一的形式。② 斯特劳森很早就在《逻辑理论导论》中对唯一形式的观点质疑:

> ……好像一个命题不可能有不止一种形式化能力,好像就其形式化能力而言,命题可以建立在互为排斥的集的基础上,如同动物园里的动物就其作为某一物种的动物而言。但是说一个命题具有某种逻辑形式只是指出某种一般的集,如命题可以在其中扮演一定角色的有效推论的集。这并不意味着否定可能存在着其他有效推

---

① 哈克:1978年,第24页;参见古腾普兰:1986年,第111页。
② "因为存在着和逻辑学家和很多其他人所能设想的一样多的形式化方式,而且对其他人怎么设想的也没有明确的限制,所以人们使自然语言中的论辩所表现出来的结构的多样性也没有明确的限制"(理查德·戴维斯:《我们从逻辑中学到什么?》(未出版手稿))。

论的一般的集,其中命题也可以扮演一定的角色。①

如果一个用自然语言表达的论辩是为某种有效逻辑形式提供某种实例,即这种逻辑形式是使此论辩有效的逻辑形式,这个论辩就是有效的。至于它是否同时能为其他一些无效的逻辑形式提供实例无关紧要。所有这一切并不表明我们得说自然语言中的论辩实际上具有某种有效化的形式,如果这意味着它同时也不具有非有效化形式。那些关注此类比较的相对主义者无法像哈克所准确描述的那样,利用前形式化的设想找到唯一的形式化方法。这样的设想无一例外建立在一些语言结构之外的因素,"引导和限制"假说会恰如其分地引述这类因素来说明它们如何造成不同语言在逻辑性上的差异。如果我们不能决定如何将用这些语言表达的论辩个例形式化,我们就无法评估这些语言的相对逻辑性。但是如果按照语言相对主义者所说的,语言的基本结构决定逻辑性,我们不引用那些在他们看来必须不予考虑的东西,我们也无法做出这类决定。

坚持"引导和限制"论的逻辑学家最后的一招可能是抱怨说,支持关于语言在逻辑性上会有差别的理论的"实际"理由是无可厚非的,这个理由是在语言中表达论辩的部分在特征上和那些与论辩有效性无关的部分不同。所以不同的语言在如何清晰地展示出明显的逻辑特征方面必然会而且实际上确实有所不同。任何不同意这种看法的人就没有资格在有关逻辑的讨论中被当回事,因为这一看法是建构任何形式逻辑的一个主要前提条件。对"引导和限制"论逻辑学家的抱怨,我只能说,我们得重新审视"引导和限制"假说真正值得认真对待的方面。这正如我反复阐述的那样,要做到这一点我们有必要通过引用句法的某些基本方面来确定语言最根本的东西。当然在一种语言中存在着与逻辑不相干的

---

① 斯特劳森:1952年,第53页,并参见第55—56页。莱蒙说的好,"……也许我们还是不再用句子的逻辑形式这种说法,而只谈论包含句子的论辩的逻辑形式"(莱蒙:1984年,第167页;参见克尔文:1978年,第43页)。

特征,但是我们不能先验地假定任何的一个句法特征与逻辑不相干。明显具有逻辑意义的特征和与逻辑无关的特征之间有着不可否认的区别,但这种区别无法救助逻辑主义的"引导和限制"理论。尽管句法方面的数据可以成为这些理论家利用的正当材料,并具有潜在的逻辑意义,它们不会为语言间的比较和评估提供一套能被广泛接受的方案。在把那些跟逻辑有关的特征和那些跟逻辑无关的特征区别开来的过程中,我们必须确定隐含在某一段汉语文字中的论辩力度。但这种做法不可避免地依赖于某些"引导和限制"理论家无法合理地采纳而又不会陷入循环论证的想法。

在各种形式化的方法之间作某种选择,既无法避免形而上学的介入(理由参见我们所提到的各种警告)也不会独立于形式化前、对有效性的逻辑"直觉"。所以,假如在一个公式中所给定的表达式就是我们一直称作"逻辑形式"的东西(即自然语言中那些可以用来决定有效性的那些必要,也许还是充分的结构特征),对于不同语言的相对逻辑性,绝不可能只有唯一的评估方法。可以说,形式化之前的"直觉"本身可以被我们对公式特征的辨析所左右。哈克指出,"人们使用对一些论辩的直觉判断来构造出某个形式化理论,并以此来对其他的论辩作出裁决,也许有时所作出的裁决意想不到。而且人们最后会以简洁性和普适性为由而牺牲一些原初的判断"。① 我完全赞同以下莱斯尼克所作的裁决:

> 形式化不仅仅是基于我们的语言直觉来选择符号系统,而是运用全方位的语言学、逻辑学和形而上学理论。当存在着许多各有长短的符号系统,选择哪一个意味着可能选择无处不在的理论,这些理论的优劣可以从不同层面上来衡量。也许比较不同选择本身可能没什么意义。②

---

① 哈克:1978年,第33页。
② 莱斯尼克:1988年,第85—86页。

古希腊语和古汉语在不同的测试中,可能得分不同。而且即使在同一测试中,也可能因为在选择表达方式上采用完全允许的变项,就会出现互相矛盾的结果。回到我们所探讨的问题,这就是为什么我们最好避免在形式化中使用"翻译"一词,因为这个词带有很多具有误导性的引申含义,还因为早期分析哲学在寻找获取唯一逻辑形式的灵丹妙药时惨遭失败所带给我们的沉痛历史教训。

7. 案例分析三:Being

任何地方都比不上提起那个吓人并看起来永无止境的"being"话题更能说明"引导和限制"理论所得到的吹捧。葛瑞汉认为"西方本体论对印欧语中动词'to be'的特殊性的依赖,对任何能从非印欧语系语言的视角进行观察的人而言是再明显不过了"。① 情况是这样,人们认为西方哲学可以被有效地描述成是这样一部历史:思想家们先是受到把表达存在的动词(existential verb)和联系词(copula)相混淆的诱惑,然后他们在阿拉伯人的帮助下,竭力把自己从这种诱惑中解脱出来。② 希腊语的"to be"(εἶναι)是原凶所在,因为它的多重含义误导了除亚里士多德以外的所有希腊哲学家。葛瑞汉极其正确地提出,要想对汉语和中国思想作概括性的总结,就得打好恰当的语法知识的坚实基础。可是我们可以公平地指出,葛瑞汉关于εἶναι想法过于简单化,因为他把εἶναι看作要么是作系词,要么作存在动词,并以权威的口吻作出了一个完全错误的论断:在希腊与中,εἶναι主要是用来表达存在含义的③可这一论断在查尔斯·卡恩为《语言基础》丛书撰写的论"to be"的著作中所引用的大量材料面前

---

① 葛瑞汉:1989年,第406页,着重号为作者所加。
② 同上,第407页。
③ 同上。

显得完全站不住脚,(葛瑞汉本人也为此丛书提供了论汉语的专著),①葛瑞汉曾反复引用卡恩的这本书。② 不过葛瑞汉认为,现代西方哲学最终扳掉了那些曾给希腊哲学造成伤害的语言上的绊脚石:

> Being 已经在符号逻辑中被消除殆尽,符号逻辑用不同的符号来表达存在量化词和几个不同的系词。……当然抽象名词"being"在哲学中仍和任何其他名词那样可以被灵活地使用,但是人们可能会问,不管西方思想家如何信心十足地谈论 Being,到底在什么意义上可以说,他们仍然保留着那个已经在自然语言和人工语言中消失了的概念。③

那些在西方最重要的中国哲学的传扬者全身心地接受我在开始时描述的分析哲学的方案,但这个方案对确认哪些是古代中国哲学家所关心的问题以及哪些是对他们的攻击有害无益。

> 人们可能会注意到,就所谈到的功能性而言,古汉语的句法接近符号逻辑:它包含一个存在量词"有"("there is"/"there are"),这个词使得把存在错当成称谓词变得不可能,它区别于系词(现在系词还用来表达同一性)。古汉语没有联系主词和作谓语的形容词,也不存在一个具有这一切功能的单一符号。④

我们无法找到以良性制约形式出现的"引导和限制假说"更纯粹的例子了。

但是从传承上分析更能准确地说明问题:

> 摹状词理论的一个重要结论是,除非"A"是(或代表)一个具有

---

① 《古汉语中的"Being"》(维尔哈尔:1967 年,第 1 部分)以及《语言学和哲学中的"Being"》(维尔哈尔:1967 年,第 5 部分)。
② 维尔哈尔:1967 年。卡恩的专著题为《古希腊语中的动词"Be"》(1973 年)。
③ 葛瑞汉:1989 年,第 408 页。
④ 同上,第 412 页。着重号为作者所加。

"某某"(the so-and-so)形式的短语,"A 存在"这样的说法是毫无意义的。假如存在着某某,而 x 是这个某某,说"x 存在"便是无意义的。存在,就其属于简单实体而言,被完全从基本项目的名单上给删除了。本体论的论证以及大部分对它的否证显然是依据糟糕的语法。①

可以肯定,以上这段文字为葛瑞汉义无反顾把存在从哲学的正当领域中驱逐出去提供了哲学史的根据。不过请注意,即使在 1924 年,罗素对存在的拒斥也仅限于"存在作为那种属于简单实体的含义"。葛瑞汉对"to be"的抨击还有一个在哲学上更加值得尊崇的先例:

> 正如我们用动词"is",拉丁人和希腊人分别用他们带变格的动词"est"和"εἶναι"。我不知道世界上其他民族的语言中是否有相应的词,但我可以肯定他们不需要它:如果存在着这样的习惯,那么把两个名字放在一起就可以表达它们的关系,(是习惯赋予词语的功能),正像 Is、Bee 或 Are 所起的作用。②

霍布斯在这里表现了对(他所理解的)经院传统中的亚里士多德主义的强烈不满,他特别主张从唯名论的角度彻底否定实体形式的概念。如果霍布斯承认对世界上其他民族的语言缺乏了解这部分被替换成他受过汉学方面的教育,我们所看到的是一个早期的中国综合征。

"Being"消失了吗?没有。确实,老派的分析哲学家,尤其像 C. J. F. 威廉姆斯这样的人会从总体上赞同葛瑞汉的理论,威廉姆斯曾引用过葛瑞汉著作来支持自己的观点。③ 不过情况并不是如此简单。主要的个体化属性的地位,以及它们就某一自然类而言和存在的关系是当代西

---

① 罗素:1956 年,第 328 页。着重号为作者所加。
② 霍布斯:1973 年,第 4 部分,第 46 章,第 368 页。(Bee 是 Be 的旧体—译者。)
③ 摘自他的《存在是什么?》:"有人提出这样的观点,being 这一概念在印欧文化之外不具有任何重要性,being 的问题只是一个不起眼的地方性的难题(引用葛瑞汉的《语言学和哲学中的"Being"》)……尽管我不见得在细节上同意这种说法,但我赞赏它所包含的实质性内容。"

方哲学中最热烈讨论的话题之一。这类争论常常涉及一系列包含葛瑞汉提到过的使用符号的表达系统。但是正如我们在前一节中所了解到的,我们无法靠确定某些手稿所表现的偏好甚至强制性整编来解决这类争论。

葛瑞汉在阐述"与 Being 具有可比性的中国概念"时,举出"无鬼者"("there are no ghosts"《墨子》31 章《明鬼(下)》)这个词来支持以下观点:

> 一个和存在意义上的"be"和"exist"("存在")本身的重要不同之处在于:在英语中,"ghost"是动词的主语,而在汉语中"鬼"则是动词的宾语。确定某一东西的存在,即是说宇宙拥有这个东西,就像说这个东西拥有形状、颜色、声音。由于在以动词为中心的句子中,一个动词的名词化通常把指称对象从行为转向行为者,名词化的"有"("having")和"无"("not-having")就变成了"有些什么东西(形状、颜色和其他性质)的东西"["that which has (shape, colour and other characteristics)"]和"没有什么东西的东西"。而逻辑上这同时意味着宇宙有什么和没有什么。……我们可以看到"有"说明了中国人倾向于从一个更广大的整体来自上而下地进行划分,而"is"和"exists"(存在)则说明我们具有的那种从事物本身出发的倾向。①

葛瑞汉最初在《晚期墨家逻辑》中对这一论题解释略有不同:"……或者说,假如我们选择把'有'翻成'have',则世界有这匹马,这马有形状和颜色(或这马存在,形状和颜色存在于其中)。"②然而他又回到了预料之中的有关本质—存在区别是印欧"引导和限制"产物的主题:

> 但是在汉语中,"是"(this)这个词是一个指示词,它只是用来把某一个东西从其他东西中挑出来,这里不存在"本质"问题,而只是

---

① 葛瑞汉:1989 年,第 411 页,着重号为作者所加。
② 葛瑞汉:1978 年,第 26 页,着重号为作者所加。

关于这个带有它全部属性的东西的存在(有)。世界有一个特定的东西,如果这个东西有诸如四条腿、一些牙、一个尾巴、颜色(白、黑),没有角,这个东西就被叫作"马"……①

在葛瑞汉的古汉语里,"狗"和"羊"显然都和"马"一个意思。更重要的是,他所唤起的宇宙之"有"令人想起伍尔夫的理论:"每一种语言都包含一些词语,它们的指称范围逐步变成了具有宇宙性的。这些词语本身把一种还未被清楚地表达的哲学基本假设明晰化了,它们还体现了一个民族的思想、一种文化、文明、甚至一个时代"。②

当葛瑞汉以哲学家的身份来说话的时候,他深信那些诸如"there are"和"exist"的表达式并不具有谓词的功能。当他以一个描述语言学家的身份来说话的时候,他否定所谓的"亚里士多德原则",即所有句子都具有主谓结构。毫无疑问,在"ghosts do not exist"(鬼不存在)中,"ghosts"(鬼)是语法谓语"exist"(存在)的语法主语。但是,正像我竭力强调的那样,这并不意味着二者表达的毫无疑义是存在命题的逻辑主语和逻辑谓语。我现在并不是在作一百八十度的大转弯,认为"ghosts do not exist"(鬼不存在)"真正的"的形式不是主谓结构。我只是想说我赞同那个尽人皆知的观点,即我们最好把这样的句子形式化为对存在性概括(existential generalisation)的否定,因为这样可以避免(通过把"鬼"用作主语这种有意义的做法)在否定鬼的存在的论证过程中,又明显地承认鬼的存在这种巴门尼德式的两难境地。无论如何,葛瑞汉所说的具有一定的说服力,但是,英语中有对应于"ghosts do not exist"极佳的句子(即"there are no ghosts")。从葛瑞汉的角度来看,它似乎是通过至少部分地减缓恶性助长由动词"to exist"引起的混乱,从而达到对英美哲学思维方式的良性制约。逻辑主义的汉语朋友们可能会说,不管怎么说,古

---

① 同上。
② 摘自《一种美洲印第安人的宇宙模型》(伍尔夫:1967 年,第 61 页)。

希腊语没有能替换οὐκ ἔστι μορμώ的句子,在这样的句子里,作为ἔστι 的主语的μορμώ从此把印欧哲学引上了歧途。但是,任何人想证明葛瑞汉关于ἔστι 导致希腊思想家"混淆"存在动词和系词这一说法的错误,应该了解一下这方面汗牛充栋的哲学研究资料。①

再看葛瑞汉对"有"的阐述。葛瑞汉认为,因为名词化将所指转向行为者,而当"有"被名词化后,行为者又没有具体化,这种名词化便"逻辑上意味着""所有的东西"或"整个宇宙"被理解成是行为者。这"显示"了古汉语具有伍尔夫意义上的整体论。真是这么回事?省略主语恰恰是许多语言中存在句的特征:il y a(法语), es gibt(德语), ἔχει(现代希腊语)等。所有这些句子都包含了一个补语("存在的")并缺少虚拟主语。由于这样的虚拟主语显然不指称任何东西,为什么它在古汉语中,或任何语言中就得被理解为指称"宇宙"呢?(赵元任没有犯葛瑞汉那种伍尔夫式的错误:"没有类似于'there is'这样的表达法,只有'has'(有)……不过谁有?什么东西有?……可以说,一个汉语句子常常始于一个无格的动词,而这样的动词无需主语。如果说话者被要求回答什么东西有这样的问题,他很可能提供地点、时间或情境作为主语。"②)谁在"有"的驱使下"自上而下地从一个更广泛的整体来划分"呢?我想一个普通的古代中国农民既不会明确表示也不会私下认为,当他说"没有猪肉"时他指的是宇宙在他所在地发生的某些变化。葛瑞汉向"逻辑蕴含"的求助过

---

① 特别具有说服力的反证例子是柏拉图的《智者篇》251B,《菲力布篇》14C-D,亚里士多德的《物理学》I.2,以及普鲁塔克的《反克罗特斯》22—23。
② 赵元任:1955年,第37页。何莫邪也进行了语言间的比较("存在的概念在古汉语中是用无主语的及物动词'有'来表达的。"(比较法语的 il y a 和德语的 es gibt。) "der Begriff der Existenz wird im AC häufig durch ein subjektloses transitives Verb HABEN ausgedrückt... (Man vergleiche il y a sowie das deutsche es gibt)"(何莫邪:1979年,第224页)),并实际上拒绝采纳像葛瑞汉那样用"宇宙"来解释:"我们必须把从根本上讲是表达存在的无主语命题和一般的省略主语的语词运用清楚地区别开来。""der wesentlich subjektlose Gebrauch von haben zum Ausdruck von Existenzaussagen muß deutlich vom Gebrauch des Wortes haben mit allgemeinem unausgedrücktem Subjekt *unterschieden* werden ..."(第 225—226 页。着重号为作者所加)。

分地把某些形而上学和逻辑的信条附会到一个对这些东西欣然无知的文化上。

8. 案例分析四:真理

那些中国综合征的患者否认古汉语具有足以使它成为一种语言的语义系统,所以他们也必然回避被他们指责为西方语义学中最霸道的"真理"概念:"可以肯定古汉语没有可以被翻译成'真理'的词"①,而且"不仅真理和实在之间不存在显而易见的界限,而且在包含着主观的认知者,客观的被认知现实,以及把它们的关系描述为真理的事件中也没有差别"。② 郝大维和安乐哲把中国式的"真理"解释为"……导致某种预期结果的话语和行为"③,这一解释是对陈汉生的下列论点的补充,陈汉生说:"运用实用主义的语言理论我们可以最大限度地理解中国古典哲学在各个阶段发展"。④ 陈汉生还在其他地方对此作了解释,不过听上去也没有更多的说服力:"语言的实用功能并不是描述或再现现实,不是陈述真理,而是指导行为和协调人际交往"。⑤ 他清楚他的研究方法会被指责为语言决定论(用他的话说,"……由于伍尔夫-撒皮尔关于语言限制思想的假说现在已不再流行,人们就觉得有些思想是不可思议的【原文如此】"),⑥但他反击道"……结论并不关涉到在中国古典哲学中,什么是可以说的,什么是不可以说的,而是关涉到什么是已经说过的"。⑦ 所以他仍是"引导和限制"的拥护者,只是不够极端。何莫邪在他的《中国逻辑旁注》中彻底否定了陈汉生的所有论点。他提供了一部自先秦和汉以

---

① 郝大维和安乐哲:1987年,第343页,注48。
② 同上,第58页。
③ 同上,第57页。
④ 陈汉生:1987年,第322页。
⑤ 陈汉生:1989年,第85页。
⑥ 陈汉生:1985年,第492—493页。
⑦ 同上,第493页。

来的文献中所出现的古汉语词汇的详细目录。他认为,这些词汇包含着"语义上的真理概念"。这并不意味着他轻率地将古代中国文化当作已经包含了某种形式的塔斯基理论:"古代中国人是否在句子中使用'为真'(is true)一类的语义真理谓词是一回事,而他们是否发展、界定或探讨过真理这样一个理论概念完全是另一回事"。①

但是,尽管葛瑞汉明确排斥郝大维和安乐哲用来论证在古汉语中不存在真理问题的那个糟糕的"汉语是词汇目录"的说法,他自己提出的理论也属同一类:

> 我们可以说,有(真理)的概念意味着有一个包含着和"true"在含义上具有相同的"家族相似性"的词。我们首先是在诸如钱是否像你告诉我的那样已经在银行里了的情况下用"true"这个词。我们可以向中国人或任何生活在这同一个世界上的人提出这类事实性问题。可在这类问题之外,我们还谈论逻辑上的同语反复真理,虚构叙事中的生活或本质的真理,形而上学真理,基督登山宝训中的道德真理,这些都是通过相似性构成的从事实真理延伸出去的链条。最后,"true"还用来仅仅是表达我们赞同任何我们认为重要的话。人们不会觉得像"然","有"和"信"这样的词具有像"true"那样通过比喻而扩展……认为(在中国哲学家那里)没有真理的概念是个事实,不过是一个不值一提的事实。②

这里葛瑞汉断然否认存在着"true"的客观语义。无论真理的冗余论多么有吸引力,而且我认为它确实很有吸引力,它并不主要是,或完全不是葛瑞汉所建议的理论根据。尽管一开始有维特根斯坦思想的隆重出场,在本段结尾的时候,"true"已经退化为一种"情感操作符"。由于哲学主题远离葛瑞汉语义网中明确划定的事实中心(暂且不提他那个不成问题的

---

① 何莫邪:1989 年,第 126 页。
② 葛瑞汉:1989 年,第 396 页。

事实的想法多么成问题),毫无疑问他无法始终如一地认为中国哲学家和希腊哲学家一样,通过提出一系列可以有同一的和真的答案的问题,来从事某种相当确定和普通的活动。或者甚至更可能的是,他们提出的问题有不同的答案,这些答案同样可能,但在真值上互不兼容。

这几乎是灾难性的。葛瑞汉完全相信,按西方的标准至少应该把有些先秦思想家称作"哲学家"。他还非常明智地强调,中国哲学和诸如希腊哲学那样的哲学的共同方面必须以方法论的标准来衡量,即通过澄清什么是构成"辩"的半形式化条件。但是,由于他并不承认古代中国人有真理的概念,从什么样的有利角度来运用这一方法论标准实在是迷雾重重。显然,我们无法从无论是古代中国还是古代希腊的哲学参与者的角度来做这件事。从中国一方来说,要辩论名实相符的问题,人们就得辩论一个难以回避的问题,即什么是实际情况,用汉语来表达很容易,就是"然不然"(so or not so)。许多读者并不认为自己是这类实在主义者。但无论中国人是否从追问名实相符的问题又往前迈出了一步,这种辩论形式本身足以支持甚至要求我们把他们理解为拥有真理的观念,同时避免把这一真理观念扩张为一种中国人可以用来说明客观性的初级理论。① 除此之外我们只能把中国人理解为用类似于陈汉生所描述的那种纯粹的社会功利标准来评估思想信念,但这在葛瑞汉看来是一种令人生厌的做法。我不想说,像《荀子》第22章那样的论说是倡导一种靠采用直接的事实符合标准来进行的单一的正名过程,它显然不是。值得注意的是,所提到的各种不同的标准并没有在级别上经过严格的区分。我需要的阐明的一点是,不管用的是什么标准,不管我们是如何设想它和其他标准的关系,显然作者完全相信符合确实比不符合好,无论是基于清晰性原则,还是出于美或社会规范的考虑。

从西方的角度来看,中国在讨论正名方面的一个显著特征实际上主要

---

① 参见何莫邪的免责声明。

不在于到底用什么样的标准,而是它所体现的某种功能,像《克拉底鲁》中的镜子,即把事物带回到和它们正确的名称相符合的关系之中,而不是相反。罗伊·哈里斯在谈到这一点上也表现出他那常有的精简才华:

> ……他们认为事物之所以符合自然秩序并不在于事物本身,而是因为它们对应于它们的名称。当事物由于某种原因不能对应于由它们的名称所表现的实质,混乱就会来临。而纠正这种混乱唯一办法是把事物带回到它们和它们的称谓,也即它们应该的样子的对应关系中。①

然而哈里斯对正名的进一步阐述使我们深思:

> 在这里我们察觉到在看待现实时所出现的逻格斯中心论的可能性:按逻格斯中心论的看法,语词是理解事物的关键,而语言则提供了现实必须与其符合的型式。与之相反的是关于语言的现实中心论,现实中心论认为事物是理解语词的关键,现实提供了语言必须与其符合的型式。②

哈里斯明确地否认他所用的术语"逻格斯中心论"与德里达的有相同之处。他把"正名"理解成一种彻底的再现论。但根据他那有趣的反题,可以说语词本身现在又自相矛盾地成了所指物(*significanda*)。真实且重要的是,正名所独有的规范性能力并不是任何语义理论调节而成的,甚至都不是哈里斯倒置的语义理论调节而成的。当事物偏离它们(本真)的名称,纠正这种偏离并不是因为正名论者持有"逻格斯中心论"或某种类似理论,而是因为一个真正的词的含义来自古代圣贤的智慧,这种智慧应该从社会政治的角度来理解,而不是从语言学的角度来理解(在一定程度上这二者在古汉语里是可以区分的。)

---

① 哈里斯:1980 年,第 48 页。
② 同上,第 48—49 页。

由于对葛瑞汉而言,"正名"不具有我所描述的那种客观性,他必须把中国哲学家的自我观念作为一个臆想物摒弃掉(当然同时得用另一个来替换),并还得解释在决定一个名称是否合适时为什么看似是基于现实的说明实际上仅仅是看似而已。不消说,从哲学家全力地构造明确并常常令人瞩目的语义理论的希腊一方看,葛瑞汉的任务应该更加艰巨。在所描述这种情境中,那些角色所拥有的前反思语义预设,包括那些葛瑞汉提到的形而上学和伦理命题都具有强烈的实在论色彩。那篇关于被他当作地域性真理概念的论文清楚地称他为旁观者。我看不出这篇论文有多少价值。但是,即使我们仅仅是为了讨论的缘故而接受它的论点,我们所能得出的结论也不会使葛瑞汉满意。他最伟大的成就是他持续而有效地把中国哲学讲解为一种哲学,而"哲学"在这里是不做相对论的理解的。但是如果西方的辩证法和中国的"辩"是同一个语义网上的不同的细丝,尽管它们都与"事实"交谈的共同核心相连,没有什么理由认为,或准确地说,葛瑞汉这样的反实在主义者没有什么理由认为,它们会相交。如果它们不相交,他的很多比较研究的价值会大大降低。我倾向于相信尽管葛瑞汉抵御了来自"引导和限制假说"各种诱惑,他还是被其中的某种诱惑制服了。

9. 案例分析五:名词和本体论

"引导和限制假说"对无论是采用相对主义方式来处理各种存在的概念,还是试图在语言基本结构和言说者的本体论承诺之间寻找某种关系的哲学研究都有强烈的影响。为了扩展我们对这类关键的哲学问题的认识并使之条理化,让我们通过分析伊恩·海肯(Ian Hacking)的极端伍尔夫主义议题,以迂回的方式再次对中国综合征做一番探讨。[①] 海肯

[①] 海肯:1968年。

提出对斯特劳森那个著名理论作经验论的否证。斯特劳森认为,具有实在性的个体这一本体论范畴是构成我们所具有的概念化能力的关键,而概念化能力使人之为人。海肯借用萨皮尔和鲍阿斯对努特卡人(Nootka)和夸扣特尔人(Kwakiutl)所讲的美洲印第安语的研究结论,认为尽管这些确实是所谓的"特征置位"(feature-placing)语言,它们在表达力上绝不亚于像英语这样的其他语言。① 他所引用的主要证据可分为四类。

首先,夸扣特尔语的代词后缀不足以建立对个体的指称关系,②它们而是与谓词算法的变量十分相似。③ 但是如果这是事实,它所能证明的也仅仅是对特殊个体的指称存在于夸扣特尔语中,只是没有被标示出来,而不是它根本就不存在。

其次,海肯从来没有解释过到底为什么他那些只会说特征置位语的夸扣特尔印第安人在表达事物的能力上没有任何缺陷。海肯所用的第二个主要证据也缺乏这方面的说明:这些语言中的复数形式只具有"分布性"("distributive")。例如,只有当有特性上不同的猫,如一只缅甸猫

---

① 参见第 185 页。按斯特劳森的定义,说"特征置位"(feature-placing)语言的人能说出下列句子"这里有雪"(there is snow here),但无法说出"这里有一堆雪"(there is a drift of snow here)。也就是说,他们的语言中没有指称个体所需的资源。不过,特征置位并不与指称个体无涉:"虽然特征置位句子并不将个体引入我们的交谈中,它们却为将个体引入交谈提供了材料。假设我们比较一个特征置位句子('这里有雪'There is snow here)和一个词组('这片雪'This patch of snow),后者是用来提起某种特征的个别体现。在这种情况下,我们可以把个体实例当作是对那两个更为简单的特征和置位观念而言在逻辑上繁复的东西"。(《特殊和普遍》斯特劳森:1971 年第 38 页)。

② 何莫邪评论道:"海肯唯一能站得住脚的论点是夸扣特尔语中只有代词这种表达式具有指称功能,我们无法说在夸扣特尔语完全没有发展出主谓判断结构,主语仅限于代词。"(Hacking ist lediglich zu der Anmerkung berechtigt, daß die einzigen referierenden Ausdrücke in Kwakiutl anscheinend die Pronomina sind. Von einer Aufhebung der Prädikation im Kwakiutl kann nicht die Rede sein, höchstens von einer Begrenzung der Subjekte auf Pronomina. 何莫邪:1979 年,第 101 页)。但是这种说法没有抓住实质:海肯所根据的是一个有关代词指称的本体论范畴的论题,而何莫邪根本没有涉及这个论题。

③ "幸运的是,对那些试图理解夸扣特尔语句子的人,代词是根据它们所'代表'的特征的性和形状来变位的。'代表'不是一个准确的说法,因为虽然在英语中你可以经常用一个东西的名称来替代指称它的代词,你无法在夸扣特尔语中这样做,正如你无法在谓词算法中用谓词来替代变量:就像在谓词算法中那样,代词只是用来标示位置的"(海肯:1968 年,第 179 页)。

和一只波斯猫出现在我们面前时,我们会用复数形式的"猫"。不过按海肯的观点,我们指称的可能是可以被区分开来的缅甸猫特征和波斯猫特征,而不是一些具体的猫。① 需要强调的是,我们所能看到的是,只有"分布"的复数化才被标示出来,而这并不意味着对这些语言的使用者来说,只存在"分布"的复数化。第三,海肯对所谓美洲印第安语缺乏语词类别这一点感到格外新鲜,而我们对词并不感到新鲜,因为我们已经考察过了汉语中那种被称为由缺乏语词类别所带来的后果。② 第四,海肯觉得那些用来指称方位的定位表达式(localising expressions)非常具有启发性。他不把它们理解为名称,而是理解为不同于名词的时空限定词,因为它们仅仅是用来使特征具体化。③ 为了坚持他的观点,他必须否认这些词是指称特定时间和地点的名称,不过他用的是最不可靠的理由。海肯承认像这类地理"摹状词"(例如:"地上最后一个")在正式的运用中它们的摹状内容会消失殆尽,从而它实际上会被用作地理特殊个体的名称。在这个关节点上他开始在翻译不确定性中寻找庇护:假如他无法彻底证明不是这么回事,他那些持怀疑态度的对手也无法证明是这么回事。④ 但是,这一策略并不成功,因为善意原则(principle of charity)要求在缺乏相反的证据的情况下,我们不应该认为印第安人在摹状资源方面匮乏,而且海肯只是宣称否认他们有名称并不意味着减弱他们的表达能力,他并没有论证这一点。显然它告诉我们:试图从一种语言的结构中读出用

---

① "分布性复数词不作类似于我们语言中'还是同一只'和'另一只'之间的那种区别……所以特征置位语言所缺乏的是所谓真正意义上的复数词,我们用这种词当且仅当我们考虑的是不同的猫在场"(同上,第172页)。
② 同上,第178页。何莫邪的说法很有道理:"……假如在一种语言中动词和名词在词汇形态上没有任何区别,我们还可以在这种语言中寻找标示名词或动词功能的句法特征。"(... wenn es in einer Sprache überhaupt keine lexikalische Unterscheidung zwischen Verben und Nomina gäbe, dann könnten wir immer noch nach syntaktischen Merkmalen für nominale oder verbale Wortfunktion in dieser Sprache suchen. 何莫邪:1979年,第102页)。
③ 海肯:1968年,第183页。
④ 同上,第183页。何莫邪在拒绝接受这种逃避困难的做法上是对的(何莫邪:1979年,第102页)。

这种语言所表达的文化的形而上学会让人失望,除非我们承认这样一个明确而中立的前提:在语言和本体论之间存在一种很细致的对应关系,某种词型标示方面的缺失无一例外地对应于本体论上的某种缺失。

与此类似的那种试图在汉语中读出中国形而上学的做法把注意力集中在一些所谓汉语名词的特殊性上。根据陈汉生提出的"质料名词假说"("mass noun hypothesis"),对应于印欧语可数名词的汉语词在用法上更像我们的质料名词:"对'"马"是对什么东西的命名?'这样的问题,自然的回答是:分体论意义上(mereological)的马的总和。所以'马的材料(horse-stuff)'便是散布在时空中的一个物体。"①人们常常指出把这一假说用在古汉语上面没有什么益处,因为古汉语中不像现代汉语能通过规律性地提供量词("一桶水")把在我们看来是质料名词转化为在我们看来是可数名词。② 何莫邪还曾对"质料名词假说"作过彻底而且显然是决定性的否证。奇怪的是,陈汉生对此没有任何回应。

然而葛瑞汉本人欣然接受陈汉生的结论,并把它描述为"真知灼见……是关于中国思想如何倾向于自上而下的划分,而不是自下而上的叠加,如何从整体和部分的角度,而不是从类与成员的角度来思考"。③可是他随后就进一步发挥:"可以说在那些有单复数标示的语言中展开的西方哲学始于叠加特殊个体,然后朝着将宇宙和社会归结为原子和个人之总和的两个极限发展,而中国人在使用种名词(generic nouns)的时候则从各种可以划分的道(Way),型式,气和类来思考。"④(这种名词位

---

① 陈汉生:1983 年,第 35 页。
② "如果这些分类词在古汉语中是必须的或至少是普遍地被使用的话,把汉语的可数名词解释为质料名词至少起初还有些道理"(何莫邪:1991 年,第 66 页;这篇论文值得我们仔细研读)。
③ 葛瑞汉:1989 年,第 401 页。
④ 参见本书第 402 页。以下这段带有及其过分的"引导和限制"色彩的文字告诉我们,原子极端主义并不是印欧语容易犯的唯一哲学错误:"(汉语)没有印欧语中那种实体化的思维习惯。在印欧语中,动词和形容词通过词形变化可以转化为抽象名词,并由于加上了数、性和冠词在不同程度上变成了普通名词。这样任何概念都必须被当作是类似于名词化的概念,否则很难理解。"(葛瑞汉:1987 年,第 29 页)。

于数字分类短语之后,但它们不能完成历数个体。如果"x"是一个数字,"a"是一个类名词,那么"xa"就是"x 种 a"。① 这样看来,葛瑞汉所提倡的实际上是以种名词假说代替(已经被摒弃了的)质料名词假说。但它是被当作一种"引导和限制"假说?这里的引号表明一定的游移性:它告诉我们"在有单复数标示的语言中展开的哲学"和"与使用种名词有关的哲学"之间的对立是"可以接受的",但不必用这一对立来确立某种定义哲学方式的标准。

同样陈汉生也算不上一个坚定的"引导和限制"理论家,他把整个中国哲学的主旨完全建立在他那套质料名词假说上,但他在解释这种方法的时候却强调寻找谨慎的对应,而非雄心勃勃地试图建立因果关系:

> 我的主要观点是,一与多的范式和可数名词的句法相关(可数名词包含 many 和 few 的二元性)。古典时期的汉语趋向一种质料名词的句法(质料名词则包含 much 和 little 的二元性)。质料名词暗示一种质料本体论和我称之为关于词汇(词项和谓词)语义功能的划分论或区别论。②

无论如何,葛瑞汉对中国哲学和西方哲学的描述存在着严重的歪曲。即使我们不提他对"道"的总体概括,他把西方哲学简化为个别实体的叠加而最终结束在物理和政治原子主义的过程是一种无法接受的漫画式处理。但是如果我们认为葛瑞汉所描述的西方哲学几乎完全不能概括任何意义上的柏拉图主义哲学,反驳者可能会说,恰恰因为是在倾向于把可数的特殊个体当作特别重要的语言构架中,西方才能发展出对(无论是超验或非超验)统一优先性的强调,并以此来抨击重特殊个体的倾向。换句话说,葛瑞汉的概括性说明迫使我们不得不介入像那些黑格

---

① 何莫邪在《中国逻辑旁注》(第 157—160 页)中对古汉语中的可数名词、种名词和质料名词做了明确的区分。
② 陈汉生:1983 年,第 vii 页。着重号为作者所加。

尔主义者在自以为是地解析新柏拉图主义的方法时所进行的交谈,这类交谈让我很不耐烦,尽管同时也觉得有点好玩。对那些坚信"引导和限制"的人来说,上述反驳实际上认为语言特征绝对可以用来解释任何哲学思想,甚至可以解释那种称这些语言特征为误导或前后矛盾的哲学。由此可见"引导和限制"彻底地失去了它的解释能力。

10. 小结

葛瑞汉把语言学、哲学和汉学交界的领域恰当地称为"无人区",他在这个领域里具有开创性的研究足具勇气并使我们受益匪浅。他的工作令人起敬,但表达我们对他敬意的最好方式是对其作学理上的回应,而非不予理会或全盘接受。《亚里士多德在中国》第一章可能给人造成这样的印象,我主张用语言学的方式来研究无论是古代或现代中国还是古代或现代希腊的哲学史都有弊无利。实际上这种看法是完全错误的。我想说的是,在这片无人区中拓荒的人们虽费尽心力想通过对语言基本结构的分析来获得哲学思想方面的收益,但他们所得到的虽看似惊人却实则虚妄。我坚信语言研究确实能做出非常重要的贡献,但前提是我们需开阔视野,不光是吸取语用学和社会语言学研究方面的经验教训,还应了解修辞学的进展,修辞学在这里指的是广义上对作为劝说策略的解释,而这些劝说策略反映的是对来自文化的全方位的影响。①

两个意义深远但尚未被回答的问题可以用来说明为什么在对语言

---

① 芮沃寿(Arthur Wright)的《汉语和外来观念》(见 1953 年的文集)收录了来自传教时期的一些极佳的趣闻性材料,这些材料使我们注意到,当不同语言和思维方式相互融合和冲撞,和那种使"引导和限制假说"的拥护者着迷的相对稀少并简单的语言现象相比,文化因素所产生的影响具有相当的规模和复杂性。我非常支持罗伊·哈里斯的声明:"与完全关注于'语言'本身的语言学不同的另一种语言学,是从处于交流环境中的具体单个的语言行为出发来进行研究。只有通过这样一种视角的改变,我们才能对那些涉及到语言更新的事实做出正确的判断。任何理论如果忽视这些事实而抽离于交流现象,它很难成为有关我们习惯上称作'语言'的人类活动和能力的理论。(哈里斯:1981 年,第 166 页)

学更为深入理解的基础上,我们需要一种建设性的语言学研究。葛瑞汉在讨论逻各斯中心论和语音中心论时所作的德里达式的东西方对比,却无法和他关于古代中国哲学家如何看待词的见解相衔接。他认为,古代中国哲学家把词看作是用来言说的而不是书写的:①"哲学家们口头授课,他们总是说'我听说……'而不是'我读到……'","他们是从声音,而非书写的角度来解释名称……"②。(葛瑞汉在其他地方谈到墨家的十个三论,认为它们"明显地是口授传统的记录……"③而且"这种(晚期墨家大全中的)非个人化的倾向在汉代以前的哲学中是很不寻常的,当时最有趣的理论争端倾向于(或被戏剧化地表现为)现场面对面的辩论……"④不过何莫邪证明在中国并不存在类似于在希腊思想史中举足轻重的那种辩证法竞赛。但他的理由是,古代中国的逻辑学家或诡辩论者(不管你怎么称呼他们)是无足轻重的人物。⑤ 他们确实最终被汉以后的哲学正统边缘化了,但这完全不意味着他们在论辩兴盛的战国时期就已经被边缘化了。

如果葛瑞汉对的话,我们可能会找到很多和希腊经验有趣的相似和相异之处。但是我们证据在哪里?葛瑞汉从那些更像是口传的资料中找到的标准表达式来支持自己的论点,但这很难令人满意,因为我们在希腊的传统中可以看到,起源于面对面口头辩论的辩证形态可以在那种在思维方式上完全不同的环境中存活下来,如果这种环境能通过化石般

---

① 葛瑞汉:1989年,第228页。
② 同上,第390页。
③ 葛瑞汉:1978年,第5页,第7注,着重号为作者所加。
④ 同上,第214—215页。
⑤ 例如:"像晚期墨家那些人在某种程度上试图将对客观真理的理论探讨从他们的政治、社会和个人的境遇中割离出来,他们注定要在中国思想史中被边缘化"(何莫邪:1998年,第208页,参见第414页)。

的文献制品保留口头的论辩形式。① 当然贬低书写和阅读、称颂言说作为真诚思想的载体的例子比比皆是。② 但需要注意的是,这种对书写和阅读的贬低本身是以书写的形式来达到的,正像柏拉图在《斐德罗篇》中那段著名的否定书写的言论。所以这些例子所给出的结论不免模棱两可。那么这种所谓的口头性是如何体现在中国的"辩"中呢?

其二,对古希腊哲学的专家而言,古代中国哲学传统中所发生的瞩目的事件是《名与物》表达的可能属于后期墨家的思想,即句子不仅仅是一连串词:

> 《墨经》(Canons and Explanations)通篇把句子看成是一串名字的名字,它会用"谓之牛"来表达我们所说的"说这是一头牛"("say it is an ox")(B35)。《名与物》的作者最先注意到这一差别。可以说,西方逻辑从一开始就把这种区别当作天经地义的事,而对墨家来说它是最难以注意到的……③

(那些把西方逻辑的开端任意地定为柏拉图的《智者篇》仍然得解释为什么最基本的命题结构被认为是"天经地义的"。)按葛瑞汉的说法,造成中国哲学很难发现命题存在的原因是中国哲学缺乏"引导和限制"假说赋予印欧思想家们的优势:"词和句子、项和命题的差别在曲折语中比在像

---

① 申克菲尔德(1992 年)极具说服力地证明,在晚期希腊语中,ἤ κουσα X λέ γοντος("我听 x 说过……")的这种格式常常相当于"我在 x 中读到",而且不暗示有任何口语的意思:"……我们经常把这类命题解释为简单陈述,即某人在某本像柏拉图这样的作者写的书中读到某些东西。我还想说,至少在希腊化末期以后这一方式是用来表达'我在(例如)柏拉图写的书中读到……'非常规范的习惯用语。"(第 129 页)我想这样解释是因为在古代西方(无论是私下还是面对其他听众的)大声朗读比起默念要更普遍。下面这一段文字是后来的评注家阿莫尼乌斯(Ammonius)在谈到生活在公元前一世纪的罗得岛的安德罗尼柯(Andronicus of Rhodes)时所写的,它很能说明问题:"他是亚里士多德第十一代孙,听他在此书(《解释篇》)前言称思想为'情感'"(《解释篇》V. 5. 28 和以下,申克菲尔德引用,第 26 注,第 134 页)。
② 例如《韩非子》21. 15. 1,《庄子》13. 6。
③ 葛瑞汉:1978 年,第 25 页。

汉语那样的分析语中要明显的多。"①墨家最吸引人的发现(如果确实有这样的发现)是因为在古希腊正是因为先于柏拉图和与他同时代的人们对假命题作了充分的思考,他才得以在《智者篇》取得了类似的成就,这些思考促进并指导了他在这方面的探索。与此形成鲜明对照,墨家理论没有提供给我们理解的它众多蕴含的必不可少的语境。

显然在很大程度上,我们的无知就是因为这部分古汉语的证据惊人的不完善。(不同于陈汉生缺乏说服力的批评)我们确实有很好的理由对葛瑞汉那些论点提出质疑。葛瑞汉第一个支持对"辞"作全新分析的证据应该是来自《名与实》3:"承认心理图像是可以作许多不同解释也许是墨家在发现命题……时关键的一步。《名与实》作者认为一个命题判定某物为一猎物或一堆死鸟,它展示的不是有可能被解释或是一猎物或是一堆死鸟的心理图像。"②我们很难理解这个晦涩的推论,更不好对它作出评价。首先,葛瑞汉没有提供有说服力的理由来解释为什么"意"应理解为"图像观念"(pictorial idea)。用任何像心理图像那么具体的东西来理解这段文字完全没有道理。其次,葛瑞汉之所以这么做是因为他认为意象对选择什么样的命题式"标签"而言是不确定的,而我们必须为了确定对象的目的就得选择诸多命题中的一个。但这个推论本身就无法自圆其说,它唯一能证明的是为了确定某个图像观念,我们得给它一个具体的"标签",而这个"标签"没有必要有任何语义上的复杂性。例如,"十"是一个十字架的图像或一个代表数字"10"的汉字或其他什么,但是

---

① 同上,第 25 页。陈汉生对他的研究结果提出质疑(例如陈汉生:1989 年),但他的否证没有任何说服力:"汉代以前的人是在竹简或丝织品上从上往下书写的。他们不断句,并把这些串联在一起的字设想成就是一串字而已。理论上讲,他们似乎还没有形成这样的想法,即词可以在具体的串结构(例如句子)中充当某种可被归纳的句法角色"(陈汉生:1989 年,第 77 页)。我想这是一种技术性的"引导和限制",可以用一个类比来加以明确地否定:古希腊人在草纸条上水平写作(常常两个方向的都有),他们不用(或只用初级的)断句法,并认为那些串在一起的字母就是 λὸγοι……

② 葛瑞汉:1978 年,第 473 页。译者注:葛瑞汉冠以《名与实》(Names and Objects)之名的文本出自《墨子·经上》。

承认需要某种意象标签本身并不意味着要在那些"十字架的图像"、"表达数字'10'的汉字"这样的名称或摹状词、和"十的(这个代号)是一个十字架的图像"、"十的(这个代号)是代表那个表达数字'10'的汉字的(一个代号)"这样的命题之间作出选择。最后,如果我们否认这些和任何和心理图像有关,正像我们应该做的那样,那么我们就该推出《名与实》3所涉及的是"智",也就是习惯上理解的"知识"和"意"(即"观念")之间的区别。至少葛瑞汉在论述这些认知状态上的差别语焉不详,且似乎与他所声称的对"辞"语义复杂性的发现没有任何关系。

葛瑞汉的第二个证据仍不可避免地带有极强的猜测性,但值得我们对它作最认真的对待:"夫辞以故生,以理长,以类行者也"("the proposition is something which is engendered in accordance with the thing as it inherently is, becomes full-grown according to a pattern, and 'proceeds' according to the kind" NO 10,葛瑞汉英译)。葛瑞汉本人称这里"涉及有机物的比喻"有点"怪",①但他并不意识到这个意象实际上是对"辞"作新的理解的唯一证据(他所谓的作者"明确地"把握了名称和命题的差别这种说法是具有误导性的)。② 实际上葛瑞汉这个令人兴奋的观点完全取决于它所理解的"理"("型式、安排")的内涵,还有那个更为合理的猜测,即涉及有机物的比喻是用来表示"辞"具有一种在功能上多样化的结构,就像动植物的部分连接在一起。所以我们不必否定葛瑞汉的解释,尽管他夸大他的证据,但我们同时需承认即使以最乐观的方式来阅读,一定把墨家"怪异"比喻和《智者篇》中令人生畏的论证方式加以比较只是玩一个赢不了的游戏。我想重申的是,希望往后的研究应致力于使我们进一步理解墨家辩证方法所处的环境。

我们对逻辑形式的研究表明,形式有效性的概念和非形式有效性的

---

① 同上,第481页。
② 同上,第480页。

概念之间有着多方面和复杂的相互影响,但是无论是在逻辑学的形式意义上,还是在"自然"推理的非形式意义上,谈论有效性很少会和同形同音异义词有关。而且论辩的形式化需要我们作出描述性的和规范性的①决定,这两种决定之间还得有微妙而多样的比例。对那些中国综合征的患者我们必须得说,他们永远不该期望仅仅靠一种中立的立场来审查汉语例子,便可以找到多少在根本上不同于英语或希腊语形式的汉语的逻辑形式。② 相反,如果我们认为中国人有一种与众不同的"中国式"逻辑,我们就得对奎因和戴维森的建议不予理会,而采纳某种解释方式,它不在乎把另一种文化解释为具有异域的,也许甚至是出奇地低下的准理性能力。随着"引导和限制假说"影响力的消失,我想不出有任何理由需要采纳这类研究方法。

所有的比较研究都有一个指导性的方法论,那些天真的方法论并不比有自我意识的方法论少,尽管天真的方法论倾向于盲目地依赖于不牢靠的假设。人们可能这样设想,那些受制于中国综合征的理论家有着许多不同的缺陷,并以此发明出不能再糟的研究策略:尽管他们具有方法论上的自我反省意识,他们采用的"引导和限制假说"给可行的研究工作所提供的则是最为脆弱的语言学基础。然而这样说可能不公平,作为某

---

① 这类适度的规范性深深地植根于传统,很容易在"传统"逻辑中找到。对"传统"逻辑过于夸张而全面的否定归功于弗雷格和后弗雷格的反心理主义。我从一本小册子中挑选出以下这些话,因为它们谦和与适宜于教学的特性可以帮我们了解古老的规范意义上的逻辑曾经是一种多么普通的观念:"我们学校逻辑的目的是明确并描述思想的一般性形式,为了能正确地推论,我们必须采用这些形式……科学教我们认知,艺术教我们做事:∴逻辑同时教我们这两样,因为(1)它研究思想的原则和形式,(2)它提供指导我们正确推论的规则"(豪金斯:1893年,第7页)。
② 艾利·赫尔什用以正本书来讨论他所谓的"划分问题":"我们能澄清和证明以下这类直觉吗?语言中词如何划分显示应该有来自理性的制约……"(赫尔什:1993年,第7页)。赫尔什这部有趣的关于分类和个体化的著作乍听起来像是与中国综合征的主题直接相关,但是由于他把问题完全看成只涉及词汇属性,而不是在宽泛的意义上和我称作"语言基本结构"的领域有关,他探讨的是某些想象的划分现实的方式,即是和"我们"(人类)的方式不同的方式,所以他考虑的并不是"他们"(如中国古人)如何像说的那样划分现实。所以他的研究实际上并不和我们所关心的问题相干。

种结论,我现在试着转而为这些理论家所希望达到的目的做一些辩护。有人提议①,如果陈汉生的质料名词假说仅限于讨论像"气"那种用来指称哲学对象的名词,它便会显得更加有说服力并且很可能更有用。气在逻辑上讲像是一种材料,而阴阳是中国宇宙论中最重要的概念。还有,它表现出和那些最古老的希腊宇宙论概念明确的不同,因为它并不是由某种生成性元素规定的。现在我们该怎么做呢?仅仅是指出这种不同,不管这种不同有多么重要,并不能使我们前进半步,因为我们还没能回答为什么会有这种不同的问题。把陈汉生的假说仅限于对哲学意义上质料名词的讨论使它变得索然无味:这一假说最初强调的是,中国形而上学和语言哲学中某些特征是汉语的某些特征直接造成的,也即这一假说是关涉因果关系的。② 被加以限定后的这一理论便不再引人注目,它实际上沦落为一种很平常的思想,即中国宇宙论的概念库中以质料概念为主,但这与汉语的结构没有任何必然关系。如果这一假说在最初的时候就是错误的或甚至极其错误的,至少它试图提供一种比较方面的解释,从这个意义上而言,它比起其他那些仅仅是搜集用来对比的原始材料的做法要好得多,无论这些材料是多么准确无误。这就是为什么我们应该认真对待各种"引导和限制"假说。即使这些理论像我说过的那样真会造成有害的影响,它们还是值得我们真心关注,因为它们是在比较研究方面唯一有价值的尝试。

在本书第二章《亚里士多德传话游戏》中,我将从关于翻译的哲学理论过渡到关于哲学理论的翻译。这一过渡并不突如其来,因为被翻译的理论涉及到现实的结构,思想和语言。几乎可以说《名理探》作为《范畴篇》的成功翻译与《范畴篇》作为一种具有深广语言学意义的成功理论密切相关。

---

① 这一想法的是我和内森·西文(Nathan Sivin)的一次交谈中他提出的,不过我在这里对这一想法的进一步发展则与他无关。
② 正如我们所见到的,陈汉生实际上还留了一手。但我只是用他的假说作为一个例子,对我们的分析来说许多其他我们探讨过的论文可以达到同样的目的。

第二章 亚里士多德传话游戏

> 所以正是从希腊人那里才诞生了哲学,哲学这个名字本身就拒绝被译成外语。
>
> ——第欧根尼·拉尔修 I.4

1. 引言

"中国综合征"的读者可能很自然地想对它在讨论"引导和限制"时的一个明显疏漏表示不满。对这一假说持温和怀疑态度的人会欣然同意,第一章中的案例分析有效地否定了汉学中的相对主义,但他们同时会认为我忽略了哲学史中无处不在的人物:亚里士多德。他们的看法是,亚里士多德的思想受到来自语言的各种影响,尽管连他本人都没有意识到这一点。最明显的是《范畴篇》。尽管《范畴篇》是西方哲学传统中被当作是最重要的著作之一,无论是古代还是现代的学者都对它的地位存疑。它(首先)是关于辩证法的论著?还是语义学或本体论的论著?那些存疑者认为这一持久的令人困惑的问题不是偶然的。《范畴篇》使我们困惑是因为它以及在它很久以后的哲学确实受到语言的引导和限制。"中国综合征"告诉我们的是，在有关希腊语（或印欧语）如何在亚里士多德学说上留下自己印记这点上，我们不该构想出过于细致的假说。不过我们同时应该相信那里确实留有很深的印记，只不过我们无法详细地解释这些印记是如何留下的。假设亚里士多德用汉语思维，他的范畴则会由汉语塑造而成，它们因而会非常不同于那些希腊的范畴。①

我将引用一个历史事实来回答这个问题，这一历史事实虽然并不全面，至少值得我们深思：亚里士多德的《范畴篇》曾被译为文言文，这样那些争论"引导和限制"的人们可以以这一现实存在的文本来支持他们的观点，而不必假想一些亚里士多德的中国对手。汉学相对主义者的最大优点在于他们研究实际存在的语言，而不只是从事想象中的哲学建构。哲学史家们可以通过对《名理探》的研究而取得更大的收获。《名理探》是亚里士多德《范畴篇》的汉语译本，出自中国文人李之藻与其合作者耶稣会士傅汎济（西文名弗朗西斯科·傅塔多 Francisco Furtado）之手，于1631年在杭州出版。②

这听上去好得令人难以置信。《名理探》不仅仅是一个哲学译文，它是用汉语表述的哲学文本，而这个哲学文本已经成了被指责为将不具普

---

① 这实际上就是葛瑞汉为创建他的中国范畴表而作的思想实验时的假设："另一文化的人以不同的范畴来思维是一个人们熟知的观点，这几乎属于常识。但在对它作富有成果的讨论时，我们很难对它作出清楚的定义。可能最好的方法是在某一语言中确定它所有的问题形式，对应于问题形式的是语法上不同的句型单位。本维尼斯特很详细地证明了人们很久以来就注意到的一个现象：亚里士多德的范畴大致上对应于希腊语的语法形式，而其中的一些语法形式并不存在于现代语言中（葛瑞汉：1989年，地414—415页），而中国思想家从来没有对范畴进行过分类。但是在汉语中我们也发现了在问题用语、句子单位和我们称之为"事物"、"性质"、"行为"一类的当地范畴词之间有对应关系（第415页）。人们常常提到亚里士多德表上像"数量"这样的范畴实际上是希腊语 ποσὸ ν 的翻译，这个词既用来提问（"多少"）又可作非限制性形容词（"许多"）。（在以下的第8节"有多少问题？"中我们将直接讨论范畴与疑问词的关系。）但是他似乎并没有意识到确存在着范畴翻译方面的实验。
② 我们知道有三个原始译稿的副本留了下来，现分别保存在北京、巴黎的国家图书馆和梵蒂冈。虽然那个意大利的副本包含额外的材料（如增添的序），我决定采用1965年台北的重印版（它与北京和巴黎的副本完全一致），因为它包括了所有对我们的研究相关的内容并且相对来说便于阅读。

遍性的语言特征用来充当现实本身特征的经典例子。我们可能会推测，如果《名理探》是个成功的译本，其表达的理论就不会带有那种用来撰写它的原初语言所造成的偏见，但是如果汉语译本并不成功，我们就可以怀疑《范畴篇》在任何语言中的有效性。如果范畴理论是有效的，用什么语言来表述它是无关紧要的。如果它确实表现出对不同语言的敏感性，显然亚里士多德的理论是受制于古希腊语所划定的界限，不管他自己有没有意识到这点。

在某种程度上这真是好得难以令人置信。我们可以用《名理探》来对语言相对主义做终极测试，不过条件是我们可以把它所包含的任何错误直接并毫无疑问地归结为汉语的一般特性，而不是这一具体译本的一些特殊性。例如，一个伍尔夫主义者绝不希望从翻译本身的纯粹能得出任何结论：仅仅是由于这个做翻译的中国人不太熟悉拉丁语不能说明任何问题（这不同于说中国人整体上学不好拉丁语，相对主义者也许对这有兴趣）。仅仅对《名理探》做一番单纯的考察并不能帮助我们对"引导和限制"的争论双方作出仲裁，无论这种考察有多么的细致。我们还得依赖于某种鉴别标准，它可以把由涉及争论的那些因素所引起的现象和那些明显地存在于所有翻译中的许多个别特征区别开来，但这样的标准肯定是带有成见的。所以那种希望汉语的《范畴篇》能帮我们解决这场争论是错误的想法，如果它假定《名理探》可以完全独立于任何已有的关于语言和思想的观念来加以评判。还有，正像我们已经注意到的那样，"引导和限制"的倡导者引用的几乎完全是先秦时期的汉语，而不是明清时期的汉语。但是我们有充分的理由相信，十七世纪的文言文对表达新观念而言比起先秦的汉语要更为精妙。

再则，在佛经被译成汉语的过程中，有些逻辑术语已经被创造出来了，[1]我们有理由认为这一传统很可能为中国的文人给西方逻辑定位营

---

[1] 现在可以参阅佛兰肯豪瑟：1996年。

造了至少部分的语言背景。不过我们必须作一个区别,因为它在很大程度上牵涉到《名理探》对"引导和限制"之争的相关性。明清汉语可能包括许多在先秦汉语中不存在的因素,这一点是无可置疑的,因为这里所谈论的是作为翻译媒体的汉语的"演进",它是文化在经历了许多世纪的变化所产生的结果。但是,如果这意味着十七世纪文言文拥有某种为相对主义者所欣赏的优化了的表现力,出于现在已经熟知的原因,我们绝不接受这种观点。

这并不是说,这些不可避免的限定使得《名理探》失去了魅力。一旦我们开始探究希腊原文的《范畴篇》和汉译本所直接翻译的拉丁版呈现的各种复杂性,并思考李之藻和傅汎济的工作动机和知识背景,我们就会发现汉语范畴可以提供毋庸置疑的证据这种想法马上变得非常荒谬。但是我们同时发现《名理探》所提供的材料表现出与"引导和限制"相关,尽管这并不见得很确切。它的意义对语言相对主义的争论而言很重要,但远远超出这种争论。《名理探》作为文化交流史中独一无二的作品具有不可否认的内在价值。无论是亚里士多德学者,还是晚期明代和西方典籍在中国传播的研究者,都可以从这些奇妙的亚里士多德式的私语中学到很多东西。

范畴确实难以把握。到底什么是范畴?到底什么样的范畴理论可以算是合理的?按正统的说法,亚里士多德在那篇题为《范畴篇》的论著中为西方传统引入了范畴:"每一个我们所谈到的词语在没有和别的词语相结合的情况下,指的是实体、数量、性质、关系、地点、时间、姿势、状态、活动或遭受"(1b25-7)。亚里士多德的遣词造句可能很容易(而且经常)给人造成一种印象,好像他在谈论语言的成分本身,但他所意图探讨的对象很显然是语词的所指物。① 因此上面这一句子可以改写成"每

---

① 参见"……我们有必要从一开始就认识到《范畴篇》讨论的首先或直接不是名字,而是名字所指的东西……亚里士多德大规模地依赖于语言方面的证据和测试,但他的目的是发现有关非语言事物的真理"(阿克瑞尔:1979年,第71页)。"……亚里士多德倾向于认为谓项是谓词表达的非语言东西(引自《亚里士多德的范畴》,福雷德:1987年,第35页)。

一个我们以非复合(即句法上简单)的语言来指称的东西……"它历数各种存在物(being):实体(如人)、数量(如三尺长)、性质(如红色)等等。葛瑞汉对亚里士多德所作的相对论解释带有直接的负面蕴含。尽管他本人申明与之无关,这些负面蕴含显得惊人的极端。① 葛瑞汉的阅读假定亚里士多德的母语激发但同时限制了他建立深刻的本体论思想的尝试,而他本人对这一(所谓的)事实完全无知。可是如果仔细地阅读他的著作,我们很容易发现亚里士多德清楚地意识到存在着那些哲学家很容易掉入的语言陷阱。毕竟《论题篇》的目的在很大程度上就是告诉我们这些可能的危险,亚里士多德的语言分析能常常达到极其精致的地步。《辩谬篇》V(166)探讨了如何抵御语法误导。② 这倒不是说评估语言对范畴理论的影响没有任何意义,只是这种评估绝对不能仅仅是把偶然的语言结构毫无道理地强加于世界之上,这个世界从未被这种完全来自世界某个角落的投射所触动过。

但是尽管他的表达方式在某种意义上具有误导性,我们不能把它当作只是混淆了实质的言说方式(material mode of speech)和形式的言说方式(formal modes of speech)从而指责和摒弃它。和在许多其他地方一样,亚里士多德从在我们看来是语言的特性转换到世界的特性,他只是很少表示这里确实存在着某种转换(相对主义者则声称只有在希腊语

---

① 例如:"因为现代语言不存在相当于希腊语中的中间语态和完成语态,和它们对应的两个范畴(姿势和状态)对我们来说便失去了意义"(葛瑞汉:1989年,第415页)。
② 帕斯莫尔总结道:"亚里士多德在这儿告诉我们,纯粹从句法上即基于它们的语法形式来区分谓词并不一定对应于如何制定哲学范畴"(帕斯莫尔:1961年,第122页)。福雷德有类似的看法,他明确地表示无法苟同本维尼斯特的观点,很遗憾葛瑞汉把后者当作这方面的权威:"亚里士多德也不大像本维尼斯特最近所说的那样,通过对语法的考察而创建他的范畴表。不错亚里士多德确实认为某些语法形式容易对应于某些范畴,例如动词的主动形式对应于范畴活动,动词的被动形式对应于范畴遭受。但是他同时意识到语法在这方面会具有相当的误导性,并认为这导致了大量的逻辑谬误"(福雷德:1987年,第47页)。

中才能进行这类转换,或至少在希腊语中才能最容易地进行这类转换)。① 他也没有解释他是如何建立这个范畴表的或为什么我们应该觉得这个表是准确而完整的。

使问题变得愈加复杂的是,人们有充分的理由相信,与受人尊崇的传统不同,《范畴篇》探讨的存在的种(genera of being)至少按其原初所呈现的样子并不是(亚里士多德的)范畴。② 亚里士多德那个被我们译为"范畴"的词原意是"谓项"("predicate")或"主谓判断(类型)"("(type of)predication"),所以"范畴理论"应该是一种主谓判断的理论,而不是有关存在的理论。这也恰恰是我们在那本相对来说不为人熟知的著作《论题篇》I.9中所得到的解释。亚里士多德在那里提供了一个完全等同于《范畴篇》那个的目录,只是第一个范畴不叫"实体",而称为"其所是者"("what it is")(103b21—3)。在《范畴篇》中,像苏格拉底这样的个体存在是首要实体,而像人这样的类则是次要实体。与此不同,在《论题篇》中,颜色是红色的"其所是者",就像人是苏格拉底的"其所是者"。

---

① "亚里士多德关于范畴的观念真正有意义的地方在于,我们确实应该拥有一套概念或也许是两三套互为关联的概念,它们可以用来处理那些逻辑、语法和形而上学中需要处理的问题"(引自《亚里士多德的范畴》,福雷德:1987年,第48页)。准确地说:可是为什么它就应该是这个样子的?它是如何成为这个样子的?对蒙哥马利·福特而言,《范畴篇》的目的是"……为可称谓的存在(predicative being)提供逻辑和语义分析,也即为每一个能用普通语言具有的形式,即对于任何主词 x 和任何谓词 y,x 是 y 的形式来描述世界上具有的每一个状态。(这一理论直接的对象语言当然是四世纪中期的希腊语,但就我们所要处理的问题而言,我们将忽略这一媒体和我们自己的媒体之间的差别)"(福特:1988年,第9页)。福特没有解释哲学语法如何改变或能够改变日常语言关于世界上每一种状态说了什么。亚里士多德乐意假设世界的织体是能够被看清的,人们,至少那些喜欢哲学思考的人倾向于作各种主谓判断,而世界的织体就呈现在这些判断中。然而亚里士多德没有论证为什么主谓判断会具有可靠的准确性。

② 有关《范畴篇》和《论题篇》之关系方面的权威性论述,我采用的是迈克尔·弗雷德的《亚里士多德范畴的标题、统一性及真实性》(弗雷德:1987年)。弗雷德认为"……论著的内容似乎并不和亚里士多德意义上的范畴相干。当我谈论亚里士多德意义上的范畴时,我认为我们必须区分范畴(即《论题篇》I9探讨的那种特殊的和技术层面上的主谓判断种类)、存在的种和'存在'范畴(即关于"存在"的主谓判断的种类)。与这一区别相关,论著的第一部分,就至少我们手头有的版本而言,处理的是存在的种,不是范畴"(弗雷德:1987年,第16—17页)。

《论题篇》所提供的是一种主谓判断的理论,依据这种理论,那些可以描述任何主项的谓项可分为十种。就像在《范畴篇》中那样,亚里士多德在《论题篇》中没有论证为什么要有这么个目录(或任何不是随意列出和正确的目录)。但如果我们对亚里士多德为什么要写作《论题篇》这个问题作一番思考,我们会发现缺乏论证就显得不那么令人吃惊,尽管具有讽刺性的是这损害到《范畴篇》所享有的历史性地位。《论题篇》通篇包含如何对当时希腊哲学界流行的大量论理方式进行分类和分析的规范。它既有论争的目的,但也为了提供建设性的方案:亚里士多德所讲解的是如何发现和解析那些在他看来是推论谬误,其中最主要的谬误是那些无知或恶意地利用主谓判断中所呈现的混乱。例如,食物有什么好处?它可以用来达到某种目的,即它能给人快乐。人类有什么好处?他们"具有像持重、勇敢或正义的品德"(《论题篇》I. 15, 107A)。所以如果我们把《论题篇》的范畴看成是对来自希腊论辩的各种主谓判断形式的提炼,而这些判断形式早已为人们熟知,确实没有必要论证为什么应该有这些范畴,只要这些范畴能基本忠实地反映存于典型的辩论库中的各种谓词。具体说,我们不必假定植根于哲学论辩的主谓判断范畴一定会对应于重要的,更不用说普适的本体论分类。①

这倒不是说主谓判断范畴和本体论范畴完全无关。由于亚里士多德在从讨论语言问题转入讨论世界本身时惊人地随心所欲,他觉得谓项表达式通常指称现实中的东西而不会出现根本性的错误是天经地义的事。因此主谓判断范畴的模式可能确实能显示至少某种相应的本体论模式的轮廓。我们接受这种本体论模式的细节及其范围,恰恰是因为我

---

① 参见:"亚里士多德在《论题篇》中对范畴实际的用法表明各种关键差别是逐一确认的。正是靠着长期的论理以及谬误分析方面的经验,亚里士多德才能设想出这样一个包含各种差别的目录,而如何把某物描述为某类这样的总体考虑贯彻整个目录的设计过程。也正是靠这种经验亚里士多德最终完成了把某物描述为各种不同类的完整目录。因为似乎没有什么单个问题的解决需要整个范畴目录,也不存在系统地推导出范畴的指示,如一组形式化特征"(摘自《亚里士多德范畴》,佛雷德:1987年,第47页)。

们对谓词最初的划分以及这种划分的适用范围有充分的根据。假如这确实准确地描述了亚里士多德如何发展这些理论,那么究竟是什么导致主谓判断范畴"其所是者"被置换成本体论范畴"实体"? 也许《范畴篇》中的中心思想是,只有实体能充当来自其他范畴的选项所居存的主项:例如是苏格拉底,而不是他的身高,是白皮肤的,且可以被恰当地称为白皮肤的。① 所以这个论著旨在让我们相信,在最深层面上本体论被标示为一种在实体存在和非实体存在之间至关重要的不对称性,这很可能在实质上与柏拉图抬高理式相对立,因为理式就不再会被看成最真实的了;相反,理式成了非实体的和寄存性的东西。如果是这样,还具有讽刺意味的是,亚里士多德写作《范畴篇》的意图是想证明一个基本上与那些致力于对世界进行各种分类的雄心壮志无关的形而上学论题,而后来人们恰恰是把这部著作和这样的雄心壮志联系在一起。实际上从古代开始一直被亚里士多德的继承者主导的哲学传统把本体论范畴抬升为一个能够勾勒所是者(what is)的独一无二的体系。

当然这并不是说后来的亚里士多德主义者完全无视范畴究竟是关于什么的范畴这个问题。由于《论题篇》被选入后成为传统逻辑课教材《工具论》,而《工具论》则结束在论辩分析上,有些诠释者确实倾向于认为作为逻辑教学第一课的《范畴篇》应该讨论最终构成论辩的那些命题的单个组成部分,于是他们就喜欢把范畴等同于词。② 这一传统中持不

---

① 弗雷德的观点很相似:"那个古老的范畴其所集结不同的选项,因为有关非实体性选项的其所是的命题是以实体的其所是为前提的,并且更糟的是,它们是以有关其他范畴中的实体的命题为前提的。要解释清楚这些命题的次要的和从某种意义上寄生的性质,我们需把其所是这个范畴仅用于实体"(摘自《亚里士多德范畴》佛雷德;1987年,第46页)。
② "这一集子(《工具论》)的顺序清楚地表达了这样的观点,即在逻辑中我们首先讨论项的问题,然后转入命题,最后讨论论辩。这一观点在现在仍很流行。这些论著在这个集子中的顺序表明,讨论范畴的第一篇《范畴篇》则提供了关于项的理论,这就是为什么传统上习惯于把范畴当作项或表达式的集合,而不是事物的集合"(摘自《亚里士多德范畴》佛雷德;1987年,第30页)。

同见解的人偏向于一种实在论的解释,尽管同时声明在世界的结构、我们拥有的概念以及我们用来表达自己的词之间有一种不可否认的同构关系。① 但是就连对"到底范畴是什么的范畴"的问题很敏感的哲学家也会忽略在我们拥有的概念、语言资源和现实事物之间所存在的鸿沟。要使这种同构关系的思想有说服力,我们就得肯定(像亚里士多德自己所持有的)非人格化的目的性或(类似于他那些基督徒学生的)神意的存在,它们确保我们和世界相匹配。现代西方思想家已经丧失了这种信心:我们还想知道是否在中国哲学的语境中这样的想法完全不可思议。

但是出自这一语境的那篇引人注目的文本不仅仅是亚里士多德《范畴篇》的翻译。十七世纪早期来自葡萄牙高因盘利大学的耶稣会士发表了一系列重要的亚里士多德著作的注释②(很多去中国传教的耶稣会传教士受英布拉大学派遣,李之藻的合作者傅汎济,即弗朗西斯科·傅塔多就是其中的一员)。赛巴斯蒂安·寇透(Sebastian Couto)发表于1607年的《亚里士多德辩证法概论》(*In Universam Dialecticam Aristotelis*)包括部分(由拜占庭学者约翰尼斯阿尔吉罗普洛斯翻译的③)带有大量哲学语文学评注的拉丁版《工具论》。评注篇幅巨大,但在对各种不同题目的处理上非常不均衡:对《论题篇》和《辩谬篇》的评论有点像走过场,现代读者会惊讶地发现相比较而言,对《分析篇》的关注微乎其微。④ 有必

---

① 我们将会看到,高因盘利修士们的《工具论》注释鲜明地体现了这种"同构"诠释。
② 读者如有兴趣可在《剑桥文艺复兴哲学史》(施密特和斯金纳:1988年)读到更多细节。
③ 这个译本并不是没有参照任何原版的内容,例如:"在希腊语中,它就是第三人称的 λέγονται,阿尔吉罗普洛斯、波爱修和佩里奥尼乌斯就是这么翻译的"(《亚里士多德辩证法概论》,第483页)。在还有的地方,评注甚至修改了阿尔吉罗普洛斯的一些译法,例如:"所引用的那个定义意味着,关系是一些它们所是的事物,或者如果按更接近希腊原文的说法,就是那些根据它们的本性和本质而关于其他事物的事物,或它们是被看作是以另一种方式关涉到某物……"(第445页)。
④ 尽管《亚里士多德辩证法概论》的高质量让人印象深刻,在许多地方(如第41页,第50页)我们被告知无论对所讨论的主题(辩证法)还是对读者(相对入门者)而言,有些问题被忽略了。但我的核对显示,所有这些涉及到讨论的局限性的评论似乎都没有出现在汉语版中。

要指出《亚里士多德辩证法概论》并不始于《范畴篇》，而是早期新柏拉图主义者波菲利(Porphyry)的《序论》(*Isagoge*)，这个《序论》本身是对《范畴篇》的评注。波菲利提出了一系列不带解答的问题，这是一些有关范畴的存在论问题：它们独立于理解而存在？它们是非物质的？它们独立于可感知的个体？波爱修(Boethius)翻译的《序论》加上《范畴篇》和《解释篇》开创了一个为以后的评注传统，包括英布拉评注版所沿用的模式：波菲利提出议程来讨论那些被认为是亚里士多德在《范畴篇》中解决的问题。

任何人试图从评注文本中抽取出亚里士多德的原著都会犯一个严重的错误。《亚里士多德辩证法概论》到处引述从古代到中世纪、文艺复兴直到写作本评注不久以前的学者所形成的传统，但这些引述极其扼要。① 它具有这样的型式：先是以特殊的字体印出的拉丁版亚里士多德著作本身，然后是该章摘要，接着是评论，最后是主题不同的文章，细分为不同的问题，所有这些都伴有旁注。我们在此作一没有太多把握的假设：傅汎济介绍给李之藻的应该是我们所谓的真实的亚里士多德，尽管是被拉丁化了的亚里士多德：傅汎济给李之藻的是某一个版本的传统以及所有跟随这个版本而来的东西。②

这听起来有点堂吉诃德式的不切实际：由利玛窦所制定并由他直接的后继者贯彻执行的耶稣会士传教政策大致上规定，让中国人皈依基督教的关键在于争取文人们的支持，而争取文人们支持的关键在于和他们

---

① 虽然圣托马斯以"经院神学的王子"被选出来(《亚里士多德辩证法概论》第7页)。
② 至少在亚里士多德著作的汉语版和汉语的评注间有这样一种差别：亚里士多德著作的汉语版是以固定的字数构成的风格化的富有节奏感的文体，且有时使用及其古老生僻的字(如"厥"表示指代)，可能是为了使亚里士多德的著作有一种古代经典的味道。在接下去的那一部分里，我们将了解到《名理探》实际上是如何综合《范畴篇》的，以及为什么拉丁评注所倡导的是理解《范畴篇》的正确方法。

有文化知识上的交流。① 在其最粗略但也许最有效的状态下,这种方式可能促使利玛窦试图用西方自鸣钟这样的稀罕物来令中国皇帝折服,因为自鸣钟所采用的技术在当时完全超出了中国人的制造能力。这样我们可能会猜想至少在某种意义上,送给中国人《范畴篇》就有点像送给他们奇妙的自鸣钟:其目的仅仅是为了令中国人折服。但实际上我们对为什么要进行这一翻译的原因过于独断了。② 耶稣会士的学习指南(*Ratio Studiorum*,1585 年)要求成员们传播亚里士多德哲学尤其是他的逻辑学,这一要求明确地写在他们的宪章(*Constitutiones*)中:"教授亚里士多德必须贯彻在逻辑、自然和道德哲学以及形而上学领域中"。③ 所以如果耶稣会士想教授中国人什么东西,至少在这些领域里,从一开始他们就已经被规定了先教亚里士多德。而且那些逻辑著作之所以被称为《工具论》(*Organon*),就因为它们起着工具的作用,任何有亚里士多德知识背景的人都会把逻辑当作思维的工具。所以同样道理,如果中国人希望学习如何正确地思维,他们最好学点亚里士多德。《亚里士多德辩证法概论》对为什么这部逻辑著作后于这一系列中的有关物理和形而上学的其他著作出版:

> 因为几乎所有散见于哲学各个角落的难题都可以像对付勒拿九头蛇那样在逻辑学中加以处理。所以我们要建立的不是一个脆弱和缺乏黏合剂的大厦,我们把难题一个一个地解决掉,就像那些

---

① 只是"大致上":例如龙华民完全不认可这种政策。还有,耶稣会士和文人之间的亲密关系只是一个短暂的现象:"在晚期明代的中国,一些很有意思的学者也开始仿效耶稣会士:他们也表现出对科学、哲学、道德以及关于天堂知识的兴趣。但在十七世纪随着时间的推移,那些仍然对西方式探究事物感兴趣的学者不再对他们探询规律的方式有兴趣了,尽管他们继续以中国的方式来探询规律"(施丹达尔特:1994 年,第 419 页)。孟德卫:1989 年、谢和耐:1985 年和艾田蒲:1988 年中包括对耶稣会士计划的描述。不过读者应注意到,耶稣会在中国的传教仍激发广泛的热情。虽然这三位作者的记录都值得一读,但他们对政策以及政策的贯彻方面的描述是完全不一致的。
② 本书是在沃迪:1992 年基础上写成,那篇文章提出的为什么进行这一翻译的理由有点不同。
③ 《耶稣会教学文献志》(*Monumenta Paedagogica Societatis Jesu*),I,第 299 页。

有经验的将军,在经历了许多考验和打击之后,我们还可以最后以辩证法之剑来战胜它们。①

最后,因为亚里士多德哲学在罗马天主教神学中占主导地位,受过教育的信徒如果没有接受过任何亚里士多德哲学方面的训练是无法理解教会的很多教义的。②

我们还需要了解有关被告知这一信息的人以及翻译中的关系。③ 李之藻很早就见到利玛窦,利玛窦那个著名的世界地图诱发了他对地理知识的兴趣。④ 他还参与了制造科学仪器并和利玛窦合作翻译欧几里得的著作和克拉乌的《同文算指》。⑤ 至少在一段时间内,他和其他的耶稣会士关系不好,因为尽管他愿意接受罗马天主教的教义,他讨厌让他放弃无数的妾及嗜酒、嗜赌的习惯。但他后来还是服从了规定,受洗获圣名良(Leo),他最终成为教廷在中国的"三大柱石"之一。⑥ 利玛窦的葬礼

---

① 摘自《致读者》(无页码)。它还提到这一卷的风格很独特是因为研习辩证法需要"经院术语"。
② 至少最明显的是,所有这些都是傅汎际从事这一翻译的理由,而不是李之藻的。我们不难理解一个具有他这种才能和嗜好的思想家会乐意从事数学、地理和宇宙学著作的翻译。我们必须承认有可能耶稣会士们曾告诉李之藻他的任务是协助翻译那些在他看来是带有严重冒犯性的部分。我个人倾向于认为他在从事《名理探》的工作中既有乐趣又有收益,就像我在阅读他的翻译时所得到的。
③ 李之藻的生平细节完全来自于胡梅尔:1943年。
④ 彼得森的描述是最全面的:"李之藻在1601年所感兴趣的是那个全新的世界模式,而不是世界上不同国家的地理情况。对他来说,完全可以理解存在着许多中国以前不知道的国家。但那个世界地图,或更准确地说那个以二维方式再现的传教士们称作地球的球体直接挑战了中国人关于世界的观念,中国人认为大地相对来说是一个平整的正方形,它被一个盖子或囊括一切的天罩在下面。这就是利玛窦的意思,他说李之藻能轻易地理解在别人看来很难接受的东西。李之藻在1623年的序中强调在1601年看了那个地图后,他做了一些计算以证实地球确实是利玛窦所说的那个大小的球形,而且处于更大的天体之中"(彼得森:1988年,第141页)。
⑤ 胡梅尔写道:"李之藻以令人满意的汉语记录了利玛窦向他口述的几部著作……"(胡梅尔:1943年,第452页)有关翻译过程中不同参与者的关系有一种标准的观点,即中方人员完全不起主导作用。在接下来的那部分我们会讨论是否应质疑这一观点。
⑥ 为什么李之藻在皈依这件事上行动迟缓?当然他不愿放弃妾室是一个原因。但在1610年2月他在北京得病,随后利玛窦劝他马上受洗(方豪:1967—73年,第116页)。

就是李之藻主持的,他于 1611 年回到杭州后便为传教者建立了一个礼拜堂和居所,因此可以说他为杭州后来成为一个重要的基督教中心起了很大的作用。①

钦天监在这时误算了一次日食(这次日食实际上发生在 1610 年 12 月 15 日)。有一份奏疏显示一些西方人和联络他们的中国人被选中协助改革日历,李之藻是其中之一。1613 年的他呈上他自己那篇著名的奏疏,其中他历数不为中国古人所知的许多西方知识成就。当清人于 1621 年入侵中国时,李之藻任工部之河漕总理,②他还安排了将在澳门的西方火炮运往北京以协助那里的军事行动。四门火炮中的两门在京城内爆炸,造成数人死亡,而这至少重新引发了人们对基督徒的批评。

李之藻卸任之后回到他在杭州的园林,在那儿他全身心地投入到翻译之中。③ 在《名理探》之前已有 1628 年出的汉语版《论天地》(De Caelo et Mundo)(译为《寰宇诠》),附有李之藻本人写的序。④ 这个序含有一个很个人性的感人议论,它讲述了如何在翻译亚里士多德时遭遇到巨大的挑战:"惟是文言夐绝,侯转棘生,屡因苦难搁笔"。李之藻逝于 1630 年,《名理探》出版于 1631 年。⑤

这个良,不光才思敏捷、活跃健谈,他还具有极其强烈的求知欲。他因此也比别人要更多地努力使自己与父建立起一种内在的

---

① 孟德卫:1994 年记述了这一传教史的后期部分。
② 方毫神父曾讲到一个有趣的轶事,说明李之藻在行政方面的机敏和正直:"他的下属在计算税率,但有大量的贪污。之藻查阅了记录,并以西方数学方法做出了更正,大家惊呆了而后欢呼起来"(方毫:1967—73 年,第 116 页)。耶稣会士除了代数还教复式簿记?
③ "之藻之所以在一个静寂的处做选摘和概述的工作,是因为这样他可以避开各种社会应酬,并利用他的空闲来翻译书籍"(同上,第 212 页)。
④ 《名理探》的第二个序强调中国和西方的宇宙论"可以很容易地融合在一起"(第 8 页)。
⑤ 李之藻和傅汎济在一起工作了五年,期间李之藻的一只眼睛失去视力。李之藻的女婿撰写了《名理探》的第二个序,他对二位译者是这样描述的:"殊海心同,若合符节,何有携二以自生障碍哉?"(第 8 页;令人想起(十二世纪的)陆九渊说的:"东海有圣人出焉,此心同也,此理同也;西海有圣人出焉,此心同也,此理同也。"我不清楚《亚里士多德辩证法概论》是否有任何现代欧洲语言的译本,读者得看汉语版的,或者从拉丁语和汉语翻译的英语版。

友情和交流,他是由我们科学的坚实和不寻常,尤其是他在地图和其他神奇的东西上所获得的愉悦带到父的身边,这样他可以永远心甘情愿地和他生活在一起。同时,父不光教给他仁慈的科学,还教给他上帝之法的天启智慧……①

假如我们能全面展现李之藻在思想上的各种探索,我们应该对现代史早期中国和西方对比的实质有非常准确的理解。这话不算夸张。我们最后需要掌握的信息,或者说很不幸是我们所缺乏的信息是关涉到读者群。很遗憾有关李之藻的读者和他们如何看待他的这份工作,我们全然不知。《名理探》以谨慎的方式在杭州制版印刷,可能是为了避免当时因为传播基督教著作而带来的危险。我努力想了解当时的印数,在哪里存放,以及有谁阅读了它,但一无所获。

不过我们确实有两个序的原版。② 序在中国是一个古老并丰富的体裁。它可以长短不一,性质迥异。有时它可以写得很有分量和精准,有时则纯粹为了修饰。《名理探》所有的序都极具暗示和矫饰性,但至少在它们提供的少量信息中,我们可以了解到中国本土的学者如何善意地尝试着把这一翻译呈现给世人,可能是为了赢得更多的读者。第一个更有意思,③它是李天经所作。李天经是历局的重要官员,他主张采纳西方的天文学方法。他写道:

> 世乃侈谭虚无,④诧为神奇,是致知不必格物。而法象都捐,识解尽扫。希顿悟为宗旨,而流于荒唐幽谬。其去真实之大道,不亦远乎!西儒傅先生既诠寰有⑤,复衍名理探十余卷,⑥大抵欲人明此

---

① 曾昭德:1655 年,第 240 页。
② 还有第三个序,它收在罗马的副本里,不过它对我们直接想要处理的问题没有提供更多的材料。
③ 但是另一个则坚称"有德行的教育只在孔子和耶稣那里"(第 7 页)。
④ 这是一个讥讽佛教的双关语。
⑤《寰宇诠》。
⑥《名理探》。

真实之理,而于明悟为用,推论为梯。读之其旨似奥,而味之其理皆真。诚为格物穷理之大原本哉。①

李天经表达的是我们完全可以料想的对当时道德沦丧的不满:也许他对佛教的诋毁暴露了他对基督教的偏爱,但也可以理解为保守的儒家对佛教遁世倾向的敌意。关于什么是逻辑("此真实之理")的功能他有任何想法吗?一开始对佟谭虚无的不满之词很可能意在表明来自西方的解药可以帮助整顿讨论,但这段文字并没有显示李天经对此译文中所发展的理论有深入的了解。他后来讲的要相对来说更具体一些:

> 而明真实之理正匪易易也,全明者享全福,此惟在天神圣则然。吾侪处兹下域,拘于气禀,不能明其全而可以明其端,以为全明之所自起。其道舍推论无由矣。②

作者在这里试图为学习逻辑寻找一种综摄的理由。"在天神圣"可以肯定指的是孔子和其他中国的文化精英,还可能包括有见主圣面能力(beatific vision of the Godhead)的基督教圣人,我们此世的愚昧无知不是由于人的堕落,而是因为不完善的气。气是一个标准的中国术语,指无处不在的物体的组成部分。如果我们理解得对的话,李天经说的也许随意也许认真:论理方面的训练是一条通向见主圣面的正道,甚至唯一的道路。当然这无异于提出研习辩证法一种重要的动机,尽管这种动机可能属于不可接受的异端。最后,这里似乎还多少谈到了西方传统是如何理解逻辑的:

> 研理者,非设法推之论之,能不为谬误所覆乎?推论之法,名理探是也。舍名理探而别为推论,以求真实,免谬误必不可得。是以古人比名理探于太阳焉,太阳传其光于月星,诸曜赖以生明,名理探

---
① 《名理探》,第3页。
② 《名理探》,第4页。

在众学中,亦施其光焰,令无舛迷。众学赖之以归真实,此其为用固不重且大哉?①

用"inference"翻译"推论"是因为《名理探》通篇经常使用这个术语就是指专门意义上的 inference。这倒不是说李天经会想到向那些第一次翻开此书阅读的人传达如此精准的意思。当耶稣会士和他们的中国合作者承担起数学或制图学方面的工作,那些文人具备一定优势,因为中国在这些领域里有着自己显赫的研究传统,而这些文人都受过这方面的训练。但是就翻译《范畴篇》而言,情况完全不同。墨家逻辑经典所取得的辉煌但缺乏响应的成就基本上已经完全退出人们的视野,它直到十九世纪在主要受到西方逻辑和科学的影响下才得到某种复兴。所以李之藻和他潜在的读者不大可能拥有什么他们熟悉的背景知识来理解这部逻辑著作。不过无疑受过教育的中国人会对它能提供消除"舛迷"方法的承诺反应积极,尽管他们感到困惑,这些要实施的规范完全是推理方面,而与伦理和政治无关。

合作翻译在明末清初对中国人来说并不是什么新鲜事。毕竟佛教在中国成为本土宗教正是通过类似的方式完成的:来自中亚的僧人与中国文人合作翻译佛教典籍。这类经历使人们清楚地认识到用中国已有的哲学和宗教术语来表达异域陌生的概念存在着根深蒂固的危险性,尽管基督教传教士和他们的中国同事通常采用的是相对单纯的一对一合作的方法,这完全不同于有组织的团队在翻译佛经时所具有的人力资源。在翻译《名理探》时,究竟翻译的任务是如何在那位耶稣会士和那位中国学者之间分配的?《名理探》首页写得很清楚:"傅汎济译意,李之藻达辞"。② 假如分工如此之清楚,我们至少会感到些许失望。具体说,假如李之藻的贡献仅限于作风格上的修饰,我们所得到的只是一个精通双

---

① 同上。
②《名理探》,第 289 页。

语的欧洲人用汉语呈现亚里士多德的努力结果,而不是出自一个以此为母语的人之手。从相对主义的角度来考虑,我们的兴趣明摆着会减退。但是我们很难相信这是真的。有关耶稣会士在语言方面能力的记录,尤其是耶稣会士自己的描述令人印象深刻,但我们无法仅靠推理来断定傅汎济能和李之藻做流畅且专业的对话,即使用的是笨拙的汉语。加上李之藻完全不懂拉丁语(包括口语和书面语)。很遗憾我们也没有如何分辨他们二位各自所作贡献的证据。我们只有《名理探》这本书,我们只能根据这本书来对它作出评价。

那些没有被翻译的作品可能跟已经被翻译的一样重要:只有包含《序论》和《范畴篇》的高因盘利版第一卷的翻译得以出版。南怀仁(Ferdinand Verbiest)1683年编成但未能刊刻的《穷理学》有一段题为《理辨之五公称》,它实际上是《序论》的翻译。但是它注明的译者不是李之藻和傅汎济,而是南怀仁本人。① 另一端题为《理推之总论》包含《前分析篇》的零星翻译。在二版(1639年)序中,李之藻之子李次霦宣布《名理探》有30卷,但耶稣会士1637年的信中提到只有其中的10卷出版了。使问题更加复杂的是,北堂图书馆存有《亚里士多德辩证法概论》的一个副本,其中有一个匿名氏做的拉丁语和汉语文本的对照表,它包括《前分析篇》和《后分析篇》。② 所以我们有理由相信李之藻和傅汎济所完成的基本上是完整的《工具论》,不过只有《序论》和《范畴篇》付诸刊刻,而且我们可以大致推算此书被译成汉语部分不会超过四分之三,没完成的那些里面有的是出于汉语对简洁性要求而被省略。重复性的概要说明

---

① "不过这不是一个简单的剽窃事件。从西方的资料和南怀仁呈上的奏疏看,他重新校订了翻译,确切地说,他把跟神圣法有关的例子都给删掉了。如果我们对理辨之五公称和名理探作一比较,就会发现这一点。南怀仁多次删掉或改写那些含有'天主'一词的句子"(杜定克和斯丹达尔特,无出版日期。我诚挚感谢作者将他们的研究成果与我分享)。
② 南怀仁:1935年,第426—427页。

很容易被省略①,大量原著内部和原著与亚里士多德著作之外的他人著作的互相参照遗失了,②当《亚里士多德辩证法概论》提到另一个亚里士多德的文本,便会用汉语标出"亚里士多德说",而《范畴篇》内部的互相参照被保留下来了。③ 大部分,尽管不是所有的西方人名没有被标示出来。④

不包括评论部分的《范畴篇》本身并没有被全部翻译出来。那些没有译的部分,或改写的部分远不仅仅是个数量问题。拉丁版坚持把论辩建构成三段论(有时假三段论)的形式,汉语版则完全取消了这些无用的形式化做法,而采用很能说明问题的句式,如"何以证之"。⑤《亚里士多德辩证法概论》充满了尖刻的嘲讽。例如在说明亚里士多德关于把实体分为第一性的和第二性的时候,它援引一个很有影响的新柏拉图主义论者的话:"阿莫尼乌斯(Ammonius)持第一种观点,他在评论这段文字的时候认为亚里士多德在这里没有作任何区分,他只是历数实体范畴中的各种东西,似乎大师是在给存在于这个范畴中的东西编号,就像有些人习惯在讲课的时候计算听者的人数"⑥。无疑我们得问能想出如此可笑的解释的人是否正在焦虑地查看着他那人数不断减少的听众席。《名理探》声称:"一曰,亚利非为之析也,但计居自立伦者之有几端耳"。⑦这是

---

① 安国风(Peter Engelfriet)在他论汉译欧几里得的书中也表达了相同的感觉(见1993和1998)。
② 不过它也提到了更详细的说明可以在超形性学中找到,而超形性学这个词就像在对应的拉丁版或英语词是有歧义的,因为它可以指超形性学(形而上学)这个领域,也可以指《超形性学》(《形而上学》)这本书(《名理探》第365,370页)。
③ 例如第346页。
④ 在另一方面,除了亚里士多德(通常标示出来),柏拉图有时标示出来(如第1,349,369,437,439页)和圣托马斯(通常标示出来),不大有名的人物像阿尔库塔斯(第289,349页,但用的是不同的汉字),色诺克拉底(第349页)和大马士革的圣约翰(第369页)也有汉语名。我无法确定这种区别对待根据任何明显的原则;例如早期范畴理论家的名单(第349页)被随意地缩略了。
⑤《名理探》,第347页,翻译《亚里士多德辩证法概论》第360页。
⑥《亚里士多德辩证法概论》,第391页。
⑦《名理探》,374页。

对亚里士多德这一基本观点的非常恰当的翻译,但是当阿莫尼乌斯的名字不再被提到,同时数人头这样的话也渐渐消失的时候,记录显示出戏剧性的变化。① 当讨论那些没有完整列出十个范畴的早期哲学家时,拉丁版是这样说的:"数字三被省略了,但瓦拉(Valla)却选择保留它,以表明了结此事"。② 在汉语版中,这就成了"袜蜡(Valla)则分为三。"③结论是,《亚里士多德辩证法概论》以论辩方式展示出令人耳目一新的对那群堂堂权威的揶揄,而《名理探》的口气要缓和得多。

另一个问题是,读者是如何接触到这些不同的版本,或如何没有接触这些版本。《亚里士多德辩证法概论》用的是一个相当个人化和游移的第二人称来称呼交谈对象。在给出一个可能的反对意见后,它会宣称:"我们的回应是……",用的是无人称的 dicendum,④但它也会说:"你将如是回应反对意见"(用的是第二人称单数未来时直陈式的 dices),这样做显然把读者的领会能力看作是理所当然的。⑤ 有时候,diximus 引入的是"我们说了",这个句子预言、详述和撤销某个可能的问题。还有一些像这样的句式:"你会想反驳这类(观点)","但作为回应我们将这样宣称","经过考虑,你会同意"。所有这些在汉语中都被弄成千篇一律的了:不少地方使用"当知"这样的句式,但拉丁版中令人瞩目的各种表情色彩则消失殆尽。在拉丁版中的某一处,"你会说"是和"我回应"相伴,⑥在汉语中,这就简略成"或曰"和"曰"。⑦ 这倒不是说,拉丁版本的读者

---

① 新近的研究认为原先阿莫尼乌斯名下的对《范畴篇》的评论应出自菲洛波努斯(Philoponus)之手。这样看来,即使高因盘利版的讽刺批评是有道理的,那也是找错了对象。
② 《亚里士多德辩证法概论》,第 362 页。
③ 《名理探》,第 349 页。
④ dicendum, putandum, negandum 这样的词在这部书中屡屡出现,需加引证信息。译者注: dicendum 可直译为"必须这样说"。
⑤ 例如"ad primam obiectionem negandum est..."("为了回应第一个反驳,必须说……")之后可以接"ad secundam obiectionem dices..."("为了回应第一个反驳,你要说……")(第 397 页)。也存在第二人称单数命令式。
⑥ "dices" 和 "respondeo"(《亚里士多德辩证法概论》,第 358 页)。
⑦ 《名理探》,第 344 和 345 页(参见第 346 页)。

会在思想的自由度上有更多的优势,相反,他常常是被强迫、诱使、恐吓和仅仅告知要接受什么是他应该相信的,而且为什么得相信它。这里的差别不是西方和中国有各自的限制,而在于一方习惯于长期以来从事激烈的经院式争论,而另一方对争论有着一种与己无关的超然态度。

我们还看到另一种省略,即对拉丁版中大规模讨论化质说(transubstantiation)的省略。可以想像这些讨论的内容:圣餐是圣礼中最重要的仪式,《范畴篇》具有举足轻重的神学意义,是因为它为任何对化质说的理解提供了概念上的支架。《范畴篇》对实体和偶性之间的形而上学差别作出解释,根据教义,面包和酒的偶性保持不变,但实体神奇地变换了。但是汉语版把原来大量对圣餐的引证给删除了。① 这到底是什么原因?这个问题直接和我这个开场白里的最后一个论点有关:毫无疑问食人触犯中国的礼仪规范,②对很多敌视基督教的中国人来说,就像对古代西方的异教徒哲学家和明代晚期的佛教徒那样,圣餐听起来一直和食人无异。所以如果《名理探》是为了让那些没有皈依基督教但有知识的中国人看的话,把它加以缩减就有再明显不过的理由了。不过如果这些人确实是本书期待的读者群,这个翻译肯定是个巨大的失败,不是因为它不够准确或不够前后一致,相反,正像我们将要看到那样,汉语版《范畴篇》充满了目的性极强而又让人望而却步的专门术语。但是这也意味着,对那些从没有学过新近出现的哲学行话的中国知识阶层来说,

---

① 例如,把存在分为实体和偶性被认为是完整的分类,拉丁版给出两个针对这一观点的反对意见:"偶性"的定义不符合圣餐中的"偶性",而且这一概念体系无法解释上帝自虚无中创造万有(ex nihilo)的教义(《亚里士多德辩证法概论》,第 340 页)。《名理探》相应的段落删除了涉及到圣餐的反论(第 329 页)。
② 不过如果有关杭州曾经以有供应人肉的餐馆(不知是男人的还是女人的,年轻人的还是老年人的)为豪的报道是真的,食人并不是对所有人具有冒犯性。

这本书不过就是个至少从整体上看是一个废话连篇的东西。①

让我们假定一个不同主要读者群：那些圈内的人，即皈依基督教的中国人。对他们来说，阅读此书的好处是可以让他们有机会接受神学和哲学基础知识方面的初级教育。圣餐仍未被提及，因为很有可能是对它有好感但尚未信教的读者先得到了它，或甚至它先是被对它有敌意的佛教徒没收了。但首先，《名理探》是写给那些可以通过研习此书来努力地提高自己的人，②这样他们就可以对付更精深和无法简化的亚里士多德逻辑所具有的严格性。这一假设很有说服力，因为《亚里士多德辩证法概论》本身并不是一本很现代的书。人无法觉得一个作品冰冷无趣还指望能继续读下去。它是要在哲学教学中使用的，而哲学在当时指的是以各种学派使用的深奥语汇进行的辩论。耶稣会士们从来也没设想，任何人，无论是葡萄牙人还是中国人应该通过独自阅读来获得哲学所需的概念工具。但是如果耶稣会士们意识到情况就是如此，为什么还要费心去翻译？

从现实的角度来看，如果中国人能学会成功地辩论，他们必须真正掌握这一拉丁传统，即他们最终能亲自阅读所有的权威著作并作出响

---

① 但是它肯定比纯粹胡说要好。1603年利玛窦出版了《天主实义》（拉丁名为 Coeli Domini Verax Explicatio 或 De Deo Verax Disputatio）。1607年在杭州出版的第二版是由李之藻校阅的，李之藻作了各种技术和修辞方面的修改（见梅里斯：1994，第66页，注4）。《天主实义》是以一个西方学者（"西士"）和一个中国学者（"中士"）之间的对话方式写成的，向读者介绍基本的亚里士多德概念，术语和论理型式。由于它在信教和不信教的文人中间都流传很广，我们有很充分的理由相信人们不可能觉得《名理探》完全不可理解。例如，《天主实义》简述了四因说（梅里斯：1994，第72—74页），尽管它把质料因等同于阴，把形式因等同于阳这一点很令人遗憾。它在哲学分类学上也做过尝试，把 categories 和 species 分别叫做"伦"和"类"，而这显然为李之藻和傅汎济在翻译这些关键术语打下了基础。

② 如果我们考虑到耶稣会士是如何积极地参与文人社会的主要活动之一，所谓的"学术交流"，我们就更加觉得这一假设有道理："利玛窦和他的同事劝人改宗在具体操作上是通过培养与文人个人或他们的小圈子的关系，和他们进行有学术性的交流和讨论，而不是向他们直接宣教。后者很容易引起不友好的关注或招致在明代晚期社会环境中可能出现的动荡，而学术性的交流是被文人文化以及哲学传统所接受的"（路克：1988年，第174页。参见霍尔兹曼：1956年）。

应。如果这确实是要达到的目标,还不如直接教他们拉丁语,而不做别的,尽管这样做难度会很大。(但是也许即使我们设想最好的可能性,中国人使用拉丁语所遇到的障碍会比我能预计的要更大。①)为了讲得更清楚些,我想夸张地说,这里有一个两难困境:《名理探》似乎要么是没有必要地难懂,要么是很成功,但部分地出于某种不怎么好的理由。当然,这个翻译是在各种复杂且不完全兼容的目的间所作的不稳定的妥协。

我们在"中国综合征"讨论了葛瑞汉的如下观点,强行将在印欧语言中表达存在的词和概念,esse 或 εἶναι 输入汉语,至多只能产生出糟糕的汉语,非汉语的汉语。② 很明显《名理探》对中国文化影响很小,但是当翻译确实产生影响的时候,像将希腊哲学译成拉丁语,圣经译成希腊七十士本或英语钦定版,或当莎士比亚译成德语,它们都给翻译的目标语言造成深刻的影响。③ 人们不加思索地认为翻译是所抵达的语言是一个固定的系统,外来的东西如果要被接受必须服从这一系统。相反,翻译这一行为可以造成目标语言实在的变化。我并不想说《名理探》就是这样的,即使考虑到这个由耶稣会士和文人组成的小群体是如何在翻译精巧的《工具论》时所取得的进展。我想强调的是,他们的劳动成果不应该被当作一个拙劣的廉价物品而随手扔掉。

---

① 不仅仅是因为在李之藻的老家没有什么好的机构:"救世主教堂是基督教学院或一个建筑群的一部分。整个建筑群包括一个神学院、一个宿舍、一个图书馆和一个独立的为女子设的礼拜堂,名为圣母玛利亚教堂。1624 年,杭州被选为建立神学院的地方,因为它处于这个的中部地区。神学院开办了近 70 年,始于阿勒尼神父时期一直到 1696 年因托切塔神父去世"(孟德卫:1994 年,第 34 页)。
② 见本书第 5 页。
③ 参见:"含义和形式即不是在真空中产生的,也无法输入到真空中。本地语义场已经在那里了而且已经很拥挤了。新来的语汇被不同程度地吸收和安排,从完全变成本地语言的一部分,即成为文化历史赋予它们的处于语言核心处的那种归家感,如路德的德语圣经或诺斯的普鲁塔克,一直到某些作品永恒的怪异性和边缘化,如纳布科夫的'英语'《奥涅金》。但是无论什么程度的'自然化',引进某种语言会潜在地给本地语言结构带来混乱或引起重组"(斯坦纳:1992 年,第 314—315 页)。

2. 名字里有什么?

《亚里士多德辩证法概论》前言开始有一段论述了人们如何发现技艺,这一段没有被译成汉语,但它却表达了那个耶稣会士,或更谨慎地说某个耶稣会士对外国文化可能持有的态度。作者是从总体上考察技艺的,因为正像我们将会看到,辩证法作为一门专业的地位以及它和其他技艺领域的关系是些难题:这方面的讨论在西方始于早期希腊哲学,而对中国人来说它所引起的却是方法论上一大堆棘手的新议题。

西方在记述文献中有一种受人尊崇的被称作"最先发现者"的惯例,人们总是要给从烹饪到哲学的各种文化产品找到它们的发明者,这些发明者可以是人或神,传说的或(半)历史的。① 由于希腊人最早运用这一体裁,所以希腊人的名字占据了大部分的古代"最先发现者"名单也不足为奇了。但受到文艺复兴流行的"野蛮智者"观念的影响,高因盘利的诠释者不再采用这类偏见。虽然希腊人自诩为承载着"智慧之名,似乎智慧是他们的私产",②巴比伦人很多世纪以前就成就卓著,很多被希腊人当作他们自己的智者实际上是"野蛮人"(不是贬义词,仅只"非希腊人":泰勒斯是腓尼基人,墨丘利来自埃及)。"在这里也像在其他地方,伊壁鸠鲁在胡言乱语,他说除了希腊人,没人会哲学。"③所以没有什么理由比这更充分地告诉人们,用汉语做不好哲学。

然而,续篇则认为没有什么民族,无论是东方的还是西方的,有资格获得文化创新的头衔:"假如我们想对事物作出公正的判断,我们应该声

---

① 由于中国人有类似的惯例(我们可以选取众多例子中的一个:神农,他是农业的发明者),这一段不会因为任何固有的怪异性而不被翻译。《名理探》很多地方的省略似乎是不给任何理由的。
② 《亚里士多德辩证法概论》,第1页。
③ 同上。参见《伊壁鸠鲁顽固地坚持只有希腊人才会进行哲学思维》(亚历山大城的革利兔,《著作汇编》(Stromateis) I. 15。按伊壁鸠鲁的说法,"智者不可能来自每一个体或存在于每一个民族中"(第欧根尼·拉尔修 X. 117。两个文本均见于乌斯纳:1887年,fr. 226)。

明技艺既不是希腊人发现的也不是野蛮人发现的,技艺的起源要远比这些古老和高贵"。① 说人类大家庭的最早成员和作者跟我们一样只获得一个可被称为"裸板"(tabula nuda)的空无一物的灵魂是不恰当的:上帝赋予亚当和夏娃"不仅仅对神圣的事物,而且对人间和自然的事物清晰的认知能力",所以学习之川"出自上帝就如出自原初字模",流经亚当和他的子孙,最终到达地上每个民族。"因此亚述和波斯魔法师、埃及祭司、巴克特里亚巫师,印度婆罗门和裸僧,高卢德鲁伊,希腊智者,拉丁博士等等因他们的知识而获得加倍称颂,他们兴盛一时。"②

很遗憾,中国人在这里被归入无名的"等等"里面。然而犹太人也没有在名单上,这说明像这一类名单本身只是沿用古代惯例,所以上面有同样的人:中国人被排除在外,因为印度和高卢被视作世界真正的边际。但是在这之后的反驳及其回应至少给我们这样的启发:我们自然会拒绝"这种学问几乎是从世界的起源遗传下来的想法"③,因为"最先发现者"这种惯例是如此的根深蒂固,它不大可能完全是假的。答案是由于很多技艺要么严重地受损,要么随着时间的推移而消失,而且由于人的惰性,很多从事技艺修复工作的知名人士被错误地当成了技艺的发明者。④ 例如芝诺被认为是辩证法的创立者,但实际上他只是恢复了这个有着神圣起源的学科,所有亚当的后代都有与生俱来的共同权利获得这一学科。高因盘利的传教士并没有不愿意承认有些附件的改进确是后来真正的发明:"如果我们要谈论那些在这一工作的最后阶段所使用的技艺,众所周知很少有什么后来发现的东西是以前完全不知道的,例如铜版印刷和

---

① 《亚里士多德辩证法概论》,第1页。
② 同上,第2页。
③ 同上。
④ 这一材料的某些部分后来被塞入译文:"初人之艺,非由渐得。天主生而畀之,优美无缺。后裔相传,未免或有不尽,致有断缺。于是乃有多许能士,创新艺以补之。自以为新,而不知其皆原初之所有也。"《名理探》,第10页。

使用火药的装置。"①虽然我们不清楚早期现代欧洲人是否承认从东方借鉴了许多东西,可能有某些不很明确地提到了中国人的地方(尽管我们得承认提到某个后来的时间而不是另一个地方意味着发明而非输入)。高因盘利的读者可能就会以此设想掌握《名理探》可以帮助中国人重新找回属于我们共同继承的人类堕落前完整智慧的部分碎片。假如中国人在知识上有欠缺,那不是因为他们的逻辑能力天生低下,而是由于地理上的偶然因素,芝诺来自埃利亚,而不是鲁国(正像他们不应受到责怪,只因为人们在巴勒斯坦第一次聆听到的福音直到 1600 年后才传到远东)。假如中国人在第一次阅读亚里士多德时感到令人惊讶地耳目一新,那只是因为在中国没有类似的人修补过他们残损的亚当逻辑:当然我们的先人享有纯净的理性学科这样的礼物,因为中国人和我们都是他们的后代,这一点足够使他们相信辩证法训练不是外来强加的。

但《名理探》序以一种极其不同的方式开始:

> 爱知学者,西云斐録琐费亚,乃穷理诸学之总名。译名,则知之嗜。译意,则言知也。古有国王问于大贤人曰,汝深于知,吾夙闻之,不知何称之学为深。对曰,余非能知,惟爱知耳……故不敢用知者之名,而第取爱知为名也。②

这个令人注目的开场白在那个拉丁版里没有对应的文字,但它有可能跟后面的某一段有联系:

> 所以 φιλοσοφία 在希腊语中和拉丁语的"爱智慧"是一个意思,而 Φιλόσοφος 的意思是"爱智慧的人"。人们用它们来定义哲学和哲学家,但它们只是对词语的解释,而不是对主题的定义。因为哲学是和知性而不是意志有关,那些现在被人用毕达哥拉斯发明的这个词称作哲学家的人以前则被称为 σοφοί,即智者。现在被称为

---

① 《亚里士多德辩证法概论》,第 2 页。
② 《名理探》,第 1 页。

φιλοσοφία 的东西以前则叫做 σοφία，即智慧。但是从智慧这个高贵的名字所确切表达的，智慧是对事物的完美认知。当认知以内省的方式来考察一个事物以及它的成因时，它就能被认为是完美。①

不知道一个从前对"哲学"不熟悉的中国学者看到"爱知学"这个表达式会怎么反应。② 至今汉语翻译通常的做法仍是使用这个直译词。特别是读者第一次接触到它时，他们能完全感受到它原本的语义："爱知识的学问"。可是难道这种爱不是所有学问的特征吗？如果我们说任何对原则的考察是"哲学"，也许这样可以使这个词免于让人觉得乏味，因为尽管"理"有很多含义，至少它把"哲学"具体化到某一类对根本原则的考察上。当《名理探》在翻译有名的和很特别的拉丁术语时，它通常采用两种方式：译"名"和译"意"。译名被当成类似于我们所谓的"字面翻译"，而译意则应该是准确地传达原初的意思。然而使用这种双重方式会引起一些麻烦，因为把哲学当作知（或知识）严格地说跟后面提到的轶事所表达的意思不一致："哲学"是不折不扣、确确实实地对尚未拥有知识的嗜好。那么在"哲学"这个名字中不只有理这一点，李，当然还有傅知道吗？③ 第二章的题言强调哲学"这个名字本身拒绝被译为任何外语"，现在这种说法被证实了？如何对待这个问题关涉到是否《名理探》所理解的哲学概念可以提供合理地挑战现存观念的方案。中国历史上确实充满了各种自称是帝国复兴的专家，但缺少的是会威胁到传统思想和习惯的嗜好知识的人，因为这样的人所追问的常常没有答案也没有终结（庄子确实挖规矩的墙脚，但我们无法在任何确定的意义上把他当作嗜好知识的人）。

---

① 《亚里士多德辩证法概论》，第 39 页。《名理探》也包括了这一思想的汉语缩减版（第 16 页）。另一些耶稣会士的论著已经介绍了"philosophia（哲学）"，例如艾儒略在 1623 年的《西学凡》中简短地讨论了西方逻辑。
② 本书末尾的术语表搜集了一些汉译拉丁哲学术语的例子。
③ 原文此处玩"理"和"李（之藻）"间的文字游戏："So is there more in the name 'philosophy' than Li-or, indeed, Furtado-understood?"—译者。

仔细审阅那段拉丁文原文就会发现，如果汉语混淆两种不同的信息，这并不是因为无论是在狭隘的语言学意义上，还是在广泛的文化层面上说"哲学"都明显是无法翻译。把哲学描绘成爱智慧的评语只是对词语的解释，而不是对"主题的定义"，这使人想到中国人对译名和译意的区分，把哲学当作一种完整地认知事物的智慧充分证明"哲学"的意思确实是知。然而《名理探》在开端处省略了当认知以内省的方式来考察一个事物以及它的成因时才是完美的这一细节。它还删除了拉丁文中对从词源学上解释哲学的反驳，即无论愿望的对象是知识还是任何其他东西都只和意志有关，而哲学只属于知性。汉语版在后面的那段与之相应的文字（《名理探》，第 16 页）声明哲学知识是一种病原学，但它还是没有包括针对用愿望来解释哲学的反驳。这意味着，出现在已译信息中的混乱可能有好处：这使得中国读者更容易地把注意力集中在那个轶事上，并仍旧认识到嗜好知识的人爱的是那些并（或还？）没有在他们掌握之中的东西。

这个轶事之所以如此吸引人是因为：其一，无名智者否认他有任何知识使我们认识到知识真正的来源。西方的某些传统把哲学家看作努力获得智慧的人，但同时并不认为这样的知识肯定是永远得不到的。但是那个中国人则说，哲学家无法认识任何东西。这种对认知的否认让我们想起毕达哥拉斯。《亚里士多德辩证法概论》认为毕达哥拉斯把"哲学"（φιλοσοφία）和"哲学家"（φιλόσοφος）加在之前叫作"智慧"（φιλοσοφία）和"智者"（σοφία）的东西上面，但这种做法只是暂时的语言失常而已，它并没有改变具有深层实在性的"完美认知"。这里引述的是第欧根尼·拉尔修（Diogenes Laertius）那个著名的有关毕达哥拉斯对哲学发展贡献的描述。文献编纂者声称第一个用哲学这个术语并称自己为哲学家的人是毕达哥拉斯，因为只有神才是智慧的。但之后哲学（φιλοσοφία）马上被称作"智慧"（φιλοσοφία），而只有学哲学的人才是"哲学家"（D. L. I. 12）。这是不是一个准确的历史事实对我们来说无关紧要，重要的是，它转述了毕达哥拉斯否认自己有智慧并承认这一否认只是暂时性的，但从这里推不出毕达哥拉斯造成了人们对哲学的这个一成不变的理解。①

其二,第欧根尼·拉尔修并没有说毕达哥拉斯在回答国王的问题时候发明了"哲学"这个词。但是在第欧根尼在其他地方讲的另一个轶事中,毕达哥拉斯把生活比作节日庆祝,参加庆祝的人群中,只有最优秀的人才是看客。所以哲学家作为人类中最幸运的是追踪真理出场的人(D. L. VIII. 8。它没有花许多笔墨说明哲学家如何没有知识,哲学家的无知是由他们追踪真理这句话暗示出来的)。另外,这个轶事还提到弗利奥斯的暴君列昂曾问毕达哥拉斯他是谁,毕达哥拉斯用一个比较来回答他。(毕达哥拉斯在 D. L. I. 12 处也和列昂有交谈,但交谈的内容没有具体交待。只有在 VIII. 8 他才被要求说出自己的身份。)但是西塞罗的《图斯库卢姆论辩集》第五卷保留有一个相应,但由赫拉克利德斯·彭提乌斯的权威认可的论述集,它提供了一个问答版本,更接近于我们在《名理探》中发现的那个:"列昂惊叹于毕达哥拉斯的机智和口才,便让他说出什么是他最信得过的技艺。毕达哥拉斯说,从他的角度讲,他不熟悉任何技艺,只是一个哲学家"。②《名理探》似乎把第欧根尼·拉尔修和《图斯库卢姆论辩集》糅合在一起,以此创造出一种独一无二的综合。③

---

① 至少柏拉图思想的某些方面保留了被大规模修改后的毕达哥拉斯学说,并把它传给了后来的哲学传统(当然前提是被认为是毕达哥拉斯的学说确实是毕达哥拉斯的,而不是四世纪的柏拉图主义者赫拉克利德斯·彭提乌斯发明的)。《理想国》475B-C 强调真正的哲学家对各种事物有无法满足的求知欲,当然人只能希望知道还不知道的东西。与毕达哥拉斯关系更密切的《会饮篇》204A—B 告诉我们智者从来不是哲学家,因为哲学家只是希望变得智慧。
② "Cuius ingenium et eloquentiam cum admiratus esset Leon, quaesivisse ex eo qua maxime arteconfideret; at illum artem quidem se scire nullam, sed esse philosophum"(《图斯库卢姆论辩集》第 8 卷)。毕达哥拉斯接下去适时地以生活和节日庆祝的比较来说明"哲学家"是些什么人。
③ 由于汉语的这个轶事没有对应的拉丁语版本,对于它是怎么来的有三种可能性:傅汎济带来第欧根尼或西塞罗的书,或他把两人的书都带了。也许他多少还模模糊糊地记得这些在他上学时候读的书。也许这个故事直接出自另一卷高因盎利[《亚里士多德辩证法概论》第 39 页提到《物理学》评论的序(我还没有机会查看)深入地探讨了哲学的本质]。就目前关于到底哪些西方书籍被带到中国,什么时候到的中国,以及谁可能得到这些书,我们也无法有更多的想法。

西方自己并不缺乏发问的统治者和被问的智者的惯例。但是这类故事的一个典型特点是，那个暴君统治者要么遭到独立不羁的哲学家严词拒绝，要么被后者奚落。(例如锡诺普的第欧根尼让亚历山大大帝难堪的回答。第欧根尼出现在后面几页的《名理探》)。李之藻和傅汎济在《名理探》中编造的那个轶事之所以引人入胜，是在于它和中国文典中的惯例相一致，任何熟读孟子的人都非常熟悉这一惯例：王问于智者。词源学上对"哲学"的分析被部分地本土化了。在此见到他们自己的习俗的中国读者可能会推断西方的"哲学"智者一定也会给接受他们谏言的统治者带来实际的政治上的好处。传统西方哲学在很大程度上确实做过这类许诺，但是相对来说很少有人声称可以直接用辩证法，甚至只用辩证法来为政府服务，亚里士多德主义者肯定不属于这类人。而《名理探》所能提供的只有辩证法。

从"哲学"到哲学家亚里士多德：《名理探》提供给读者一个亚里士多德的简要传记，拉丁版没有对应的部分。

> 亚利名声四讫，菲理薄王延为历山太子之师。王常谓天主以太子赐我，其恩大。又以亚利赐我为太子师，其恩尤大云。历山深感亚利之教，常曰，我爱亚利如我父然，盖父，与我以生，亚利，与我以义理而生也。大日理达者，亚利诞生之乡也。其城遇灾而坏，历山既立为王，为亚利故，新其城，比前更壮。①

这个个人简历会给中国人留下什么印象？亚里士多德与大权在握的统治者之间的良好关系(尽管中国读者很难接受把亚历山大(历山)描述成"世界的征服者")以及他的出生地如何被悉心地重建，很容易被看成是值得尊崇智者的标准画像。而且，如果能让人们在亚历山大身上看

---

① 《名理探》，第1—2页。杜林1957年证明关于斯塔吉拉(大日理达)古城的故事在很多不同的亚里士多德传记中都有，不过我还未发现与这里菲利普(菲理薄)和亚历山大(历山)所说的话完全对应的文字(最接近是普鲁塔克的《亚历山大生平》)。

到一个统一西方的帝王,他们就会把亚里士多德看作比孔子更为成功的人,因为孔子在政治上一辈子都没有什么影响力。① 由于亚历山大对亚里士多德的感激代表着"正义和原则",中国的文人就会相信亚里士多德所宣讲的道德思想肯定更接近于正统的儒家训诫,而非旨在有效掌控权力的冷血法家主张。

> 历山王已得修身理国之教,欲穷万物之性②,遣数人遍游天下,谘访草木禽兽奇怪物类……亚利缘此,益以尽知生者之性,而发明之。亚利常在王所不离。③

对统治者来说,伦理和政治智慧是不可或缺的,但他们还应该潜心于自然科学吗? 由于在中国很多朝代也扶植各类百科全书式的探索,亚历山大赞助下的对异国动植物的研究似乎也不算新鲜事。但是同样道理,动物学和植物学方面的投入不大可能被当作最重要的学术活动。亚里士多德传记反复出现的描写他如何在政治取得的成功和他彻底的经验考察态度可能确实有点不可思议。

> 亚利乃往亚德纳大城而立学焉,居十三年,一国高士皆受其训。④

几乎所有西方的亚里士多德传记都强调他作为"外侨"的不安全地位,外侨被禁止参与所在城邦的政治活动,他们没有公民权,并很容易被作为外邦人而受到攻击。亚里士多德的这些劣势还因为他与马其顿统治者的亲密关系而变得更加突出了。几乎所有传记都引他那段被认为在雅典抗暴时说的话,即他认为出于谨慎起见,有必要撤离雅典城"而不

---

① 中国读者马上还会读到"后王更欲大惠其教于四方,乃听亚利阐教于外"(《名理探》,第2页。事实上在西方尽人皆知,无数政治家出自亚里士多德的吕刻昂学园。)
② 参见老普林尼的《自然史》第44卷。其中提到亚历山大"欲知动物之性",遂遣人四处搜集动物。
③ 《名理探》,第2页。
④ 同上。

能让雅典人对哲学犯第二次罪"(让他们像弄死苏格拉底那样把他弄死)。如此令人不快的东西是不能被译成汉语的。实际上,亚里士多德的吕刻昂学园是一座私人机构,它是官方许可的,但从未获得官方的支持。"一国高士皆受其训"这种说法给人的印象是,亚里士多德主持官方高等教育,而他本人毫无疑问地享有受人尊敬的职位;中国的读者可能永远无法想象在古代西方有无数的政治实体,它们小心翼翼地维护着自己的自主性,拒绝将公民权授予外人。虽然李之藻和傅汎际可能意识到很有必要培养读者这方面的理解能力,但他们毕竟不是在翻译亚里士多德的《政治学》(他们的同行高一志(Alfonso Vagnoni)在翻译此书;耶稣会士雄心勃勃的计划是翻译全部高因盘利典籍)。所以有理由相信中国译者和他可能的读者只能用遥远的类比来理解塑造了传统西方哲学历史的"公民"概念(这倒不是说我们应该信心十足地假定一个十七世纪的耶稣会士在"公民权"所带来的最初震荡中存活下来)。亚里士多德由一个犹疑的外来知识分子被改造成了一个成功的学者官员的楷模。

    后欲更穷宇内名理,远旨耦百亚岛,及嘉尔际德城,复居数年。耦利波海潮,昼夜进退七次。① 亚利欲究其故,禅力穷思,经年不倦。老而有疾,且亟,犹恳切祈于造物主曰:"万所以然之最初所以然,幸怜而启我",乃卒。②

《名理探》把亚里士多德迁离雅典归结为他对自然现象无法抵抗的好奇心。好几个西方人写的传记证实了亚里士多德对尤里普斯潮汐强

---

① 亚里士多德自己没有给确切的数字,但他清楚说道潮汐会更改方向(《天象论》II. 8, 366a23)。《尼各马可伦理学》IX. 6, 1167b6—7 表明尤里普斯(耦利波)海峡因其多变的潮汐而为人所知.
② 《名理探》,第2页。

烈兴趣的传说,①但他们也提到了他痛苦的死亡,并常声称是他自己故意造成的,因为他没能成功地找到问题的答案。② 汉语版③没有完全排除亚里士多德一直在试图解决潮汐之谜这种可能性,但它也没有告诉我们这种解释就一定是对的。我们很难想象一个临死的时候还向上帝恳求赐给他"第一因"的人会完全沉湎于对尤里普斯潮汐的研究之中。也许我们可以这样设想,尽管亚里士多德花费大量时间从事潮汐研究,他还是没有得到满意的答案。这一失败是他最终认识到他自己在智力上的局限性,因此他采取了极端方式,将自己交给神以获得启示。④

　　实际上,亚里士多德的神,即第一推动者,既不是造物主也不是人可以通过祈祷向他求助的超自然存在,即使是为了得到哲学启示。(不过

---

① 集于杜林:1957 年第 48 部分(《希腊化时期的造假》)。参见克罗斯特的《亚里士多德自杀之谜》一章:"叙记亚里士多德生平之二(II Vita Aristotelis Syriaca)认为'亚里士多德撤离到优卑亚岛上的哈尔基斯城,在生命的最后时期观察尤里普斯潮汐之涨落'。阿尔穆巴希尔(Al-Mubashir)的《阿记亚里士多德生平》(Vita Aristotelis Arabica)有与此相似的说法:亚里士多德'撤离至哈尔基季基半岛[应是哈尔基斯]……是为了研究临近优卑亚岛的尤里普斯海湾[应是海峡]的潮汐涨落,并写一部关于这种现象的书。'当然完全有可能在他生命的最后一年,也就是他 61 或 62 岁的时候,亚里士多德仍对科学研究和探索怀有兴趣并忙于这些活动……但是,这些描述中让人不安因为,这一传统被认为是在亚里士多德去世前所作尤里普斯海潮研究的基础上形成的,但在亚里士多德死后很久才有这一传统,久到足够说明这一描述为希腊化时的造假"(克罗斯特:1973 年,第 177—8 页)。
② 见杜林:1957 年,第 347 页。克罗斯特写道:"这个描述虽然不是无容置疑,它记录了亚里士多德无法解决这个问题,由于失败而极度伤心,他要么是自杀的,要么死于'伤心'"克罗斯特:1973,第 178 页;他引述了殉道士游斯丁(Justin Martyr)的《敦促希腊人》(Cohortatio ad Graecos 34B,米涅版第 6 卷 305),圣额我略纳齐安(Gregory of Nazianzus)的《演说集》(Oratio IV.72,米涅版第 35 卷 597)和普罗柯比(Procopius)第 8 卷 6.20。他的结论非常有启发:"应该记住的是,希腊传统充满了关于各种智者和哲学家的故事,他们要么身体衰败,要么在经历了某些无法承受的个人痛苦之后而自杀"(第 178 页)。
③ "经年不倦,老而有疾"。
④ 在一些西方人写的传记中,亚里士多德带着巨大的失望投海自尽:"中世纪的作者似乎知道在尤里普斯葬身大海时呼叫:'quia non possum capere te, capias me'('既然我不能得到你,你来取我'),或' quonium Aristoteles Euripum minime cepit, Aristotelem Euripus habeat'('既然亚里士多德在研究 Euripus 潮汐上彻底失败了,那就让 Euripus 得到他吧')。这表明所谓的亚里士多德自杀的故事一直流传到中世纪"(克罗斯特:1973 年,第 386 页,注 8)。那段祷文有可能像冒犯我本人的感受那样冒犯中国人的感受。这个我没在其他地方碰到过。它明显是一个在那个标准的尤里普斯轶事上的奇怪变形,但是我不好肯定它是否起源于中世纪众多亚历山大传奇中的一个,叙述他老师的一段生平,还是李之藻和傅汎济编造的。

人们确实可以向新柏拉图主义的太一和向太心祈祷。这就是为什么基督教在吸收亚里士多德的时候需要新柏拉图主义的帮助。)所以这个最后的轶事呈现给中国人的亚里士多德,即亚利,是一个圣徒般的、准基督教的法师(magus),不过他同时具有举世无双的分析才能:

> 物物之性,性性之理,无不备解。其设教,必务透明义理。有不明难解者,侍高才好学之士与习焉。其钝且惰者,令专他业,不欲其枉消时日也。①

亚里士多德的思想深刻,但其"透明性"又使其很好理解。那为什么我们还需要优秀注解学者? 在这一点上,和原文作某种对照会说明很多问题。拉丁版明确承认亚里士多德是一个极其晦涩的作者,但强调其著作之难以理解是他故意为之。他作这样的掩饰是出于一些以前常见的理由,即以此来维护哲学的神秘性而免遭庸人的轻蔑和蠢人的掺和(这多少反映在汉语亚里士多德,即亚利对"其钝且惰者"拒斥?)。"所以他仿效希波克拉底而采用口语式的精简风格"。② 高因盘利卷本有如下很有新意但缺乏根据的说法:"有时他也谈到,争论的内容越是晦涩就越是难以展开,因为人们很难弄清楚真理到底在哪一边,即使有充分才智的人也会在混乱的语词中理清自己的思路"。③ 令东方人不可思议的是,亚里士多德不光想知道潮汐的成因,还要寻找"为什么事物是其所是的第一因"。也许汉译版在此仅仅由于不经意而语焉不详,或者也许和那个拉丁版不同,《名理探》在此要直接转入对辩证法主题的讨论,所以它决定不提故意晦涩后面的执着动机,这样就避免亚里士多德的写作实践和他倡导明晰论述的理论之间的不一致:

> 亚利因人识力有限,首作此书,引人开通明悟。辩是与非,辟诸

---

① 《名理探》,第 2 页。
② 《亚里士多德辩证法概论》,第 7 页。
③ 同上,第 7—8 页。

谜谬,以归一真之路,名曰络日伽,此云推论名理,大旨在于推通。①

我把"是"译为"right/true"("对/真"),把"非"译为"wrong/false"("错/假"),以使英语读者意识到这两个非常普通的汉字可以包含着两种意思。伦理的含义是最常用的,但选择哪个含义常常不容易,甚至会引起麻烦。当然上下文经常可以帮助确定应该选择哪个含义。人们可能会想,用在马上开始的区别于"伦理"的"逻辑"论辩中,无疑"是"应该完全等同于"真"(true),而"非"完全等同于"假"(false)。确实逻辑主要关涉推论的定义可以支持这种想法,因为从亚里士多德时代起形式逻辑的"远大"目标就是要分离出那些从真的前提总是导向真的结论,而永不导向假的结论的推理型式。传统逻辑还具体规定,辩证论者研究的推论应通过推出新的真实结论来为知识的积累做出贡献:辩证法提供给我们"根据已知认知未知"的根据。②

然而我们不应对此过于乐观,因为它忽略了刚刚打开此书的中国读者在序的开端处碰到这段话时会对这类提示还完全不知所云。我把"推论"和"推通"分别译为"inferential discussion"("推理论述")和"inferential progression"("推理进展"),因为它们正是这两个词在《名理探》中的意思,而且因为李之藻和傅汎济从头至尾都用它们来翻译 *illatio* 和其他意为"inference"("推理")的拉丁术语。不过中国辩证法的新手只有读完了整本书以后才会对这一用法有所明白。现在他肯定会设想西方的智者亚利和中国历史上的重要人物一样,区分"是"与"非",从而使人们(再次)走"对"路:这样的拯救怎么可能只靠理性?"一真之路"这一高傲之语宣扬的是一个极其中国化的回归古风的思想(尽管它是与一个极其非中国化的思想结合在一起,即这种更正必须在天主教的信仰中实现):不像我们能马上对那个平淡的"名曰络日伽"("这就叫作

---

① 《名理探》,第 2 页。译者注:Logica("络日伽"今译"逻辑",参见书后术语对照表。
② 《亚里士多德辩证法概论》,第 17 页。

逻辑")解释吃惊,敏锐的中国读者也得到后来才感受到。

3. 论辩、分辨、推论

由于序旨在告诉我们辩证法在整个科学体系中的重要性,它接着试图证明逻辑作为一种工具性的技艺担任着独一无二的角色。首先,"技艺"本身就是一个需要技艺来运用的术语,它被定义为:"艺也者,括有多许习熟。其所向,必真,必一,必致益于人者也"。① 要对此定义作评价,我们得先考察一下有些未译的拉丁术语。其一,"括有多许习熟"翻译的是"是许多理解的集合","理解"被扩展为"不犯错误的智力习性"。② 其二,"必一"来自"de una re",即"同一事物的",它的意思是真正的技艺决不是习性或命题的偶然杂凑,而必须从技艺的学习或运用领域的客观统一性中获得可靠性。③ 其三,"必致益于人者也"翻译的是"具有对生活有用的目的"。拉丁版提供了两种解释。第一种解释是,像魔术那样有害的技艺应当受到排斥,④第二种解释要重要得多:我们应该以一种宽泛的意义上理解这一短语,即包容那些开始时被认为可能是无用的纯粹思辨科学。⑤ 但是,"在某种恰当和特殊的意义上把好的技艺称作有用并不荒谬。好的技艺来自思辨科学,它是心灵的完美,使人免于错误和无知"。⑥ 所以汉译版谈到,那些介绍给中国人的东西是有用的,而原文则小心翼翼回避了这类有用性的说法。如果我们记得《名理探》是为其《范畴篇》提供的一个导言,它的"益于人"不具有实践意义,缺乏限定性说明就尤其值得一提。耶稣会士、基督教文人和中国读者会不会过于匆忙地设

---

① 《名理探》,第 3 页,对应于《亚里士多德辩证法概论》,第 11 页。
② 《亚里士多德辩证法概论》,第 12 页。着重号为作者所加。
③ 同上,第 12—13 页。
④ 同上,第 13 页。
⑤ 同上,第 11—12 页。
⑥ 同上,第 12 页。

想,不管他们的其他词汇有多么的不同,至少他们拥有完全一致的普适的统一概念?

技艺可以根据它们的主题内容,而分为涉及实存客体或状态的和涉及言语本身的,后者又细分为语法、修辞和"辨/辩的技艺:在西方此谓'逻辑'"①"辨"的意思是"区分、分开、显示不同之处"("to tell apart, to distinguish, to discriminate"),它和"辩"是同源,后者的意思是"论证"、"争论"("to argue, to dispute")。我根据不同情况对它们的翻译做了调整,因为虽然在《名理探》中出现的是区分意义的"辨",但这两个汉字常常可以互换,所以在逻辑翻译中,我们不该随意放弃有论证意义的"辩"。②

就像在前面那个例子中那样,这里也有一个很有意味的省略。拉丁版将言语的技艺进一步分为"外部的,我们靠它来和别人交谈,传达心灵的感受,和内部的,心灵通过它来自我推论"。③ 由于缺了这段,中国人便无法知道西方始于柏拉图而普遍流传的观点,即思想是内部无声的言说。④ 这一省略掩盖了这样一个事实:逻辑不光用于人际讨论,也用于私下的理性思维。不过,也许对区分性"辨"和论争性的"辩"之间的含义分

---

① 三曰辨艺,西云络日伽[logica](《名理探》,第6页)。这个《名理探》提供的复杂的知识分类至少部分在艾儒略1623年的《西学凡》中就有了。哲学以下的辩证门类被称为明辩之道。见卢克:1997年中对《西学凡》有价值的研究。
② 我评论了在原文和翻译之间记录在案的有意义的差别:《亚里士多德辩证法概论》中大量的公式比汉语相应的近似翻译要更加直截了当(见本书第84—85页)。杨廷筠在他为艾儒略的《西学凡》写的序中叙述了他对西方学术着重"辩"和"驳"的思考,认为"中国人偏爱奉承之言,把驳看成一种羞辱或极其难为之事,而西方人互相辩驳是常事,不喜欢盲目或无声地接受别人的观点"。参见梁芸抠为高一志1636年的《斐录答汇》(*Philosophical Compendium*)的序:"远西各国的教育体系分为六个学科,其中一个是理的学科,或哲学(哲学在这里是音译)……很多学者聚在一起对各种谜团和疑问互相拷问,依靠细致而系统的方式得出证明。只有那些比朱芸还坦率,比戴憼还能说会道的人才能担任官职"。这些有趣的引文摘自尼古拉斯·施丹达尔特在1998年4月"欧洲在中国(之三)"学术会议上宣读的未发表论文《科学分类和耶稣会士在中国的传教》。
③《亚里士多德辩证法概论》,第16—17页。
④ 很久以后的《名理探》也说:"名理探,则务明内语"(第28页),但它没有解释什么是"内语"。

析有助于我们的理解。中国人可能不难意识到《论题篇》和《辩谬篇》提供的是言说的技艺(不管技艺有多么难以掌握或难以接受)。但是如果《工具论》没有全部译成汉语的话,《序论》和《范畴篇》中涉及的言谈与"逻辑"的联系就会基本上被掩盖了。① 不过如果在阅读《名理探》时人们主要以论证式的区分来理解,他们就不会失望。把《范畴篇》放在传统恢弘的形而上学分类表中,它肯定被当作是提供一种获得某些神秘技巧的法则汇总,这些神秘技巧包括使能人分辨和表达世界的结构:那个区分性"辨"表达的就是这个思想。各种对技术学科的解释有起源上的、教学上的、评价上的次序安排。这倒不是说从认知意义上来分类在中国不为人知,当然这些分类基本上仅限于(总是以隐含而非明确标示的规范方式)制作书目,如把书分为经典,历史,哲学著作等等。但是这种分类方法会使中国人觉得非常不快。

> 亚悟斯丁纪云,谭艺最先,史艺次之。人心之灵,既觉艺为妙用,又觉非有明辨之法,②难免差谬,乃始创定辨是非之道。因务修其词章,遂成文艺、诗艺,进而渐通天文诸学焉。③

拉丁版中完整的认知过程是:最基础的识字、语法、(尚未受到演说影响的)历史、辩证法、修辞、诗歌,以及最后的(传统意义上的包括天文学的)数学。这一序列有一定的道理,因为前面的那些阶段为后面的作准备。有些(例如识字和语法)是相对简单的要求,当中的辩证法("学科的学科")是普遍适用和必备的。如果不考虑别的因素,后面阶段的学习意味着更大的难度,也许更有价值。所以即使是全面精心整理过的历史处于相当高级的修辞学之后,它还是被安排在最高阶段的数学之前这一

---

① 当然我并不想说《范畴篇》实际上是统一的辩证法教学课程的第一部分。就像我已经表达过的那样,这只是《亚里士多德辩证法概论》的看法。
② 稍后用"明辨"来翻译 inference,相当于"推论"。《名理探》,第 13 页。
③ 《名理探》,第 10 页,对应于《亚里士多德辩证法概论》,第 21—22 页。译者注:"亚悟斯丁"今译"奥古斯丁",参见书后术语对照表。

点,说明了这是一种和中国人普遍接受的观点非常不同的评价学术类型的思想体系。

就教学的次序而言,一旦语言的规范要求被确定下来,"没有什么比探究名理更优先"("莫先名理")。当然这本书叫《名理探》,意思就是"辩证法"。① 但是只有当我们读到关于高低贵贱的安排时,中国式的预设才被彻底地摧毁了:

> 如比克己齐治之功,则名理为更贵,其故有二。一,从各所向之界而论,盖修身治世所向,在制诸德之作用,属于爱欲。而名理推之所向,在制诸学之作用,属于明悟。而明悟之德,其纯且神。过于爱欲,则名理岂不贵于以上三学乎? 二,从所循之规而论,名理推之本务,在辨明悟所推或有之谬。故其辨论,皆明显而确定者。若修身治世之学,其务惟在习俗风化。一切当然之事,而不暇推究于其所以然者,夫推究义理,而明显其所以然。固贵于徒遁事迹,而不究其义利之原者,则名理推,必贵于修身治世之学矣。②

是否接受把辩证法置于伦理和政治之上,取决于是否认可那种中国人完全陌生的精神官能的等级制。造就这种官能心理学从根本上讲,是和亚里士多德把沉思型的生活看得比实践型的生活要高的态度有关。③ 很早(如公元前 4 世纪的杨朱)以来,中国的很多思想家就宣传,为了自己或公众的福祉(有时说同时为了二者)的目的,我们应远离公共事务。但是他们这样做的原因是,独处的生活可以更好地修身养性,这与亚里士多德那种完美而不受羁绊的直观理论真理的想法毫无关系。把辩证法当作高于一切的观点与儒家对公共事务的热衷相冲突,而且也实在无

---

① "辩证法这个名字指的是讨论之技艺的全部"(《亚里士多德辩证法概论》,第 27 页);告诉中国人这个阶段是学习语言的法则正确地反映了高因盘利所理解的广义的辩证法。
② 《名理探》,第 12 页。对应于《亚里士多德辩证法概论》,第 24—25 页。
③ 《尼各马可伦理学》,第 10 卷。要把亚里士多德的思想解释得前后一致并不容易,但毫无疑问他确实把理论活动看得比实践活动要高一些。

法和中国本土的寂静主义态度相结合:这里的论证引用的是一种赋予非物质存在①以更高价值的经院标准,而这种标准除了有相当资历的基督教信徒,人们会感到极其陌生。

辩证法被当作高于一切的第二个理由是,它是形式化的和方法论的。"所有它起分别作用的讨论具有鲜明的确定性"这一担保过于轻松地假定,逻辑可以起着精确推论规范的功能,可是凭什么独立的标准我们可以评判提供推论规则的逻辑推论本身呢?但是它在这里并没有比拉丁版更多的循环论证。这样汉语版脱离了原文,在于它可能夸大了对伦理学的贬低。在拉丁版中,问题的讨论集中在辩证法如何实现证明,而伦理科学"较少"关注以真理为目标的证明。② 这一立场并不意味着伦理学只是关于"公共习俗"或它对现实的关注不允许探索"为什么":相反,那些被(部分地)证实的道德法则没有被严格地证明,通常至关重要的是一个对的行为的实施,而不是决定"这个行为是对的"的判断是真的。汉语版"仅仅对典范的效仿"无法表达拉丁版所谓的"道德科学",因为这类效仿从西方的角度来看,多少是缺乏推理和不具理论性。是李之藻和傅汎济故意缓和了有论争性的文字?这里的"修身"和"治世"并不是用作相当于西方的实用科学"伦理学"和"政治学":相反,我们应该理解中国人"修身"和"治世"的行为,不过它们和新的《名理探》相比没有太多的价值。

> 名理之论,凡属两可者,西云第亚勒第加。凡属明确,不得不然者,西云络日伽。穷理者,兼用此名,以成推论之总艺云。依次释,络日伽,为名理探。即循所已明,推而通诸未明之辨也。③

这里的汉语译文对原文进行了大规模的缩减,从而造成清晰度的损

---

① 参见:"理解力的运作比起意志的运作要更单纯也更不具有物质性"(《亚里士多德辩证法概论》,第24页。参见《名理探》,第16页)。
② 《亚里士多德辩证法概论》,第24—25页。
③ 《名理探》,第13页。

害。拉丁版称,许多人把"辩证法"只和《论题篇》中讨论的或然推论相关,而"逻辑"只和《后分析篇》中的必然性证明相关。但《亚里士多德辩证法概论》最终认可,在意指为推论交谈提供标准的技艺整体时,这两个术语在使用上是可以互换的。① 这里值得注意的是,拉丁版包括的是全部的《工具论》,所以读者可以选择这样的理解,至少一旦在他们熟悉了其中的这些著作后,因为他们所了解的是命题和三段论的构成,以及如何把它们分成或然的和必然的。(如果现代读者认为这是无事生非的迂腐之举,他们应该记住,和这些术语上的区别紧密相关的绝对不是鸡毛蒜皮的问题:即或然推论是否应被认作"正当",尽管它是非证明性的。)

所有这些都隐藏在汉语版那最初的三个句子后面。《亚里士多德辩证法概论》认为,出于权威的支持和词源学分析的理由,应该全面接受"辩证法"和"逻辑"的用法。所以并不奇怪,李之藻和傅汎济决定删除这个论述,但是当我们读到第三个句子的时候,这一删减造成的效果变得非常明显。首先,因为没有读《分析篇》,中国读者就没有必需的背景知识去理解偶然和必然命题之间在形式上的区别,以及亚里士多德主义者认为的由这一区别带来的认识论后果:只有被有效证明了、并恰当地组织起来的必然命题,才构成真正意义上能被人"认知"的科学。② 可能是作为权宜之计,没有这一关键信息的可怜中国读者只能模糊地假定这里所说的模态上的区别多少跟"命"有点关系。其次,如果中国人所能得到是《序论》和名为《名理探》的《范畴篇》,并听说这就是"逻辑",他们就自然会猜想接着的部分就会全面介绍西方的推论技艺。但是实际上根据某一传统的解释,《范畴篇》所描述的是一个形而上学的模式,项的模式只是从这个形而上学模式衍生而来的补充性模式。项是命题的基本成分,不同命题的结合构成推论。所以"即循所已明,推而通诸未明之辨

---

① 《亚里士多德辩证法概论》,第 25—27 页。
② 亚里士多德本人和他后来的追随者对证明条件的说明比这要复杂得多,读者需以巴恩斯版的《后分析篇》为指导。

也"这一说法具有严重的误导性,因为它意味着《名理探》包括整个逻辑教程,而不是这一教程的第一部分。

> 名理探之向,有近远二界焉。设明辨之规,是近向界,循已设之规,而推演诸论,是远向界。①

这段文字可能对中国人如何评价"辩证法"造成巨大的影响。所谓"近向界"听起来像"正名",尽管这些新的"逻辑"标准涉及推论,而非正名传统所理解的语义问题。而对"远向界"的具体界定可能表明,"逻辑"实际上或应该被所有言谈采纳,正像当正名完成后,我们不再容忍在任何言谈中出现新的词语物之间的不对等。所以本土语言中所能找到的与名理探最接近的类比,在声言其相关性时是显得恰如其分地信心十足和恰如其分地按部就班。但是,那个已被引用过的段落在回答逻辑是否应该是哲学的一部分这一问题时所说的要远具有实质性的内容:

> 译义,则言探取凡物之所以然。开人洞明物理之识也,推知。凡就所以然处,推寻确义,贯彻物理,皆为爱知学之属分。名理探正就所以然处,阐明确论,以通诸万推辨之规者。②

与我们已经分析过的选自《名理探》开端处的段落不同,在这里,"哲学"不是被描述成简单的"知",而是源自对"所以然"认知的智慧。《名理探》是哲学研究本身的一部分,因为它探索推论的标准,即规定为什么哲学在"通物物之性,性性之理"③时分辨各种事物的原因。也就是说,如果我们读了拉丁文的原文并明白它所说的,我们可以把汉译版的意思理解为,逻辑是自我反思的工具,它使哲学家,即那些嗜好寻求原因的人知道为什么要寻求原因,以及如何成功地实现这一目的。值得追问的是,在

---

① 《名理探》,第13页。
② 《名理探》,第16页。
③ 同上。

还没有理解逻辑与哲学的关系之前,我们是否能够以这种方式阅读汉语版。

稍后的一段详细地解释了到底为什么说辩证法的主题是推论性的言说。推论有三种模式:"解释"(定义)、"剖析"(分析)、"推论"(狭义上的推论)。这三种模式对应于三种"可以被认知的事物":"内之义理"(内在的含义和原则)、"全中之各分"(整体与部分的构成)、"情"(情感)或"依"(偶性)。① 所以辩证法所研究的是推论准则,即在所谓的定义,分析和狭义的推理,或是这些准则的组成部分,命题("题论")和项("合限",字面意思是"结合的边限")②,或和推论准则有关的东西,如《序论》中的五种谓词("五称")和《范畴篇》中的十个范畴("十论")。③ 这是我们碰到的第一个涉及到题为《十论》的书可能跟所描述的"逻辑"有关的神妙莫测的暗示。《十论》是中国读者唯一有机会仔细研读的亚里士多德著作,但他们在试图理解这一连串的无法参透的专业术语时得不到任何帮助,似乎分析性的定义或本质属性和偶然属性差别已经清晰到用不着解释的地步。当然,这就是第二章引言所给我们的警告,④《亚里士多德辩证法概论》并不是一本给现代专业以外的读者看的,显然《名理探》也部分如此,不过话说回来,也许在西方的专家的指导下,圈外的人也能读懂。有能力阅读这部分的中国读者应该已经对经院哲学有相当多的了解。

最后,《名理探》解释了逻辑在消除谬误时所具有的局限性。⑤ 问题来了:⑥如果辩证法是为了消除认知上的错误,而这些错误不仅出现在推

---

① 《名理探》,第 27 页。对应于《亚里士多德辩证法概论》,第 54 页。
② "合限"("结合的边限")听起来太过怪异,但要知道"öpos"或"term"("项")确实有边限的意思,所以这里的译法是相当准确的。
③ 《名理探》,第 27 页。对应于《亚里士多德辩证法概论》,第 54 页。
④ 见本书第 86 页。
⑤ 《名理探》,第 28 页。对应于《亚里士多德辩证法概论》,第 55—56 页。
⑥ 比较"oppones/respondetur"("你将反驳/我们回应")和"或曰"("有人说")。

论中,也出现在简单的理解(直通)或分析(断通)中,它们也应该属于逻辑处理的对象。对此我们可以强调,辩证法只限于查找推论中的错误。正如利玛窦《天主实义》中的西方文人说的,天神的智力比我们的要高,在于他们对真理的把握是直接的和非推论性的。① 人类在从一个想法进展到另一个想法时很容易犯错,所以,如果"穷理之儒"能尽他们全力帮我们接近天神的状态,他们必须致力于错误频发的推论,这就是逻辑的由来。"总之,人之明悟,其于直通断通,间或有谬。然而治其谬者,自有本论,而不在于名理探。"②这对所有传统西方辩证法的学生来说都不是陌生的说法。逻辑是用来排除我们在推论时所用的各种谬误型式,它并不能像变魔术似地保证任何推论中的命题为真(即论辩不仅是有效的,还是健全的)。发现并排除假命题不是逻辑学家的专长,而是我们大家,尤其是各种"本论"中的专家的事。逻辑帮助我们避免推论错误从而保持由经验得到的真实判断,但凭借它本身逻辑并不能产生新的真实判断。③ 这个有决定意义的局限性在这个陌生的文化背景上会产生什么效果呢?要理解这一点,我们首先得理解健全推论的正式定义,即通过有效的推理规则,从已知真判断得到先前未知的真判断。中国人尚未接触到的《前分析篇》阐述了由亚里士多德最先尝试建立、部分成功的推论理论。④ 当然,这绝不是说,无论是东方人还是西方人必须在亚里士多德那里才能学会如何推理(这也是儒家耶稣会士们的观点,因为他们相信包

---

① 见梅力斯:1994年,第81页。
②《名理探》,第28页。从上下文看,"本论"指的是像形而上学那样的有实质内容的学科,它不同于逻辑这种形式化学科。
③《名理探》指出:"惟是直断二通,或与推通之用相关,则亦并为名理探之所该者。"(第28页)
④《论题篇》也定义了何为健全推论,并提供了大量使我们能把好的推论和坏的推论区别开来的帮助。如果我们记得有些西方评者把《范畴篇》理解为完全是《论题篇》的导言,并更愿意用另一个题目《先论题篇》来称呼《范畴篇》,这一资源潜在的意义会变得更加明显。当然,人们一开始就不大喜欢这种解释,但它表明在没有读到《前分析篇》的情况下,我们可以得到多少逻辑方面的内容。这并不是说,在没有汉语版《论题篇》的情况下,我们肯定会改变我们的结论。

括辩证法的所有技艺是通过亚当从上帝而来)。我们所有的人都会推理并实际上每天进行推理,尽管我们这些推理或多或少欠完善,也没有对理性规范做明确的、有理论性的思考。但我们仍然有理由怀疑,由于缺乏一种有效的形式化逻辑的传统,中国读者是否真能理解这个基本理念所具有的全部含义:演绎的有效性和实质性真理之间的区别,可以显示逻辑是如何把我们带到演绎的有效性和实质性真理之间的区别,可以显示逻辑如何使我们更加接近天使的无误状态。

4. 逻辑的必要性

到此为止,中国人可能对"逻辑"所宣称的各种特点感到非常困惑。逻辑具有头等重要性这种西方观念是否有任何道理?除了这一关键的问题外,到底为什么要如此强调逻辑的重要性呢?从某一方面来看,很多我们曾考虑过的倾向鲜明的言论似乎暗示,要使论辩稳步前进、讨论具有清晰度,我们必须首先得拥有造成稳步前进和清晰度的条件。由于运用辩证法的能力是后面像修辞那样的学习所必不可少的,没有经过辩证法训练的人就肯定无法以言说和写作来说服他人。但从另一方面来说,当演绎有效性这一明确概念自身是具有挑战性的新事物,把逻辑局限于发现和消除形式无效性,似乎会削弱逻辑是基本学科这一论点的说服力。而且,尽管这当然跟翻译无关,中国文人可能把这一论点看作是对他们本土的学术传统刻骨而怪诞的侮辱:因为这里明显让人难堪的是,由于没有掌握逻辑,中国人无法清楚地思维,有效地论理,或书写地道的历史或诗词。

绪论最后一部分对那些深感困惑或也许还有点怒气冲冲的中国人来说可能有些帮助,虽然不见得能让他们满意。这部分的标题《欲通诸学须知名理探》①似乎在表达一种最不妥协的立场,但实际上这里所讲的

---

① 《名理探》,第32页。

必要性,甚至名理探本身的意思都已经大大地柔化了西方式的观点,尽管还没有达到中国人能欣然接受的地步。

首先,这里作了一些基本的技术层面的区分。绝对必然性(直然之须,如上帝存在的必然性)应该与有前提必然性(既然之须)区别开来。有前提必然性是指,对某个东西或状态的存在而言,其原因是必然的。有前提必然性又分为动力因果关系的有前提必然性(作所以然,如太阳必然造成白昼)和目的因果关系的有前提必然性(为所以然,如要过河必须得坐船)。目的因果关系的有前提必然性又分为达到可见的目的的必然条件(如,如果想活下去,人必须进食)和那些对达到目的而言并非必然,但可以使之更加容易的条件(如,虽然人可以步行去一个地方,但坐着马车去会快得多和舒服得多)。① 《名理探》还告诉我们,辩证法也需划分为自然的和人为的两大类:"一,是性成之名理探,乃不学而自有之推论。一,是学成之名理探,乃待学而后成之推论也"。② 我们所关心的是学成之名理探。

在作了这些区分之后,我们最终要处理的问题就变得很清晰了:当我们问学成之名理探是否是所有学科必不可少的,我们所关注的是目的因果关系的有前提必然性。即如果一个学者希图精熟任何一门学科,为了达到这一目标,他必须首先成为辩证法家吗?辩证法是在诸如历史或数学这样的领域取得成功不可或缺的先决条件,还是打好逻辑基础仅仅可以使人获得成功更容易和更有保证?

对此问题的回答是,虽然辩证法的技巧不是"欲通他学"绝对的先决条件,它"乃是用明悟于推论,资此便益,免于诸谬之须也"。③ 奥古斯丁(亚吾斯丁)和亚历山大里亚的克莱门(格勒孟)被当作持这一观点的权威而被提到,后者把逻辑比作保护学园的篱笆("学圃之樊")的说法也被

---

① 同上,第33—34页。对应于《亚里士多德辩证法概论》,第62页。
② 同上,第34页。
③ 同上。

译在此。① 中国学术没有运用逻辑的传统,所以就像杂草丛生和未加保护而日渐凋敝的植物园?② 首先,这段文字表明,学成之名理探严格说来并不是学术必须的:"推辨之法,既由明悟所成,则颖悟之士,虽未习于辨法,亦自可以推而得之"。③ 这里关键的是,颖悟之士知道"推辨之法"到底是什么意思。如果颖悟之士没有掌握逻辑,这种说法还是对的吗?能无意识运用这些法则就够了吗?这段文字像是说,人的知性能天然地对每一个学科的界定原则作出直接的和非推论的把握,以这些知识为起点,人们就可以通过推理获得全部专业知识。④ 既然中国声称有大量的"学贯各科的学者",中国读者可能会很高兴地得出结论,《名理探》所表达的思想并不是对他们国家学术的否定。对照这段没有翻译的拉丁原文:"既然讨论的形式是理性本身的发明,它们毫无疑问可以被敏感的知性参透,无论这样的知性多么简陋和稚嫩,"⑤汉语版却没有提到是否学贯各科的能力是有限的。

但是不可否认,为了"便益"的缘故,辩证法肯定是必需的:有了合适

---

① "格勒孟云,明辨之规,女学圃之樊,虽不设樊,亦可滋殖。增之以樊,则滋殖尤便也,名理探之为诸学所须也"(同上)。
② 读过利玛窦和金尼阁的畅销书《基督教远征中国史》(又名《利玛窦中国札记》拉丁版1616年)的欧洲人会认为答案显而易见是肯定的:"中国人所熟悉的唯一高级哲学门类是道德哲学,而在这里他们似乎由于引入错误而不是明悟而使思想陷入晦涩。他们不懂逻辑法规(dialectica),所以在理解伦理科学的基本原则时,没有注意到这门学科中各个部门间内在的协调关系。伦理学对他们来说是一系列含混的箴言和一些在理性之光(natura infundi lumine)指导下得出的推论"(加拉格:1953年,第30页;参见曾昭德对中国辩证法的否定:"他们除了自然理性之光的指示没有其他法则"(曾昭德:1655年,第51页)。这里的参考资料用的还是施丹达尔特未发表的《科学的分类和耶稣会士在中国的传教经历》)。但是,"中国最著名的哲学家是孔夫子。如果我们仔细研究历史上记载的他的言行,我们不得不说,他与那些异教徒哲学家平起平坐,甚至还超过许多异教徒哲学家"(加拉格:1953年,第30页,"multos"在此被误译为"大多数",现已改为"许多")。
③《名理探》,第35页。
④ 在"天然"认知这种描述后面是《后分析篇》中论述的作为公理推导系统的科学模式,这样的模式至少可以说不那么明显地具有"天然性",但在高因盘利的亚里士多德主义者看来,这种模式的天然性是天经地义的。
⑤《亚里士多德辩证法概论》,第63页,作者加着重号。

的工具,任何工匠都会做得更好,而"推辨之规"便是认知的工具。我们需要推论的规则来检验那些在不同科学部门中得出的结论。文中提及亚里士多德本人,因为他把古代哲学家的错误归结为他们对辩证法的无知。也许现在的中国人和亚里士多德之前的希腊人一样处于这种不幸的境地?"度略云,虽极明睿,非习辨规,无以得证确理。而易欺之以理之所无也"。① 这位西方智者没听说过这个人无关紧要的意思是,不管中国人在天然资质上如何优越,如果他们不学习辩证法,他们的学术仍然具有非常可怕的脆弱性。

假设其他一切顺利,中国人凭借什么指望在研究中可以避免无处不在的非逻辑性?对自然和天生的辩证法能力的基本运作做一番分析可以回答这一问题,还可以为通过人为的方式提高我们的逻辑技巧这种想法提供佐证。"亚利白云,有似知也者,而未知其所以知也者,不可谓知者"。② 正如前面已经讲过的,任何知识是对原因的知识,所以要对我们有知识这一点有所知识,我们必须对我们有知识的原因有所知识。

当知识是推论得来的,知道这一知识的原因就等于是确证此推论本身是有效的。所以,"用明悟,若非灵性夙成,先自通晰名理,其于推论,非有真确之规";③所以天然的辩证法能力对获得任何推论知识至关重要。演绎可以被全部实证(详审)或实质实证(照审)。"明悟当推论时,特发一翻作用,再加详定,以断其所推所收者,无疵否也"。④ 在实质实证的过程中,不存在别的知性行为:我们从前提马上得到结论,并注意到这一结论是怎么得出来的。⑤

所以中国人和其他人一样,他们不必等亚里士多德被翻译出来以后

---

① 《名理探》,第35页。(译者注:度略现译图留斯,全名马库斯·图留斯·西塞罗。参见书后术语对照表。)
② 同上。(译者注:亚利白现译大阿尔伯特。参见书后术语对照表。)
③ 同上。
④ 同上,第36页。
⑤ "第就所为然此括义者而照之。后之所收,即从先之所推者而定也"(同上)。

才会用恰当的论辩获得知识,但有认知能力的认知者自然就会验证他们的推理这种说法还可以足够明白但迂回地告诉我们,"辩证法"的正规训练不见得是坏事。因为下面所说的有点让人不快:"而惟熟于推辨之艺者,其照较易"。①我们只要仔细想一下就会明白,对所有进行理性思考的人,"实质"实证而非"全部"实证才是标准的实证法。但是如果中国人还没有"熟于推辨之艺",他们的学者肯定会在他们的工作中面临巨大的困难,而《名理探》则可以把他们从这些困难中解救出来。

如果中国读者在受到这段文字的激发而试图进行有意识的"全部"实证,他为什么不可以采用包含在《名理探》这本书中浩瀚而又细腻的有意识的辩证思考？一个叫翕乐的人兴奋地宣布:"邪学所设之说,虽似有据,习用辨学,悉可破灭,如猛火之焰,尽使归烬耳"。② 而且,还会有更多的收获:"夫明辨之学,不但裨于因性之识,即超性者,亦资焉"③。这里的"超性者"是对"metaphysics"("形而上学")一个绝妙的有词源学意义的直译,因为"metaphysics"的意思就是超越自然的研究。但是因为亚历山大的克雷芒(格勒孟)宣布辩证法(明辨之道)"而使达于超性高远之义也",④辩证法似乎承诺使我们更加接近道,就像所有真正的智慧所做的那样。"况学愈超,则明悟之陷于谬险者愈深"。⑤ 所以这些耶稣会士所提供的是一种特殊启蒙,它同时带有避免谬误的规范。很遗憾,除了"推理艺术"之外没有任何著作得以问世,但是在《名理探十论》中,被诱惑也许还被冒犯了的中国读者会发现一个与任何中国先哲的道完全不同的隐秘观念。

---

① 同上。拉丁版在此处的表达要尖刻得多:涉及逻辑结论的实质判断"是不充分的,除非是那些有经验的和训练有素的人来作这类判断,因为他们完全熟于推辨之艺"(《亚里士多德辩证法概论》,第64页,着重号为作者加addr)。汉语版把那些缺乏辩证法的训练的人(应该包括他们本人)描述成身陷困难之中,但不是彻底的无能。
②《名理探》,第36页。
③ 同上。(译者注:性之识即物理学,超性者即形而上学。参见书后术语对照表)
④ 同上。
⑤ 同上。

到此为止,我们所关注的是传统西方关于逻辑的本质和价值如何在一定程度上通过翻译传达给中国读者的。我多次设想一个名为"中国读者"的人对我们节选的《名理探》段落有什么感想。这显然是一个危险的游戏,尤其当我们无法肯定这位"中国读者"到底是虔诚的教徒,态度中立的文人,激烈的反基督教者,思路不清的独处学生,还是某个导读班的成员。但是假如我们必须领教《名理探》带来的混合着自在随意和异样陌生的矛盾感觉,设想这么一位中国读者则是无法避免的。我们讨论的大部分论点与在广义上理解的翻译效果有关:当某一奇怪的理论以异国的文化习语来表达会是什么样,不管在狭义的语言学意义上翻译的质量如何。现在我们来看《名理探十论》本身,以"引导和限制"为参照来仔细阅读此书肯定能使我们对翻译理论中出现的哲学和语言学问题进行重新思考。但同时我们不能忽略在介绍《名理探》的序这部分所提出的一系列文化间的问题。选取这些段落是根据下列明确的原则:不管这里的文字是否极准确或极不准确地反映了原意,它们都具有内在的哲学和人类学意义,通常尤其是对那些参与相对主义争论或对此有兴趣的人会有所帮助。我在第一章中谈到,对解释赖以存在的丰富背景有敏锐的认知,会对语言相对主义的可信度产生强烈的怀疑。由于第二章基于这样的认知,我们必须时刻记住,接下去的那些翻译的逻辑和本体论的段落不是产生于知识的真空中。因为《名理探》是李之藻和傅汎济合作翻译的,我们必须尽力至少部分地复原那个被看作理所当然的《名理探》的交流背景,这样的看法可能是个人性的、互相约定的、不存在任何争议,也可能带有(没有意识到的)不谐和因素。

5. 有限和无限

正如《名理探》的总序始于对"哲学"作双重翻译,现在对"范畴"也作相同处理:"西言加得我利亚。译名,则称谓。译义,则凡物性上下诸称之位置也"①。说"范畴"的字面意思是称(称谓、谓词)根据的肯定是我们已经提到过的一个事实,即"范畴"在希腊语里就是"称谓"或"称谓方式",所以"范畴"在拉丁语里既可以写成"praedicamenta",也可以写成"categoriae"。但是"译义"就无法把对这十个范畴(十论)的讨论限制在语言学的范围之中,因为范畴在构造全面的分类系统中所起的作用必须超越仅仅是语言理论的领域。不过《十论》似乎处于语言和现实之间,因为它们列出来的并不是事物本身,而是事物的称谓。所以《名理探》提出疑问,题为《十论》一书是否应属于形而上学的问题还是逻辑,因为一方面它解释的是自然(性),②另一方面它提供适合于所有科学门类的理性方法。对这一问题的回答应该是,范畴理论是从不同的角度对形而上学和辩证法作出贡献。辩证法的三个组成部分,直通、合通和推通,是与所有探讨和科学研究(寻知者)相关的:

> 直通者,直透各物之义,所务在位置十论,以剖凡物之直义也。合通者,西言伯利额尔默尼亚,合而断之。其所务,相合成文,以成诸题论者也。推通者,西言,一名亚纳利第加,一名笃此加。务在推究讨论,以成诸辨之规者也。③

《名理探》在这里复述了传统所描述的《工具论》设计,即再现它与心理运作以及语言活动的关联,这为亚里士多德逻辑著作的排列顺序找到根据。"直通"产生意义,即它给我们提供个别的项:通过给范畴赋予正确的含义,《范畴篇》为所有的推理奠定了语义基础。把个别的项以恰当的方式结合起来就形成了命题,而这种结合是由"合通"来完成的。但汉语的描述有点成问题。一个句子或命题应该在这一阶段形成,但虽然我

---

① 《名理探》,第 289 页。
② 这一点似乎早先有关形而上学的说法不一致,在那里形而上学被定义为"超性者",但在这里 "性"是被广义地理解为一般本体论。
③ 《名理探》,290—291 页。对应于《亚里士多德辩证法概论》,第 301—302 页。(译者注:伯利额尔默尼亚现译《解释篇》,亚纳利加现译《分析篇》,笃此加现译《论题篇》。)

们已经见到出现过这种意义上的"题论",①据我所知,"文"不可能有这个意思:②它可能被用来指语言、文学,或者一段文字,但不会指一个句子。无论如何,没有《解释篇》的译文,中国读者完全无法轻易地理解"文"在这里指的是什么,"文"在这里必须包含心理、语言和文本序列的含义。最后,"推通"对已经组织成推理型式的"文"进行汇编,并把有效的推理和无效的推理区分开来。③ 不管中间插入的"合通"阶段有多么难以理解,读者了解到范畴理论对最终掌握论理标准是必不可少的,④而且,"盖其书,分别宗类殊。以具明悟所成能析能解之资。又释各物之性。各性之情。以具诸学推论之理也"。⑤"宗"、"类"、"殊"对中国新读者来说没有"种""属""种差"的含义,《名理探》没有任何地方对这些专业术语作过解释,但提供了足够多的被称为属加种差定义的例子,它们散见于整部书中来提醒细心的学生这一行话是如何在科学和形而上学的分类法中使用的,现在他会意识到《十论》应该对勾勒现实的结构起着至关重要的作用。但是他们真能全部理解吗?《亚里士多德辩证法概论》仅仅宣布"无限之在"将不包括在内,⑥对此主题没有说更多的。

但是《名理探》把这当作是完成一篇对比专题论文的机会,以借此深入而细致地讨论和"有限而受造之有"相对立的"无限而无受造之有"。⑦在第一章,我们讨论了相对主义否认"有"相当于任何印欧语中"being"动词的观点。这一观点的具体理由是,"有"只限于用来作存在量词,像英

---

① 请注意"直义"并不和"题论"那样与前面一个表达项的词"合限"有关。
② 见第一章论葛瑞汉关于后期墨家是在这个意义上使用"辞"的理论。
③ 在这点上,《名理探》用的是论辩的"辩"而非分辨的"辨",但正像我说的,这两个汉字是可以互换的,这里用"辩"是一种随意的做法。
④ 《名理探》,第189页。
⑤ 同上,第291页。(对应于《亚里士多德辩证法概论》,第302页。)
⑥ 《亚里士多德辩证法概论》,第339页。
⑦ 《名理探》,第326—327页。

语中的"there are..."，这种限制有助于避免西方形而上学中的各种"混乱"。① 在《名理探》中，"有"成了一个被修饰的名词，"有限而受造之有"和"无限而无受造之有"，这种"本体论性的"构词法是在迫使汉语这种媒体来适应由拉丁语传达的含义吗？

"受造之有"并不是在本质的意义上存在，它们只存在于时间中。"无限而无受造之有"是独一无二的，而造物是各式各样的。"无受造之有"把所有的完善性统一在一起，每一有限之有只能有一种卓越特性，所以它必定是有缺陷的。无限之有具有必然性，而有限之有只有偶然性。"无受造者，无质模之合。无宗殊之结。乃至纯之为"，②而受造者必须先有潜能性（能）才有现实性（为）。因为无受造者并不从无到有，它也不会从有到无。理性之物的某些基本能力（论性之本力）可以避免绝灭，但由于它们本是从无到有，它们并不能在本质意义上避免绝灭。"无受造者，至灵全灵，无古无今，无远无近，无不洞达"，③但无物非受制于无受造者。

当然，在无人指导下的中国读者得花很大的力气才能从这首不寻常的哲学赞美诗中摄取比表层意义更多的东西。确实，我们可能会怀疑尽管得益于傅汎济的解释，李之藻本人是否领会了这段文字的全部含义，因为只有经过全面训练的经院哲学家才能做到这点。要理解有限者和无限者之不同的所有条目，除了必须熟悉西方关于无限的观念以外，我们还得了解本质主义、时间性和非时间性、必然存在性，以及形而上学意义上的简单完美性。无始则无终这一说法只是希腊哲学家发明的一个著名论辩的结论，在中世纪人们对它作了长期细致的研究和富于创新的修改。与此相似，有些造物尽管可以永生但不是不会绝灭的观点来自柏拉图的《蒂迈欧篇》，它通过新柏拉主义者传到经院哲学家那里。只有"理性之物的某些基本能力（论性之本力）可以避免绝灭"这一限定大概

---

① 见本书第一章，第七部分。
②《名理探》，第326页。（译者注："质、模"现译"质料、形式"。）
③ 同上，第327页。

取决于一个很有争议的观点,即人的灵魂中非理性的部分不能在肉体死亡后继续存在。没有对《灵魂论》和晚期古代及中世纪对它的重要评注有足够知识的人,是无法理解这一观点的。无受造者"无古无今,无远无近",因为它存在于超越时间和人类经验的非推论纯思的完善之中。等等。但是,假如读者在理解这段文字时感觉非常吃力,他所遇到的困难与在这里错用"有"这个词完全无关:缺乏理解是对由整个哲学史积累起来的巨量知识的要求造成的。对此有人可能这样反驳:只有被怪异多变的印欧语言中的"being"蒙骗的哲学文化才能发明出如此有害的无聊思想。但要想反驳这种说法并不难:它远没有证明相对主义有"说服力",这段汉语的文字在表达这些对立的概念时准确无误,有时还相当优雅得体。语言很清晰,它表达的思想才骇人的晦涩。

这段文字值得注意的一个特征是,虽然它系统地阐述了有限之有和神圣之有的区别,但这并不是一种异己的和宗教的势力对亚里士多德思想的入侵:它包含依赖于哲学对神圣性思索,而非基督教的天启。注意这里多次引用中性的"无限而无造之有",而从未引用"天主",即基督教的"上帝"。我们在其他地方读到,"一性三位皆自立之妙体,缘属超然论外无限之有"。① 所以《名理探》实际上对提及启示宗教的教义如三位一体的神秘性并不缺乏热情,②它还表明,借助自然理性之光能理解的神圣观念,和基督教奇迹教义都无法用范畴来把握。这一声明以不同的方式

---

① 《名理探》,第 354 页。对应于《亚里士多德辩证法概论》,第 371 页。
② 十七世纪传教研究中一个常见的说法是,耶稣会士努力不让那些充满敌意的反基督教者知道那些具有刺激性的教义,特别是耶稣被钉十字架和圣餐。参见孟德卫:1994 年,第 85—91 页。孟德卫很生动地评论道:"每一个对基督教有好感的中国文人觉得耶稣屈从于被钉十字架的行为使他更像一个奴隶,而不是一个王或上帝。当然,如此残酷的惩罚被加在精英人士看来极其恐怖,他们把自己能免于肉体惩罚看作是一种稀有的特权,而这种特权得到他们学术地位的保障"。我谈到过议论圣餐的文字没有被包括在《名理探》中一事。也许这一审查部分支持有关这本是给较广的读者群阅读的猜测。不管怎么说,值得一提的是在这个时期,只有很少一部分的《圣经》才翻译出来,并且只有较少的为皈依者写的祈祷文。所以《名理探》的这些附加部分很可能包含着当时所能得到(如果这是个准确的说法)的最精深的汉语神学资源。

重复多次:第阿尼说"天主者,乃超诸自立体而上之有。故天主与受造者所共之自立,惟同此名,不同此义耳"。① 同样,因为上帝没有外在和偶然的性质,他和他所创造的事物之间的关系不从属于关系范畴:"天学有详论"。② 可是这里"天学"("神学")到底指的是什么?是一般的神学学说还是某个具体的神学著作?下面还有一个类似托词:"详无限而无受造之有,乃超形性学之事,姑置以待本论"。③ 我们已经看到过,"本论"是指实在性的学科,它有别于像辩证法那样的形式化学科。所以这一句子清楚地暗示,读者得到汉语超形性学(形而上学)仅仅是个时间问题。④ 读完《十论》的人会相信这本书将鼓励他通过获得一套和(受造)世界相应的范畴就可以掌握严谨思维的基本要领。但结果是,超越《名理探》的完整智慧只能在超形性学(形而上学),尤其是其巅峰的天学(神学)中获得。

6. 简单与复杂

亚里士多德在《范畴篇》的第五章开始分别论述所有的范畴,而所有范畴作为整体最先被提到也只是在第四章,所以传统对《范畴篇》的研究

---

① 《名理探》,第372页。相应于《亚里士多德辩证法概论》,第389—390页。《范畴篇》第一章的汉译版还介绍、定义并评价了"多义"("equivocal")和"单义"("univocal")这两个概念。(译者注:"第阿尼"现译"狄奥尼修斯"。)
② 同上。但是《名理探》在恰当的时刻并未怯于神学论辩,但它从未超越自然神学的界限。例如:"况凡挟一名一义,以属于某宗之特一,皆必有肖己之他特一。与共一性者,而至于无限全备之妙有,则惟一而已矣。设使有多,岂可谓之无限,必属有关,岂所以论无穷之纯有哉。故造物者,非能与受造之有同"(同上,第372页,对应于《亚里士多德辩证法概论》,第390页)。
③ 同上,第327页。(着重号为作者所加。)
④ 前面提到过,像拉丁的 *metaphysica*,超形性学(形而上学)带有歧义,它既可以指作为一个主题的超形性学,也可以指叫超形性学的书。但从上下文看,这里应指叫超形性学的书。必要时我们也许会说,"本论"这种说法意味着只有在某一情况下,(在一般意义上的)超形性学而非逻辑将是主要论题。但是任何这样避免在这里提及超形性学这本书的手法有点孤注一掷。

把很多精力放在如何解释被称为"前范畴论"(prepraedicamenta)的最先四章的内容及其内部结构,而这种做法当然总是建立在一个没有明说的假设上,即这篇论著是一个以理性的方式组织起来的整体。由于这几章包含语义和句法方面的说明,被准确地表达在汉译本中的传统解决办法,便是首先提醒读者从逻辑上研究范畴的独特之处是它采用的语言学视角,[1]然后解释"前范畴论"如何选出对应于十个范畴的那十个独特的词语。于是在第二章,亚里士多德"论合成之名,与不合成之名。大旨,取不合成者,而置合成之名也"。[2]

对应于亚里士多德原著的相关实际译文如下:"凡称名者,或合而谓,或专而谓。马驰人辩,[3]皆合而谓。云人云马,云辩云驰,则专而谓"。[4] 拉丁语中的currit("跑")和vincit("征服")和希腊原文 $\tau\rho\grave{\epsilon}\chi\epsilon\iota$ 和 $\nu\iota\kappa\tilde{\alpha}$ 相同,而和英语的限定动词不同,并不是能帮助人理解的"未完成式"语词的例子,因为作为高度曲折的语言,希腊语和拉丁语允许省略作主语的代词,一个单独的动词可以被"理解为"隐含着主语"他"或"她"或"它"的完整句子。评注传统对这些例子可能造成粗心读者的误解一直保持警觉:阿莫尼乌斯对此尤其感到苦恼,他甚至说应该告诉亚里士多德他最好用非限定性动词,这样就不会有麻烦了。[5] 所有者一起争议都没有在汉译本中出现。"驰"和"辩"不需要变位,既可以作限定动词也可

---

[1] "超形性学叙列十论,独论物性。名理推论性,又举其为某名所指者"(《名理探》,第341—342页,对应于《亚里士多德辩证法概论》,第354页)。
[2] 同上,第342页。
[3] 拉丁版中的"人跑"、"人征服"在这里被替换为"马驰"、"人辩"。
[4] 《名理探》,第314页。我自己的英语翻译用了引号,而汉译版没有用引号。同样亚里士多德的希腊文版也没有用引号。高因盘利的拉丁译文在这里并没有采用各种引文手法。(《亚里士多德辩证法概论》,第330页)(译者注:作者谈到的这段正文中的英语翻译如下:"'The horse gallops' and 'the man argues' are both uttered in combination. If one says 'man' or 'horse' or 'argue' or 'gallop', then these are names uttered on their own (Categories, 1a16—19)"。)
[5] 《亚里士多德辩证法概论》,第331页:高因盘利版不无讽刺地回答:只有这个可怜的老阿莫尼乌斯(实际上是菲罗波罗努斯)才会这样糊涂。

以作完整的句子:要说明未完成的项和完成的命题的不同之处,汉语无能为力。认为持"引导和限制"假说的人应该得出下述结论并不是完全没有道理:亚里士多德最好用英语思考和写作、如果他是中国人,还会有更多的优势。但他在表述亚里士多德哲学时受到严重束缚,因为他用的是希腊语。

但是,也许相对主义者可能这样回答,认真地阅读这段翻译证实了他的猜测:不管葛瑞汉和陈汉生在墨家是否成功地区别了名和辞上的争论到底会给我们多少帮助,《名理探》在这里确实表明句子或命题的概念对说汉语的人而言是"不自然的"。高因盘利拉丁版中这样写道:"eorum quae dicuntur, alia cum complexione, alia sine complexione dicuntur",①即"在被谈论的东西中,有些是和别的东西合成后被谈论的,另一些是则不是"。"和别的东西合成后被谈论的东西"这一表达式并没有限定什么东西在被谈论。但"complexio"一词可以帮助受过逻辑训练的西方读者设想某类"合成",尤其是符合以下例句的"合成"。"complexio"翻译的是希腊语的 $\sigma\upsilon\mu\pi\lambda o\kappa\acute{\eta}$。这两个希腊语和拉丁语的单词在词源上和英语的"plait"有关系,能引起形成更为复杂而不是简单的并置关系的联想。但是我们的理解可以比普通的含义更多一点:柏拉图在《智者篇》中用 $\sigma\upsilon\mu\pi\lambda o\kappa\acute{\eta}$ 这一术语正是为了表明 $\lambda\acute{o}\gamma o s$ 或命题的复杂性,这样的 $\lambda\acute{o}\gamma o s$ 或命题是由在逻辑上完全不同的名词和动词部分构成的。② 认为 $\lambda\acute{o}\gamma o s$ 和句子以下单位不仅仅具有量上的差别,还有结构上的差别是一著名的真知灼见,拉丁语的"dicuntur cum complexione"("和别的东西合成后被谈论的")表明亚里士多德接受了这一真知灼见。

但汉语的"合而谓之名"则不同。"合而谓之名"的意思只是"合成的

---

① 《亚里士多德辩证法概论》,第330页。
② 《智者篇》261E－262C。

名字"或"短语"。① 如果进一步把第四章的翻译与拉丁版作一比较,我们就会得到一个定论。拉丁版是这样的:"在被提到的东西中,那些没有和别的东西合成后被谈论的东西本身,是既无法被肯定,也无法被否定。肯定或否定必须以把这两类以某种方式相结合为前提。因为任何肯定要么真要么假:但是那些没有和别的东西合成后被谈论的东西,它们既不真也不假:例如'人'、'白'、'跑'、'征服'"(《范畴篇》,2a4—10)。② 下面是汉语翻译:"十者皆专称无是非可论,盖惟相合成而后有是非"(《范畴篇》,2a4—7)。③ 汉语版只翻了三行,因为把有关只有陈述命题有真值的证明给删掉了。也许删掉这部分被是因为"是"和"非"在汉语中主要不是用于判断真假的命题上的,至少对那些被他们自己的语言蒙蔽,而无法察觉到肯定和否定如何他们语言中运作的中国心而言。④ 前面提到与此相应的一个观点,即"文"用于表达"合通"的产物是完全不合适的。把这一观点和现在的新证据联系在一起就可以证明,汉语使那些用它思考的人无法看到命题的结构,即使翻译能促使他们领会逻辑上的复杂程度。

相对主义者的反驳并不成功。虽然《十论》讨论的确实是那些有利于"引导和限制"假说的"深层"语义和句法特性,但如果我们再次把注意力转向深藏于文本与文化环境中的语言,我们就会发现汉语翻译更加说得通的理由。我说过,传统评注试图把这些前面的章节理解成为紧随其后的范畴理论所作的准备性说明。《名理探》这样解释:

> 所指若一,则谓专名,如言人言天,皆专举之名。所指不一。不谓专名,如言白人,言天星,皆相合以成名者也。⑤

---

① 即使在后面翻译 1b25 处的"不合而谓者"中删除了这个讨厌的"名"。
② 《亚里士多德辩证法概论》,第 338 页。
③ 《名理探》,第 326 页。
④ 《名理探》确实说道:"不合成者,如偏举人,偏举马,偏举辩与驰之类也"(第 315 页)。"偏举"是用来表示指称和真正意义上的陈述之间的区别,但我不敢完全确定"偏"在这里的意思。
⑤ 《名理探》,第 315 页。

这段文字告诉我们的是，这里所谓的统一性和多样性是语义上的，而非语音上的，所以它们必须从词所指的统一性和多样上来理解。① "女无也常也之为名，虽上一言，然皆谓之合称"。② 而且，由于语言指称事物是间接的，以"表物之意想"为中介，所以我们可以通过审视我们的思想来判断名字是否是综合的。理解语义统一性和多样性的恰当标准的重要性在于，撰写"前范畴论"的理由（按高因盘利版的说法）是为了做出一个完整的范畴表。因为存在的范畴得从语言提供的材料上才能"读出来"，所以非常关键的是，显而易见简单的项并不指称一个所指的集合：否则我们会误以为应设立能包含不同个体的单个范畴。③ 所以拉丁版和汉语版在讨论这个问题时都把注意力集中在确定复合名字，而不是如何在一个相对的逻辑复杂性型式中理解命题：谁会认为完整的句子对应于基本的本体论范畴？④ 这里更为迫切的问题是如何告诉我们让复合名词保持应有的样子。⑤ 我们甚至可以说，既然真正的重点是非句子的复合

---

① 参见《名理探》，第342页。
② 同上。这里的"也"用来标示引文（作者原注）。
③ 人们可能会质疑，依赖于所指和统一与多样的概念标识就无法还以这种方法来研究：这样做我们如何从语言中把存在范畴提炼出来，如果我们一直是以循环论证的方式到语言之外去获得我们关于语言的直觉认知？但这样理解实际上是犯了一个有关这一实验的根本性错误。因为在《亚里士多德辩证法概论》中，当然也在《名理探》中，把世界和我们的思想及语言的同构关系看作是理所当然的，这里不存在循环论证。只要我们研究时足够仔细，我们可以毫无问题地从一个领域转到另一个领域。
④ 亚里士多德"不应该认为只有陈述句子（或只有句子）才是和结合有关的语言表达形式。因为在第四章他说道，每一个不与其他表达式结合的表达式标示属于某一范畴的项目。这意味着，像'白人'这样的表达式是从两个不同的范畴中选取两个项目组成的，所以它是合成表达式。他也不应该认为，所有且只有单个词是非合成词。因为他把'在吕克昂'和'在市场'也算作非合成词(2a1)。但另一方面，一个意思和'白人'一样的单个词在第四章所表达的观点看来，应该算合成词"（阿克瑞尔：1979年，第73页，《亚里士多德辩证法概论》第338页已经表达了相同的观点："这一推理对证明所有的非复合性是不充分的，因为白人和其他不完整的表达式既不真也不假，但却是复合的"）。《名理探》论到了这两种情况：除了似是而非的单个词如"一直"或"无物"，还有不具有任何真正语义复合性的双词如"生觉"（"动物"），它们只是在语音上复合（第315页）。
⑤ 有些读者不无疑虑，他们认为如果亚里士多德用"白人"的例子，而不是"人跑"，他会觉得更如意。他们认为《范畴篇》的统一性很可能是评注传统强加给它的，而不是在其中发现的。

表达式,汉语翻译比拉丁原文还要好:"dicuntur cum complexione"是限制性的,而"合而谓之名"则帮助我们清楚地认识到这里关键的问题是复合名字。对1a16—19的汉语过度翻译所体现的多重复杂性并不是简单的不逻辑的问题,而是跟李之藻和傅汎济共同具有的预设有关,即亚里士多德的古典文本具有良好的统一性,并且体现在《亚里士多德辩证法概论》中的西方评注传统与它所评注的《范畴篇》是有机地结合在一起的。

7. 所有存在之物

亚里士多德在第二章的剩余部分引进并解释了区分所有存在者的四种方式:

> 凡谓有者或不在底而能称底,如人称某,非谓在某。或实在底不能称底,如某一识,实在灵性,某一白者,实在形体。但识与白,特一无属,非能称。或在于底,又可称底,如识为宗,论在灵性,又可分称,某一种识。或不在底,又不称底,如诸自立,不分一者,不得赖底,亦不称底。云在底者,凡在何物,非其内分。但离于物,不免即灭,是谓在底。①

虽然范畴本身还将为(被造)世界提供完整的分类法,在某种意义上,这一先验的范式具有重大的意义。但是无论是希腊语、拉丁语、汉语还是英语的文本,都充满了疑难之处,因为亚里士多德非常突兀地引入"称"("said of")和"在"("in")这些术语,又没有在这么多文字中解释这些技术语汇需以哪种专门的方式来理解:这段引文本身通过举例和像在最后那个句子中那样(部分)定义的方式,提供了所有能提供的说明。这

---

① 这段文字翻译的是《范畴篇》1a20 - b9。《名理探》,第 314—315 页。对应于《亚里士多德辩证法概论》,第 330 —332 页。

一分析之所以如此重要是它能马上把个别实体（特一）（particular individual substances）和实体性的共相（substantial universals）以及所有的偶性（依赖）（accidents），无论是个别的偶性还是普遍的偶性，并提出通过"称"和"在"的方式，其他所有的东西都依赖于个别实体。所以这四种方式的模式实际上把所有存在物划分为两组：实体（自立）和偶性（依赖），并认为具体个别的实体，如一个具体的人，一匹具体的马，以及我们自己是首要的存在者，首要存在者使其他存在者具有有限和派生的存在性。

在西方，特别是在古希腊哲学领域中，这种本体论最显著的特点是它的反柏拉图主义姿态。柏拉图对话中的苏格拉底强调共相和静止的比殊相和即逝的要实在，他还看重非实体性的型式，如美或者同样性，而不是具体的人。《范畴篇》所做的则完全相反，苏格拉底比用来"称"他的共相人要更实在，更不用说他两条腿所具体的共同性比用来称这种同样性的共相同样性更实在。然而这种理解完全是二十世纪历史主义的产物。对《亚里士多德辩证法概论》和由它形成的传统而言，实体和偶性思想的价值不在于它具有引起论辩的意义，①而在于它为所有其他有关存在者的进一步理论思考，以及对存在者的终极安排奠定了基础。现代以前的形而上学体系，无论在其他方面多么不同，都不曾舍弃实体和偶性的区分，尽管它们对这种区分的解释可能大不相同。最近的研究倾向于认为早期现代哲学对这一区分的否定既不坚定也不持久，而当代提倡本质主义假说的形而上学者始终保存原初亚里士多德理论的某种变体。②前面提到，尽管《名理探》避免讨论圣餐的问题，对圣餐的理解也取决于实体和偶性理论。如果神圣者超越范畴，这部分是因为"无限而无受造之有"无法被分析为实体和偶性。所以这部分的文字及其评注给中国人

---

① 这并不意味着没人提到这些论辩意义。亚利（亚里士多德）"驳霸辣笃（柏拉图）之所云凡公性可以脱其绩而独立者也"。《名理探》，第369页。对应于《亚里士多德辩证法概论》，第386页。
② 参见维金斯：1980年。

指出了通往西方形而上学思辨及自然神学之核心的道路。

《名理探》是如何处理这个无比重要的原理？《名理探》是这样开始的：“凡谓有者……”，翻译的是拉丁语的"eorum quae sunt"（关于存在的东西）。但是我们不能马上下结论，说《十论》在这里背离了中国式的唯名论倾向。围绕着相对主义的争论各方都同意，亚里士多德在事物和表达事物的语言之间往返无阻：①他们所争论的是，亚里士多德所看到的世界上的东西和他看到这些东西的方式，是否无一例外地受到他在思考它们时所用的语词的塑造和浸染。所以"凡谓有者……"并不改变《范畴篇》的意思，因为在这段文字中，"谓有"不等于"谓有（且或有或无）"。

汉语把"said of a subject"译为"称底"："称"当然可以唤起口头命名或报道的意思，但希腊语的 λέγεσθαι 和拉丁语的 dici 在第二章赋予它们特殊的专业含义之前也具有同样的意思。同样，在"人称某"这个例子中，我们无法确定，到底是作为一个语言单位的谓词"人"称同样作为一个语言单位的某人的名字，还是某个具体的人是作为类的"人"的一例。但是评注则解释道，"所云称底，乃称其伦属之物"②就是说，人"称"苏格拉底的，动物"称"人，我们所达到最后的称谓关系则是，实体"称"动物。这些范畴称谓关系所构成的是存在的分类法，而不是表达式的分类法。这些东西不是"在"主体（底）中，因为"如以人而称某甲，人之在某甲，非就依赖者之合而在，但就自立体之妙合而在"。③

这个评注要表达的，或者说应该表达的是："苏格拉底丑"意味着关于苏格拉底我们有什么可说的，而"苏格拉底是个人"则说的是苏格拉底是什么。假如"苏格拉底是个人"是关于苏格拉底我们有什么可说的，这就意味着我们不必把苏格拉底这个主体当作人，但这是不可能的。这里

---

① 不要忘了，在亚里士多德那里，上下文可以决定一个"谓项"是语言意义上的谓词表达式，还是这一谓词表达式所指的东西或人。
② 《名理探》，第316页。虽然汉语版这段解释"称"和"在"之区别的评注并不全是自创的，拉丁版中没有与此对应的段落。
③ 同上。

的问题不涉及现实可能性:例如我们当然做不到使苏格拉底变美。关键的是,我们可以设想一个不丑的苏格拉底,但我们无法设想苏格拉底是一个非人的但以人性规定的主体,因为苏格拉底本质上是人。这就是说,"苏格拉底是个人"表达的是一种特殊类型的身份:它告诉我们,苏格拉底是什么,而不是他像什么。① 汉语译本是如何表达这一区别的?当然它会说,一个具体的人并非偶然是人。但是我译为"subtle"(微妙)的"妙"是我前面译为"miraculous"(奇妙)的同一个汉字("一性三位皆自立之妙体")。让人感到不妥的是,尽管苏格拉底和人在本质上的同一确实"微妙",但绝不是超自然的:自然种类"称"具体的个体这个想法的重要性在于,它赋予被造者以独特的亚里士多德式的结构。

我们有必要对下一个区别,即"在"一主体(底)中但不"称"此主体(底)的一些特征有所关注。评注告诉我们这些项目"所云在底乃依合之实结乎底者",②但这里我们第一次碰到《名理探》对"古"(古籍)和"解"(评注)的区别做模糊处理。我一直不遗余力地强调,《亚里士多德辩证法概论》无论从方法论上还是从版式的安排上都谨防读者仅仅把注意力集中在《范畴篇》本身,而忽略那些大量的评注。但高因盘利版总是明确地把亚里士多德本人所说的和别人对他的评论区别开来,不管这些评论者有多高的权威:拉丁版《范畴篇》的整体一贯性从未遭到损坏。但是汉语版的最后那句话(在本书第 121 页引过)翻译的应该是 1a24—5,对应于原文中紧接着"其他的实际上是在一主体中,但不能称一主体"(汉语版这一段落的第二句)。还有,拉丁版的"……不是作为一个部分,所以它无法和它所在的东西分离"被扩展为"……但离于物,不免即灭"。也许调整这一句的位置是出于特定的先后次序对解释更有效的考虑。如果调换位置是有意为之,而非偶然疏

---

① 大多数当代的亚里士多德学术研究认为,范畴理论无法应付本质称谓与偶然称谓的不同所带有的全部含义,并猜想亚里士多德已经初步觉察到了这一致命的缺陷,这致使他放弃或至少改变了他原初的一些主要观点。与此不同,《亚里士多德辩证法概论》当然还有《名理探》中的亚里士多德哲学是一个完成了的体系,其各个部分是可以互相解释的。
②《名理探》,第 316 页。

忽,很显然李之藻和傅汎际在更改亚里士多德原文时没有什么异议。这之所以看上去像是一个夸张的举动,是因为我们知道,一个传统的西方哲学评注者不会轻易地对亚里士多德的文字作哪怕是一个最微小的更动,正像神学的评注者不会异想天开地试图修改《圣经》。

那些加批又如何呢？如果它要传达它应该传达的意思,它就必须用以违反事实的形式:它不应该给读者造成这样的印象,苏格拉底的丑不像他的肝,如果他的肝被切除了,它还能存活一段时间,苏格拉底的丑一旦从他那里被分离出去就会立刻分崩离析。由于这一汉语条件句没有推论的标示,虽然违反事实的理解不是不可以,但也不是必须的。不过,把这一改动看成是出于别的原因,而非翻译时出的错误也是可以的。在平常事件中,当某一偶然变化发生时,某一偶性消失了(例如苏格拉底变黑的时候,他的白色消失了),这就是为什么"分离出来"这种说法完全不准确。但化质这样的非常事件属于奇迹,恰恰是因为在这一超自然的情况下,面包和酒的偶性在它们原本所属的主体被置换成圣体圣血的实体之后存留下来。所以像我们已经看到的那样,也许在其他情况下,这一教条会被小心翼翼地避免谈及,但它对这段经过了重组消化的文字有着隐秘的影响:即使圣餐没有被提及,这里对自然偶性的描述,是从偶性依赖他物之规定的著名例外中以否定的方式推断出来的。

对以下译文我们也要作些评点:"如某一识,实在灵性,某一白者,实在形体。但识与白,特一无属,非能称底。"①这里有省略和(为意思清晰而作的)语序调整。拉丁版用"所有的颜色在物体中"(1a28)来证明"这白色在一个物体中",②汉语版的第二句所根据的原文是在本章结尾处(1b6—9:"但是没有理由说,那些没有定性的个体存在者,以及那些虽然不称任何主体、但数量为一的存在者无法在一个主体中")。汉语版不仅

---

① 用"某一识"简单地替换"某一谭艺"肯定是为了避免使用"谭艺"这个新造词,这个新造词是先前用来指称某种陌生的西方学科。
② 《亚里士多德辩证法概论》,第332页。

重新调整了这个句子的位置,还改变了原来拉丁文所强调的部分。《亚里士多德辩证法概论》说,非实在性的个体毫无疑问内"在"于主体之中。《名理探》把内在性当作理所当然的,并提醒我们不要错误地认为个体的偶性可以"称"任何东西。即它警告我们不要把殊相偶性和共相偶性混为一谈,二者涉及到下面要谈论的另一区分。这种偏离原文的做法并不损害其思想的论述。关于偶性和具体的实体,亚里士多德本人只留下一段即兴评语,或者说一个补充说明。他把偶性和具体的实体作对比,认为后者既不能内在于,也不能称任何东西。汉语中的亚里士多德敏锐地察觉到我们会在偶性范畴的问题上混淆特殊和一般,而这当然对刚刚接触到《十论》的读者是完全可能发生的事。①

论第三种区分即一般偶性的那一段包含两个补充部分:拉丁版提到,知识构成的既不是一个种,也不"能被划分"从而可以"称"某种具体的学科。但是一般偶性完全可以称相对具体或绝对殊相的非实体的东西(例如白色以及此具体白色之白),因为它们是偶性种,其实例被归入这些偶性种。在这里"古"又一次被改变了。但是我无法肯定第二个附加的说明会带来好的效果。李之藻和傅汎济必须在这里讨论"划分"的问题,是因为他们所想的是范畴理论如何在由波菲利创立的存在者分类体系中变成一个分类模型,这个分类模型可以用来划分和再划分一般种类,并最终抵达应该是反映现实真实状态的切分结构。② 根据这一理论,种似乎确实可以"分裂"出它以下的属。但是在《范畴篇》中,任何这类想法非但不能帮助理解,反倒阻碍理解。由于知识"称"某一具体的学科,

---

① 欧文的《内在性》(欧文:1986 年)论到,非实体性的个体不是像苏格拉底的白色或柏拉图的白色,而是在他们之中的、有别于某个更暗颜色的个别白色。不管这种观点是否有道理,它与我们所关心的问题不相干,因为《亚里士多德辩证法概论》和《名理探》采纳的都是传统的解释,根据这种解释,偶性的个体是实在的具体呈现,不是处于一般规定质下起规定作用的最低类。
② 《亚里士多德辩证法概论》和《名理探》都是在评论了波菲利的《序论》之后才开始《范畴篇》的内容,但我在拉丁版中没有发现任何证据显示它对亚里士多德思想的理解受到在这之前所讨论的波菲利的影响。

这一学科是知识;关于知识的所有定义同时也适用于知识的具体例子,这与人们对称具体科学之前需"划分"种最自然的理解相左。

第四也即最后一种区分当然是最重要的,因为通过它我们可以得到具体的单个实体,即所有其他东西赖以存在的存在者。拉丁版论到:"其他那些既不在任何主题中也不称主体的东西,例如一匹具体的马,没有这样的东西会在任何主体中或称任何主体"。① 在原文基础上扩充了的汉语版毫不犹豫地把这类对象定为实体,从而预先提出了《范畴篇》后面展开的论点。但它同时又声称"所有的实体"都具有这些特点,而这是对《范畴篇》思想的歪曲。并不是所有的实体是"不可拆分的个体":② "称"某一具体的人为人的人代表第一种存在的区分,它是一般的实体。汉语"不得赖底"可能是"不是偶然地依赖于某个主体(底)"的省略形式,因为在《名理探》中"赖"通常具有这一含义,所以就此含义本身而言,主体也包括一般实体。不过作为定义的一部分,这些实体当然"称"它们的实例,而汉译版则否认任何实体可以"称"任何东西。这明显是个错误,但是第五章又明确地提到存在着一般和特殊的实体,这可算作某种修补。③ 实体(自立)"非有籍于本论以外之他有以得谓有"④,而偶性(依赖)"须托他有然后之有者"⑤ 众所周知,这一关于实体独立性的论断并不意味着任何具有实体性的东西自身是完全无规定的个体,因为存在着许多"不完美"的实体,它们是和其他东西结合或由其他东西完成的产物。但是与偶性不同的是,它们只需要和来自实体范畴里的东西相结合或由来自实

---

① 《亚里士多德辩证法概论》,第332页;《名理探》后来确实引用了"具体的马"这样的例子(第316页)。拉丁版本身没有希腊原文里有的另一个例子,希腊原文包括"某个具体的人或某匹具体的马"。
② 当然"个体"原初的意思就是"不可分的"或"原子的":"个体"是"最低的属"(infima species)分裂之后所得到的东西。所以"不分一者"便是个很完美的新造词。
③ 第四章的评点处写道,不在主体(底)中"常用以指自立之体"(《名理探》,第328页。对应于《亚里士多德辩证法概论》,第339页);这一标准应同时用于定义特殊和一般实体。
④ 《名理探》,第328页。对应于《亚里士多德辩证法概论》,第339页。
⑤ 同上。

体范畴里的东西来完成。例如,质料和形式是实存的范畴意义上的实体,①但它们的这种实存性只是对分析的知性而言才是如此:所有自主地存在于被造世界中的东西都是由质料和形式构成的自然实体。《名理探》在阐述这一观点时论道,质料和形式通过互相依赖来获得它们的"实存"("有在")。还有,还未与自然联合的持存本身(在也者之不结于性)同样还未实现出来。

这里我们又一次遇到那个本体论的论题,这个论题对相对主义者来说可算作变态地物化印欧语言。经院哲学把存在本身(本在之有)(*per se* existence)②和持在本身(全自在者)(*per se* subsistence)相区别,前者不"在"任何其他东西中,后者则是现实独立的存在本身(本在之有)的更为严格的条件。所有实体,无论是特殊的还是一般的,完成的还是"不完美的"都符合宽松的条件,③但只有具体的具有实体性的复合体本身才持存。为翻译这一复杂论题,《名理探》在语言的使用上仍然毫不"犹豫"。某些甚至所有在没有导读帮助下的读者,无法理解纯分析地把实际存在和决定持存个体之是其所是者的一般本性相区别这一艰涩的概念。但

---

① 绝大多数当代研究亚里士多德的学者认为,《范畴篇》对质料—形式二元论尚无任何认识,质料—形式二元论把除了第一推动者的所有实体分析为由质料和形式二者构成。但《亚里士多德辩证法概论》和《名理探》采用的是我们曾提到过的那种把《范畴篇》和之后亚里士多德思想视为具有统一性的理解,它们随意地把亚里士多德各个时期有关实体的理论融会在一起,且不说它们还随意地这之后的经院哲学对亚里士多德形而上学和逻辑学思想的各种阐释融会在一起。
②《名理探》,第 334 页。
③ 声称所谓实体本身存在等于是说它不在另一个存在者中,也不通过偶然结合而存在于某一主体中:如果一般在特殊的本性中,这叫作"在称谓关系的主语中":"谓自立者为本在,即云非在于他有者。顾非就依结而在底之在也。凡自立者,皆无就依结而在何底者。公性在特性,则谓在于所称之底"(《名理探》,第 334 页,对应于《亚里士多德辩证法概论》,第 346 页)。亚里士多德后来又说:"一般在特殊本性之中的方式,即形式在质料中,质料与形式的定义相连,都是各种内在于实体的存在方式"。我们在前面谈到了把关于一般人的本性如何内在于某个具体的人描述为"妙",而"妙"应理解为"奇妙"而非"微妙":"各种内在于实体的存在方式"毫无疑问告诉我们这指的是实体范畴内部的关系,而不是任何类似于上帝的超自然存在。我们当时对这一描述表达了某种忧虑(第 123 页)。亚里士多德以上的说法并不能消除我们的这种忧虑。

是这种理解力的缺乏应该是翻译时不断使用各学派的专业术语所造成的后果。我们没有理由认为傅汎济没有能力向李之藻解释这些逻辑上的差别，或者是，如果这个耶稣会士的汉语足够流利，也许用"正确的"汉语无法阐述这一论题。

第二章评点的剩余部分主要集中在解释并反驳那些否定把偶性定义为无法脱离其主体的观点。在此我们有必要对其中的某些否定此定义的观点作一论述：尽管这里的翻译不存在什么瑕疵，而且和"引导和限制"问题没有关系，它为那些对不同文化间的交流感兴趣的人在思想发展上提供了极大的帮助。首先，"明悟与受德之在人也，以人为本底。人死后，不可谓在人，但可谓在灵魂。则后底与前底不同。又在活人之白者，其人死后，白在其尸。活人与尸，亦岂可谓一底哉？"①对此问题的回答是，我们必须区分内在性的直接主体（无隔之中底）和内在性的间接主体（有隔之终底）。知性和意志内在于灵魂之中，灵魂是直接主体，而"灵魂与身所相合而成之人"②只是间接主体。"又元质，举其著于某几何者，则为白色诸依赖者无隔之中底。而其几何之质，与灵性合成之人，乃其依赖着之终底也"。③尽管这两种情况中的间接主体均被毁灭，直接主体则毫发无损。偶性无法脱离它们所"在"的东西这一规律只适用于直接主体。

众所周知，亚里士多德在《灵魂论》中曾写道：灵魂并不是一个居于身体中的独立实体，所以我们得说，作为一个整体的人发怒，而不是他的灵魂发怒（408b11—15）。这一心理学质料形式论现在被看作是亚里士多德在思想上最伟大的贡献之一，它曾经被中世纪的亚里士多德评注家们过分诠释，目的在于将其心灵哲学和基督教的来世说相调和。但这种

---

① 《名理探》，第335—336页。对应于《亚里士多德辩证法概论》第348页。注意这里用来翻译"the will（意志）"的是双声词"受德"，而序用的是"爱欲"。这种前后不一致性不多见，但它确实存在。
② 《名理探》，第340页。对应于《亚里士多德辩证法概论》，第352页。
③ 同上。

做法无法成功,因为把灵魂当作知性和意志内在其中的直接主体无非是说,灵魂而不是具体的人才发怒,而这与亚里士多德的看法相左。所有皈依基督教的人,包括那些没有受过教育的人一定已经对"灵魂与身所相合而成之人"这一观念有所了解,在没有这一观念的前提下,连最基本的基督教教理都无法传授,而耶稣会士们只有运用这一观念,才能战胜在中国流传甚广的对精神的理解,这种理解在于他们看来充斥着邪恶。把亚里士多德的本体论和心理学同基督教死亡学(thanatology)强行结合在一起就会产生这样一个问题,《名理探》在这里给受过高等教育的中国信徒的是一个技术性的解决办法。新近皈依基督教的文人对基督教还不十分了解,而《名理探》又使他平生第一次接触到亚里士多德的思想。但李之藻和傅汎济希图他们能最终领略到经院哲学是如何协调真正的宗教和亚里士多德这位哲学家。①

为什么某些物理特性在死亡发生后还能继续存在?对这个问题的回答需要借助于一种独特方法,人们用这种方法来处理在解释亚里士多德哲学时遇到的知名困难时所采用的。亚里士多德强调,有机物的本质是在于它们具有生命,所以它们的尸体已不再是真正意义上的动物了,而跟以石木为材料的模仿它们的制品无异(《动物繁殖》734b24—7);这就产生了如何描述那些似乎在死亡发生后仍然不变的非生命性质时产生的疑问。经院哲学对此疑问的解答是对质料形式复合体作全面彻底的分析。这些复合体包含"原初质料"("元质"),即绝对无特性的主体②,在这一主体进行复合化的第一阶段,数量开始内存于其中。在其复合化的第二阶段,已被量化的质料成为直接主体,像颜色之类的性质开始内

---

① 也许中国人对此并不是完全陌生。1623年艾儒略在杭州出版了他的《性学觕述》。在路克看来,这是一本亚里士多德—托马斯主义的心理学的著作(路克:1988年,第178页)。艾儒略之后在《三山论学记》中阐述了质料形式说,此书也是在杭州出版(1627年)。而利玛窦在《天主实义》中已经提到了亚里士多德关于生魂、觉魂和灵魂的区别(梅力斯:1994年,第81页)。
② 当代大部分亚里士多德学者要么否认亚里士多德本人持有关于原初质料的想法,要么认为即使他有这一想法,他对其作了严格的限制。

存于其中。对《名理探》读者在理解上的要求在这里又一次达到极高的地步。和通常的做法一样,"原初质料"("元质")的含义必须从它所在的上下文中分离出来(或由指导老师提供)。中国读者在这里找不到任何解释能帮助他们来理解为什么经院哲学家们有用"统一"、"混合"和"结合"这一套术语的习惯,他们需要知道的是,这里的思想实验是用来说明形而上学意义上事物的构成,它跟任何物理过程无关。

第二种有代表性的反对意见认为,大家都知道有怪味的东西在被触摸之后会留下它的怪味。所以如果气味是一种偶然的性质,为什么它会和它的主体相脱离?① 对此问题的回答是首先承认气味确实可以从果子传到空气中或人们的手上,但同时指出,亚里士多德的不可分原则只意味着,气味必须内存于某一主体中,不管是哪个主体,而不是它必须内存于同一个主体中。但这一答案被否定了。第二回答声称,最初的气味与果子结合在一起,不能分离,但它会产生另一种相似的气味,这一新的气味内存于空气中或带气味的手上。这个回答被认为优于第一个,但仍然是错的。被完全认可的是第三个回答,它宣称实际上果子上的微粒进入到空气中或沉积到手上,所以可以说偶性从未与其原初的主体相分离。长久储存的果子会变干变皱,而这恰恰证明了果子的某些部分消失了。②

这段文字从拉丁语到汉语的翻译很能说明问题。两个版本间唯一的区别是,《亚里士多德辩证法概论》告诉我们第一个回答所代表的是波爱修和阿莫尼乌斯的观点,第二个回答是由亚历山大(在其对《感觉与所感觉到的》的评注中)和托马斯·德·嘉宝(在其对《问题大全》的评注中)提出的,而第三个回答则是辛普利歇斯(和其他的一些人)提出的。现代读者希图尽快掠过那些经院哲学的例子,这些例子在他们看来代表着过了时的经院哲学最糟糕的夸张风格。但我们应该在此驻足审视,理

---

① 《名理探》,第 336 页。对应于《亚里士多德辩证法概论》,第 348 页。
② 同上,第 340—341 页。对应于《亚里士多德辩证法概论》,第 352 页。

由简单但很有说服力。从亚里士多德学术研究的角度来看,这种夸张精彩绝伦。高因盘利版包括来自许多世纪,有时是数百年里所形成的传统中的精品,它融会了细致入微且具有无限创造性的劳作,它唯一的目的是更好地理解亚里士多德这位哲学家,从而进一步帮助人们理解现实世界。那个怪味苹果的例子,尽管没有涉及任何名称,却使《名理探》读者感受到一个异域但极其发达的文明。中国人中有世界上最杰出的评注家,尽管存在着理解上的许多障碍,也许这一翻译评注上的繁复在他们看来恰恰代表着真正和显而易见的文化。①

第三,由于不可分原则中"在"具有特殊的含义,这里还历数了分离有可能的各种不相关的含义,但这些含义均被否定了。

> 论所与时之在,设我天主,悉取世物以置于静天之外②,不可谓有所居之处,所存之时,然亦可以暂存不灭,如鱼之置于水外者然。故与不能离物而在者有不同也。③

唯一和原文不同的地方是,拉丁版是这样写道的:"……虽然上帝把宇宙间的所有东西移到既没有真正的地方也没有真正的时间的真空中"。许多读者,无论是十七世纪的中国人还是其他的人,可能都不清楚如何评价这类思想实验,也许不同文化间在各自期待方面的不同会带来某种特殊的问题。西方传统的哲学评注,尤其是亚里士多德本人在他许多"辩证"论述,常常还包含一些额外的材料,它们不见得是作者或编纂

---

① 亨德森:1991是对儒家、荷马、吠檀多、犹太法、基督教和伊斯兰评注传统的比较研究方面的代表。他提到把孔子本人描述为一个为后来成为典籍,尤其是《诗经》担任编辑和修订者就说明了中国人给予评注非同一般的地位:"……除了编辑和汇总,修订和增删是几何所有传统或文明中最主要的评注方式。所以,孔子在儒家典籍编纂者那里,更像希腊化时期亚历山大城的学者,而不像其他主要宗教或经文传统的奠定者……但是和荷马不同的亚历山大城的学者是西方思想史中不大知名的人物,孔子作为伟大的评注者在中国被称为'万世之表'"(亨德森:1991年,第30页)。
② 这里是指传统西方宇宙学中所说的附有位置固定的星星的宇宙最外层。《名理探》对此未作解释。假如读者能接触到李之藻和傅汎济先前翻译的《论天》,这也许不是难以解释的。
③ 《名理探》,第338页。对应于《亚里士多德辩证法概论》,第349页。

者本人认可的。但是,读者会意识到,并不是所有的反驳、对反驳的反驳以及解释都具有同等的价值。拉丁版读者完全知道只有白痴才会把偶性内存于实体和事物存"在"于宇宙的时空中混为一谈,所以他不会对这一出人意料的违反事实条件句所所包含的意思过于当真。拉丁版的读者无需别人告诉也知道这一点,那汉语版的读者会怎么样呢?

8. 有多少问题?

第四章终于开始从范畴和简单谓项的关联角度来讨论范畴本身:①

> 不合而谓者,或指自立体,或指几何者,或指何似者,或指互视者,或指切所者,或指何时者,或指体势者,或指受饰者,或指作为者,或指抵受着。(《范畴篇》1b25-7,《名理探》,第325—326页)②

在希腊语中,第一个范畴称为οὐσία,这是一个由εἶναι,即"to be(是)"转化而来的抽象名词,οὐσία在英语中习惯上译为"substance",而"substance"是拉丁词substantia的英语化。"自立体"③字面上的意思是"self-supporting structure(自我支持之建构物)",可以说它完美地体现了这个范畴是独立存在物的集合的意思。④ 我为第二和第三个范畴提供

---

① "取不合称者,分立十论"(《名理探》,第326页)。
② 利玛窦的《天主实义》有一个它自己的范畴表,其中有的范畴的称谓和《名理探》里的一样,有的不一样。不同的如下:quality(质)叫作"何如",而非"何似",relation(关系)叫作"相视",而不是"互视",place(地点)叫作"何所",而不是"切所",situation(境况)叫作"体势",而不是"体执",having / being clothed(穿着)叫作"穿得",而不是"受饰"(梅力斯:1994年,第75页,注22)。
③ 利玛窦已经这么翻译了,见梅力斯:1994年,第71页。
④ "……'substance(自立体、实体)'一词用来表达这一范畴是基于实体的双重倾向,显然它依靠自身存在,而且别的东西依赖它而存在……"(《亚里士多德辩证法概论》,第394页)。葛瑞汉假定实体这一范畴是在回答希腊语中"这是什么?"这类问题时形成的,而实体就是本质。他认为如果我们在汉语中寻找类似的问题,我们就会得到一个不同的范畴:"对'何'的回答则跟类(而不是本质)有关"(葛瑞汉:1989年,第417页)。但是《亚里士多德辩证法概论》和《名理探》则认为事物按自然类划分就是因为它们的本质决定了它们是它们所属的类的成员。在葛瑞汉看来,不同的可能范畴是语言的特性天然地造成的,但它们在《十论》中很容易融汇在一起。

了不同的英语翻译,这样人们就很容易识别它们现在所拥有的标准名称。"几何者"和"何似者"的奇妙之处在于它们越过了拉丁抽象名词 quantitas 和 qualitas,而与原初的希腊语更接近。拉丁的名称是从 quantus 以及 qualis 这两个词的基础上构成的,前者是一个非限定性形容词,后者则可以作形容词、代词、疑问词或关系词。quantus 和 qualis 比起以它们为基础形成的抽象名词更接近于希腊语,因为 ποσὺν/πὺσον 和 ποιὺν/ποῖον 通常可作非限定性形容词或疑问词。① (与"何时者"对应的希腊语 πὸτε/ποτὲ 和拉丁语 quando 可以作疑问词或非限定性形容词,相当于"when?"或"when"。)"互视者"翻译的是 ad aliquid,即"to something(对什么东西)"或"to what?(对什么?)",ad aliquid 本身翻译的是 πρὸsτι(朝某物)或 πρὸsτi(朝什么?)。汉语在这里避免了疑问形式。"切所"翻译的是 ubi/που/ποú,即"where?(在哪个地方?)"或"where(在某个地方)":这里问题的形式也没出现。我猜想在"所"之前加上"切"是因为《名理探》希望在《亚里士多德辩证法概论》所讨论的含义中马上选出"直接的空间"作为"所"的含义。"受饰者"翻译的是 habere。这一通常被理解为广义上的"拥有",但是这个汉语词的含义更为狭窄,这可能是受到用"服"("穿戴")②来说明"拥有"这种做法的影响。"服"("穿戴")所采纳的拉丁语"calceatum esse, armatum esse(穿着鞋或带着盔甲)"中的意思。最后的那两个范畴分别叫作"施感"和"承应":③这些是中国哲学中表达主动行为和被动接受的常见词汇。④

---

① 亚里士多德在别的地方用抽象名词 ποιὸτηs 来指称"质",但在出的词则是 ποιὸν。
②《名理探》,第 326 页。
③ 同上。
④ "亚里士多德是受到语法之声的引导而得到施感和承应这两个范畴。在中国哲学中,关于过程最重要的范畴区别是在'感'和'应'之间的区别,即由作格动词的句法区分的使动过程和受动过程"(葛瑞汉:1989 年,第 422 页)。确实这是再明显不过的"引导和限制"。由于汉语没有语法意义上的语态,希腊语中的"作格动词的句法",《十论》的最后两个范畴自然得是混血范畴,它们在一起会错误地表达那些只能在某一种语言中表达,或至少只能在某一种语言中准确地表达的东西,而无法表达那些在两种语言中都能表达的东西。

某些范畴的汉语形式令人想到与提问有关,但是采用疑问句形式确实意在使读者实际上以提问的方式来思考范畴吗？如果真是这样,这类提问方式是自然的吗？阿克瑞尔猜测亚里士多德原初的范畴表上之所以出现疑问句的形式绝不是偶然的:

> 亚里士多德如何获得他的范畴表？尽管范畴中的项目不是语言表达式,而是"东西",但是要识别和弄清这些东西,当然我们只能通过观察我们所说的。把东西分类的一种方式是区分关于某物所提出的各种问题,并注意到针对某一特定问题,只有很有限的一些回答才是合适的……当然我们决不能认为,就因为亚里士多德试图区分用以回答不同问题的各组可能的回答,他只是在研究表达式,而非事物本身。①

这一假说到葛瑞汉那里就会是,如果用足够不同的语言思考的哲学家"注意到他们所说的",他们便会得出完全不同,还可能不兼容的范畴体系。他所想象的说汉语的亚里士多德就会选择用"which（哪个）"而不是"what（什么）"这样的问题形式,而这一思想便会得出相对主义的结论:

> 似乎有点不同寻常的是,我们可以用"孰（which）?"来追寻主体,而用"何（what）"来追寻客体。我们还可以确证汉语思维不是从所指的事物出发,而是从我们可以划分的整体或集合体出发……亚里士多德开始于孤立的事物,问"它是什么？",然后在把它与其他事物分离的状态下对它进行描述……"which（孰）"则是一个用来切分

---

① 阿克瑞尔：1979,第78—79页。"或者说,人们关心的不是针对某个实体所提的各种问题的各种回答,而是针对任何东西所提的某个特定问题,即'这是什么？'的各种回答……这种做法可以说是对主项表达式(用来填充'……是什么？'中的空缺)加以分类,而前面那种做法是对谓项表达式(用来填充'卡利亚斯是……'中的空缺)加以分类,尽管就像以前那样,对亚里士多德而言,关键是如何通过事物的语言表达式来对事物加以分类"(第79页)。阿克瑞尔又说,亚里士多德在《论题篇》I.9"开始以'它是什么'作为实体范畴的标签"。但这是不对的。

的问题,它始于两个或更多的东西。①

这种夸张的相对主义真能在《范畴篇》中找到某种理论上的支持吗?如果我们把葛瑞汉的论证稍加延伸,它就可以用来指责亚里士多德的范畴无非是一种冒牌的印欧语言形式实体化的产物。希腊语语法的特殊之处帮助某种概念模式(在西方)得以建立并获得成功,这种概念模式从更广的语言学角度来看,只不过是把某些特殊而有限的语言现象错误地吹胀成"现实"本身,而有些语言可以(轻易地)达到"现实",其他语言则(相对而言)无法达到。葛瑞汉语言决定主义一个相当具体的困难在于,正如我们已经解释过的那样,《论题篇》I.9 中的第一个范畴,"其所是者"所集合的除了实体,还有非实体性的项目,所以有关希腊语语法在回答τι ἐστι,"它是什么?"这一问题时以某种方式创制了"实体"这一说法变得完全不可信。而且一般而言,亚里士多德对语言中存在的各种缺陷惊人的敏锐,而这也会给相对主义者的热情泼上些冷水。

关于《范畴篇》我们就讲到这里。但《十论》中那些问题的更为广泛的意义是什么呢?②《名理探》中有一段讨论的是为什么范畴有十个。其中讨论的一种可能性预示了阿克瑞尔的假说:

> 峨加摩就问初之自立者如何,以定物论之为十。其说曰,举初之自立者,或问何物。应之,谓自立之体也。或问若干,应之以大小多寡。或问何似,应以黑着白者。或问所向,则立互伦。或问所为,乃立作伦。或问所受,应立受伦。或问何在,斯定厥所。或问形势,

---

① 葛瑞汉:1989 年,第 419 页(作者加着重号)以一个伍尔夫式的论断达到了论述的高潮:"可以设想,一个以'which?(孰?)'这样的提问开端的宇宙论会建立在主项和动词成对的平行集合上。这就是我们在中国所看到的那种以阴阳为统一原则的思维方法,阴阳在对分体的各自一边自行消散"(第 420 页)。
② 我们还会设想,第 8 章涉及对用以分析质的语言标准的依赖会有什么结果:"右所举者,其在何似,悉非独情。惟云相似,及不相似,乃其所独。盖凡物较,云相似否,悉因何似"(《范畴篇》,11a15—19;,《名理探》,第 478 页。对应于《亚里士多德辩证法概论》,第 494—496 页)。

体伦始立。或问几时,为定时伦。或问何饰,因立受饰伦也。①

这一段落写得相当精致,当然其重新组织也具有永久的魅力。但是《名理探》没有这些特征:"此论似然,而未有所证"。② 这里的评注采纳的托马斯·阿奎那(笃玛)所建议的解释,即把十个范畴分为三组:原始实体(初之自立者)的本质属性、其内在偶性、其外在关系。"为什么是十个范畴"的问题从未得到恰当的回答这一点并不重要,重要的是,中国人明确地考虑过人们是通过考察全部的问题形式而发现范畴这一说法,但他们觉得它无法接受。

9. 相对而言

第七章关于相关联事物(互物者)的定义非常简明扼要:"向他而谓,云互物者"(《范畴篇》6a36—7)。③ 而拉丁原文说得显然要多得多:"那些被称为相对的东西,是被称为通过别的东西的东西,或被称为以另一种方式与某东西相连"。④ "通过别的东西"用的是属格,关于它的评点没有被译成汉语,但能告诉我们如何理解被省略的那段文字,以及它为什么没有出现在《十论》中。

> 亚里士多德称关系为"与某东西"(ad aliquid),因为关系更明确地与其他偶性有区别,而这是因为其本质是被置于某东西中,好像它是及物的:⑤(249)这也是为什么他把关系者定为复数形式的原

---

① 《名理探》,第 349 页。对应于《亚里士多德辩证法概论》,第 363—364 页。(译者注:峨加摩今译奥卡姆。)
② 同上。
③ 同上,第 431 页。由于"而谓"翻译的是拉丁语的"被叫做相关的"(《亚里士多德辩证法概论》,第 446 页),我们可能会想,中国人过于从语言学角度出发来解释,但之后我们看到:"解互物,当云其有,在有所向"(《范畴篇》,第 436 页)。
④ 拉丁原文:"Ea vero dicuntur ad aliquid, quae id quod sunt, aliorum esse, aut ad aliquid aliquo alio modo dicuntur"(《亚里士多德辩证法概论》,第 446 页)。
⑤ 这一句是这样翻译的:"互也者之为依赖,其义,切在乎自此而迨彼者"(《名理探》,第 431 页)。

因,无疑这样可以显示关系涉及两个事物。阿莫尼乌斯在这里的评注中以及阿尔伯特(对数下来应该是第三章内容的评论)都提到,除非你同意波爱修和其他诠释者的做法,你应当把这种复数形式当作是代表单数的。而且,所引用的定义包含这样的意思,关系者是这样一类事物或存在物,它们相对于别的东西而言是其所是者(或者说,为了和希腊原文更加保持一致,是它们就是的那些东西,即是按它们的本性和本质所是的东西),或被称为以另一种方式与某东西相连,即通过它和另一东西(ad aliud)的关系来对它作出解释,所采用的是宾格或其他格,因为按辛普利歇斯的解释,这就是"以另一种方式"所表达的意思。①

汉语无法区分单数和复数的关系者,它可以用"互视者乃他物之互也"来模仿属格的"通过别的东西"。但"他物"被置于"之"所管辖的定语位置后无法通过某种调整而变成类似于"宾格或其他格"的表达式。那么缺乏词型变化确会使汉语在表达和分析关系时处于某种劣势吗?"夫凡互物者,彼此相转应。君谓臣所君,臣谓君所臣。倍谓半之倍,半谓倍之半"(《范畴篇》6b28—31)。② 英语很难体现汉语例子中第一对和第二对之间的差别。被动式的"臣所君"和"君所臣"可以表达为"被臣当作君的人"和"被君当作臣的人"。在"倍谓半之倍,半谓倍之半"中,造词方式是:修饰词 +"之"+ 名词。我不知道如何解释这种转换,因为拉丁语和希腊语中的表达式都是一致的:"x(主格)of y(所有格)"。也许中国人试图引入某种(他们自己并不喜欢的)造词上的转换方式,用来再现西语中格的变化。拉丁原文中,接下来还有一段文字,《名理探》把它全部省略了:

> 而且人们在谈论关系者时总是把它们和那些它们用来换位的

---

① 《亚里士多德辩证法概论》,第445—446页。
② 《名理探》,第433页。

放在一起谈论,奴隶被叫作主人的奴隶,主人则被叫作奴隶的主人;一倍被叫作倍半,而一半被叫作半倍等等,尽管有时表达式在格上有所不同(quamquam interdum diction casu differt)。知识是可知东西的知识(scibilis scientia),可知东西通过知识可知,(scibile scientia scibile)。感知是可感知物的感知(sensus sensibilis sensus),可感知物被称为而可感知通过感知(sensibile sensu sensibile)(《范畴篇》,6b28—36)。①

也许我们确实在这里终于遇到了某种汉语无法表达的东西。这倒不是因为(人们能一眼看出的)拉丁语中的词形变化毫无疑问是始终如一的。scientia在所出现的两处看上去都是一样的,但第一处是主格,第二处则是离格。虽然它们的发音在某些时期会有所不同,对十七世纪的欧洲人来说它们很可能在语音上是一致的。所以出现在不同地方的scientia只能按它们各自的功能来加以区别,就像出现在不同地方的"智"。诚然,主格的sensus和离格的sensu在标示格的词尾上有所不同。但是我们应该想到,拉丁的离格构词法是用来翻译希腊语中的工具与格:τὸ ἐπιστητὸν ἐπιστήμῃ ἐπιστητόν 和 τὸ αἰσθητὸν αἰσθήσει αἰσθητόν。高度曲折语言有不同数量的格,明确的"工作"常常在不同程度上由共享的格承担。汉语真的处于很严重的劣势吗?直接的回答肯定是,在这个特殊的例子中,汉语缺乏词形变化反倒是件好事:亚里士多德认为,恰当地连接在一起的关系对子无一例外地具有"互相性",尽管有格的差异。所以孤立语不需要我们去费力避免不相干但干扰我们注意力的那些词形变化。但是我们不得不承认,各种不同的曲折形态确实使西方学习《范畴篇》的人对相关联的项如何相关联在逻辑上的差别更加敏感。这个例子应该比照第一章所说的:希腊语丰富多样的情态类别为模态逻辑的发展提供了某些帮助。

---

① 《亚里士多德辩证法概论》,第448页。

第七章的评注表明缺乏曲折性并不阻碍《名理探》翻译那些最技术性的经院哲学分类法。现在有一个关于关系范畴成员资格的问题：关系者必须是真实存在的东西吗？是否像心理构造物这样的东西也可以包括在内？既然关系本身分为"存在意义上的关系"和"理性的关系"，二者都可以包含在此范畴中吗？最终的答案应该是，关系范畴的成员资格需加以限制，但在规定这一范畴的成员资格过程中，我们必须区分"存在意义上的关系者"(relata secundum esse)和"言谈意义上的关系者"(relata secundum dici)：

> 其一就有而为互物。其二，就谓而为互物也。凡就其本性而有所向乎他物，是为就有而互如质模各就本性而向。两相似者，亦就本性而向也。就谓而为互者，分两义焉。一、就其凡向他物，而为明悟所摄者，则举凡就实有而为互者，皆统于此义，缘其俱就向他物者以为明悟之所摄故。一则但举超而无所相视之物，但就明悟所摄。其情用似有所向者。①

第二个并合适的"言谈意义上的关系者"定义适用于在本质上非关系性的东西，但它们是通过和别的东西的关系来被理解和解释的（例如头是通过身子来理解的）。这样《十论》能够容纳大量繁复的对关系和关系者的逻辑分析，尽管翻译在一定程度上由于汉语缺乏词形变化和格的区别而存在缺陷。

10. 特殊与一般

第五章讨论的是实体（自立或自立体），它把我们带入范畴理论的核心部分。"凡不能称底，又不能在底。是在谓初体，最切为自立。"②尽管

---

① 《名理探》，第 441 页。对应于《亚里士多德辩证法概论》，第 458—459 页。
② 《名理探》，第 353 页。拉丁版中的例子"某一个人和某一匹马"在这里被省略了，但我们将会看到，这一省略并非无关紧要。

像个别的人这样的原初实体（初自立）是地道的存在者，所有实体，不管是特殊的还是一般的，都比偶性（依赖）范畴中的东西有优先的地位："自立贵于依赖。况自立者，直谓为有。而依赖者，惟视自立者以谓为有耳"。①"实体"（"自立体"）包含四种意义："本元"、"凡不为依赖之物，或全或不全之有"、"全成之自立体"、"初之自立体"。②第四种意义带有最少的限定，因为只有原初实体（初自立体）本身能够存在。"缘次之自立，就初者而谓之在。而初者自为现在，不就次者而以为在也。"③

第二章对"在"关系和"称"关系的解释提供了如何确定实体在本体论上根本的地位。亚里士多德从这里开始讨论范畴本身，他借此机会表明，特殊个别的实体必须是任何其他东西的基础："一切诸有，或称初体，或依④初体……故设初体若无现在，一切诸有俱亦必无。"⑤（《范畴篇》，2a34-5，2b5-6）⑥评注解释道，当实体范畴中的种可以"称"一个属，它也可以"称"某个自立体。例如，如果动物用来称谓人，它必然也可以用来称谓某个具体的人。同样，当一个偶性的种内存于一个一般的主体，它必然也可以"在"某一个自立体中。例如，如果颜色"在"物体中，它必然也内存于某一具体的物体中。⑦把亚里士多德的本体论传入汉语的历程就这样完成了。

---

① 《名理探》，第353页。
② 同上。对应于《亚里士多德辩证法概论》，第369页。
③ 《名理探》，第353页，对应于《亚里士多德辩证法概论》，第371页。
④ 拉丁版是这样的："所有其他东西要么称要么在作为主体的自立体中"（《亚里士多德辩证法概论》，第370页）。《名理探》把"在"等同于"偶然地依赖于"当作是理所当然的，又一次改动了亚里士多德的原文。
⑤ 拉丁版如下："所以假如实体不存在，其他任何东西就不可能存在"（"non existentibus igitur primis substantiis aliquid aliorum esse est impossibile"，《亚里士多德辩证法概论》，第372页）。（和阿克瑞尔所做的一样）高因盘利版在翻译希腊语"μὴ οὐσῶν τῶν πρώτων οὐσιῶν"（"假如实体不存在"）时特别标明，这里的非是(not-being)是非在(non-existence)。《名理探》更进一步，它引用了经院哲学把不加限定的"存在"和"实际持存"相等同的做法。
⑥ 《名理探》，第355页。
⑦ 同上，第355—356页。对应于《亚里士多德辩证法概论》，第373页。

评注部分还包括对这一具体实体首要性论题所作的反驳(驳):

> 由上推下而是,复由下推上而非,究竟所推之法未确也。则亚利所云,生觉者既能称人,亦能称一人,而又云设不能称一人,亦不能称人类者,其推论者皆非也。①

这些经院哲学的基本信条源自《前分析篇》,但这部著作从未被选入教程。那些没有受过西方三段论训练的中国人一直靠汉语思维,而这种语言在我们第一章提到那些持相对论的汉学家看来,从根本上不适用于系统化推理。这些中国人真能对付这种形式逻辑吗?《名理探》教我们去这样跟那些反驳者辩论,告诉他们他们的推论之所以有缺陷,只是因为他们依赖"定为某一下":就因为人是白的,并不意味着某个具体的人也是白的。如果某一具体的人不黑,这并不意味着人也是不黑的。但是,如果这里具体的人指的是随便什么人,即"无定指之不分一者",那么这一推论则必然是有效的。如果"人类之公性"是白的,所有属于这一物种的个体也必须是白的,正像如果所有具体的人不是黑的,那么整个这个物种也必须不是黑的。②(注意这些推论是有效的,但它们并不确凿。)这里的翻译没有任何问题。我们在原文中会得知,有效的肯定性论证是基于"第一前范畴律"("the first antepraedicamental rule"),否定性论证则基于"对部分的完全列举"。拉丁版的读者可以参考基础逻辑课本,而汉语版的读者则无法这么做,但他们自己语言里的例子也可以帮助他们同样很好地理解那些非形式化的证明。虽然具体个别的实体是第一性的,一般的实体也应该在范畴中占有一席之地。这一亚里士多德的论题派生出许多其他问题,在什么程度上《名理探》能顺利地应对这些问题?"若除初体,其他诸有,所称

---

① 同上,第356页。对应于《亚里士多德辩证法概论》,第373页。
② 同上,第356—357页。对应于《亚里士多德辩证法概论》,第373页。

所依,惟宗惟类。故谓自立,于义亦切。如称某甲,称某文艺,亦可称人,可称生觉。"(《范畴篇》,3a1—5)①拉丁版是这样写的:"正如第一性实体(自立体)与所有其他东西相关联那样,第一性实体的种和属也是与所有其他东西关联,因为所有其他东西都被用来称谓它们。如果你说,一个具体的人是懂语法的,那你会承认,人和动物都是懂语法的。"②汉语版有三处改动。首先,它用很大的篇幅告诉我们,存在者和第二性实体有关联是通过以下两种方式中的一种:它们要么"在"第二性实体中(例如,培植"在"动物中),要么第二实体"称"它们(原文没有提供实例,但是我们可以说,人"称"动物)。第二,在这一扩充基础上,《名理探》增加了一些关于第二性实体也具有实在性的论证,理由是第二性实体也可以做主体。第三,汉语版没有翻译"所有其他东西都被用来称谓它们"这部分。这一说法可能会引起麻烦,因为它听起来像在说,所有其他东西都"称"种和属。实际上,拉丁版用的是具有一般意义的"praedicantur",而不是带有具体含义的"de subiecto dicuntur",不过《名理探》把这一可能会造成混乱的根源给消除了。李之藻和傅汛济所推出的《十论》是通过小心翼翼地修改《范畴篇》艰涩的文风而得到的。在他们看来,即使《十论》读起来仍然费劲,但比起原文来还是要流畅多了。

在以下的这段文字中,亚里士多德为一般实体争取一席之地的企图受到了前所未有的阻力:

> 自立者所指,似实本自在。夫论初之体,固指实自在。若次之体者,就所用名相。云人云生觉,亦似指本然。而实自在者,究理则不尔,其指更若云,何似之自立。缘人与生觉,个非一自在。用称多自在,宗类何似,与白何似,其理不同。白者依外,不释物性,宗类统

---

① 同上,第359页。
② 《亚里士多德辩证法概论》,第374页。

内,能解性义。(《范畴篇》,3b10—21)①

亚里士多德处于矛盾之中。一方面,尽管他反复地向我们确证,第一性和第二性实体都是实体,因为它们从不内"在"于任何东西中,但特殊个体总是"在最高程度上"的实体,因为它们无法被用来"称"任何东西。成为一个属就是通过被用来称谓这一属中的成员的方式存在;但成为一个个别实体,只要这个个别实体存在即可。另一方面,"只要"个别实体存在这一说法也许经不起推敲。我们说过,"苏格拉底是人"不仅仅告诉我们关于他的某些事情,还指出他是什么。不过我们不大相信这种"在"和"称"之间的简单对比足以说明这一真知灼见:自然存在的个别实体实际上是由它们的某些特性来界定的。这些听起来就是这一段落中不自然的妥协尝试。这一段的一开始对种和属是否可以被称作"实体"持怀疑态度,因为二者都具有一般性。但到末尾的时候,它又说二者所指的性质是对实存者的规定。这是对《范畴篇》地地道道的现代诠释,在它看来,3b10—21这部分所体现的亚里士多德摇摆于以下二者之间:把个别优先于一般的简单化的本体论,和见于《形而上学》Z和H中深刻但未完成的对存在的思考。当然《亚里士多德辩证法概论》和《名理探》中的亚里士多德似乎从来也没有遇到什么麻烦,对这一章内容阐述的评点,列举了整个经院哲学所掌握的全部有效的形而上学思考方法。但尽管如此,所引用的那段文字仍显得非常微妙,汉语版是如何成功地翻译这段艰涩的文字的?我们在这里所发现的还是我们在这之前不止一次发现的东西:李之藻和傅汎济在把《范畴篇》演绎成《十论》时,后者在他们手里成了一个有别于拉丁版的新作。与纯粹的拙劣翻译技巧无关,这恰恰是中国文人、耶稣会士和他们想象的汉语读者之间微妙的互动所造成的结果。第一个重要的差别在我们看来就在第一句中。拉丁

---

① 《名理探》,第361—362页。

版是这样的:"每一实体似乎都标明一个特定的此"("omnis autem substantia hoc aliquid significare videtur").① "一个特定的此"("hoc aliquid")是翻译希腊原文的 τόδε τι。"此性"("thisness")即特殊性。亚里士多德的意思是,非一般性是实在性显而易见的标准(也是作为"在最高程度上"的实体的真实标准)。但是在汉语中,未加修饰的"此"则变成了"实际和本质上的自在本身",即"实本自在"。也就是说,李之藻和傅汎济认为把亚里士多德自己的词换成经院哲学在区别仅存在和实际自在的表达法并无不可。由于只有第一性实体本身才自在,这一句子听上去非常古怪。亚里士多德本人难道不知道只有"实体"在其最狭窄的意义上才满足他的描述吗?这种说法远远超出了我们前面的例子所能表达的意思:因为虽然作为实际上和独立的自在的第一实体这一概念包含了亚里士多德几个关键的思想,《范畴篇》所指的就是"此性",而非现实性。在这个例子中的汉语翻译,退一步讲,即使对现代那些最不追求严格性的人看来,都可以叫作带有暴力性的过度翻译。李之藻和傅汎济的"自立者所指,似此"显然是严格尊崇原文的意思,但他们还是决定把他们最得意的解释嵌入本文之中。当然,每一种翻译,不管它是"字面的"还是自由的,好的还是坏的,不可避免地带有解释成分。在我们看来翻译和解释确实不是一回事,而按我们的标准,耶稣会士和文人们很少顾及它们之间的差别。

汉语版的第二个句子不可避免地发展了它那个"被澄清"了的说明。拉丁版这样说的:第一实体的"此性"是不容置疑的,因为"这里所指的是具体个别的,且数量上是一"。所以对西方的读者来说,特殊指称毫无疑问具有直接性。拉丁版继续写道:"但就第二实体而言,虽然它们由于名称似乎也指称某一此,例如当我们说'人'和'动物'。但这种说法并不对,它们实际上指称某种性质(quale quid)。"这里的对比很能说明问题,

---

① 《亚里士多德辩证法概论》,第 378 页。

它又一次使我们想起与"引导和限制"有关的问题。从语言学的角度看待拉丁语（和希腊语），我们会被语法意义上的数误导，相信一般就是特殊：由于"人"和"动物"跟"（此）人"和"（此）动物"一样，都是单数的名词，我们会错误地认为，这些词的所指，即作为属的人类和作为种的动物类也是特殊个别的东西。我们已经看到，《十论》确实区分特殊和一般、具体个别的人（不分一人）和人类（人之类）。如果中国人说到人（"云人"），"人"这个词是没有单复数标示的，但是，汉语在没有词形学资源的情况下可以表达一般的"人"实际上是用来称谓许多个别的人的意思，因为尽管没有在形式上标明数的区别，它无法将"（一个）人"和某人，"人"通过"人们"和人们建立关系。但是，我们可以再次尝试颠倒由此隐含的过程：假如"人"无法从词形上加以改造而变成可以用来表达复数，同样道理，单数和复数的差别则变得无所谓，所以也不存在什么好像能"标示某个此"这样的似是而非的"称谓形式"。汉语版最后确实宣布，第二性实体"称谓许多持存者本身"（"用称多自在"）。

《名理探》写道，"人"和"动物"的意义"似乎是我们在谈论具有特定属性的实体"，（"何以之自立"），而拉丁版并没有提到实体（"它们标示特定的属性"）。在此情况下，对所谓的"第二性实体"究竟是否一定不属于性质范畴，西方的读者至少会有片刻的存疑。《十论》的读者会马上意识到，被加以定性的实体还是实体。一般谓项，不论是实体性的还是非实体性的，不会标示一个"此"这种观点会威胁到整个的范畴体系，而《十论》的读者会看不到这种威胁。《亚里士多德辩证法概论》的结尾处也小心翼翼地强调说，类的性质与"普通的"性质不同（"quale quid absolute"）："属和种界定实体的性质：因为它们确实标示出具有特定性质的实体（qualem quondam substantiam）"。这里提到了界定这一概念，但是没有明确提到本质性称谓，而汉语版中则有"种和属决定（统）本质并可以界定本性"。"统"是"次之体者"取得在最重要意义上的实体地位的关键因素。

《名理探》在其评注中,探讨了一种反对把"次之体者"界定为具有特殊性和持存性的实体的观点。"本子在者,乃诸畸一之物所独有之情也。"①但是第二性实体既没有单一的指称,也不能自己持存,所以一般本性的存在依赖于特殊个别东西的存在。② 对这一说法的回应是,实体范畴中的所有项目都可以被认为具有自在性。不错,只有具体的个体才"被称作实际存在的方式"("现有其即"),③但尽管一般本性并不完全地自在("不尽然"),④它们"通过达到和本性的现实化自在性的方式本身结合,来接受现实化了的自在性"。⑤ 这里所说的享有"现实化自在方式的本性"并不是某一种"一般本性",而是已经有点特殊化了的本性,因为它是某一第一性实体的本质。⑥ 所以完全一般的实体可以说,是通过垂悬于可被称作基本本性的特殊和一般,或既不特殊也不一般的下摆,来间接地自在。总之,亚里士多德试图否定的只是"一般本性能够以抽象的方式脱离于属于这一范畴的东西,并实际自在"。⑦ 经院形而上学(和某些当代亚里士多德学者)由于这类事情而得了坏名声:汉语读者会相信这般诠释的《十论》真能用来指导我们认识现实吗?

---

① 《名理探》,第 365 页。对应于《亚里士多德辩证法概论》,第 383 页。"畸一"翻译的是 renders suppositio。
② 至于公性之在,则必系于不分一者之在(同上)。
③ 同上,366 页。
④ 同上,367 页。
⑤ "公性就所现在之即以得现合于性所现本子在之即"(同上,第 366 页。对应于《亚里士多德辩证法概论》,第 384 页:我相信我的翻译是准确的。尽管这个句子很难,但它具有很好的逻辑结构,并(对经院哲学家们而言)很有道理。)
⑥ 参见:"就某甲所以在之在,与在某甲之人性所以在之在,实惟一在耳,则夫称各体之在。岂可谓不同义者之在欤?"(同上,第 377 页,对应于《亚里士多德辩证法概论》,第 396—397 页)。
⑦ "不能脱乎属伦而现在"(同上,第 368—369 页。对应于《亚里士多德辩证法概论》,第 386 页)。

下一个反对意见认为，自在标准给我们对灵魂的理解带来了麻烦。①因为灵魂是不完整的存在者，它无法处于实体范畴中的第一等级，但它本身确实以要么依附于身体要么脱离于身体的方式自在。因此自在性本身并不是第一性实体的一个特有的性质（独情）。对以上这种说法的回应是，灵魂本身并不自在："为其在人，乃全者之一分，且为其模故也。"②在前面的评注中，灵魂被当作知性和意志居存的直接主体，但这对亚里士多德反二元论的心理学来说是非常不利的。而现在的说法则完全相反：形式因（模故）应该是使事物成型的、并与之不可分离的组织原则。但灵魂怎么可能有时能离开身体而存在呢？《名理探》中没有提到的一个拐弯抹角的解决办法，是承认理性的灵魂不同于其他成因，是可以和身体分离的存在者；它同时还强调，灵魂不能永久地处于非物质的状态，它必须最终和身体再次结合。这样肉身复活的教义是起到为宗教提供哲学的作用。也许复活是在（部分）被禁的名单上和圣餐在一起，所以汉语读者仍然对如何协调各种不同的涉及心理学的段落没有信心，更不用说如何把这一心灵哲学和他们所学的基督教教义联系起来。

　　最后，我们来谈谈源自原文中几个词的问题，这几个词没有被译成

---

① 汉语中是"人之灵魂"（《名理探》，第366页），拉丁语是"anima rationalis"（"理性的灵魂"《亚里士多德辩证法概论》，第384页）。但是，有意思的是，这里用的是"灵魂"，而不是单音节词"灵"。中国传统心理学认为灵魂有十个部分，属于魂的三个部分跟阳，即正面的、太阳的、男性的原则有关，另外的七个部分属于魄，它们和阴，即否定的、月亮的、女性的原则有关。"魄有时被认为是寄居于尸体之中—直到后者腐烂为止，然后它们便回到属阴的泥土之中。魂应该在人吐出最后一口气后离开了身体。魂的某些部分可能会呆在逝者的牌位上，并接纳祭品，但没有人认为魂的任何部分会在逝者死后继续在体外存在多于几代后人的时间"（路克：1988年，第194页）。显然，对基督徒来说几乎所有这一切都是十分可怕的想法，但在一起合作翻译的中国信徒和耶稣会士可能觉得魄作为一个心灵的概念远不如魄那样腐朽，所以他们决定用"灵魂"来翻译 anima。（人们可能会设想，灵魂就是特定的"理性的灵魂"，尤其联想到利玛窦在《天主实义》中的用法（见本书224页）。但是，由于《名理探》接下来把灵魂当作活人的形式因，所以它必然是指灵魂的整体，因为感性灵魂和植物性灵魂也都构成了形式因的组成部分。）

② 《名理探》，第369页，对应于《亚里士多德辩证法概论》，第386页。

汉语，但是对这个问题的解决则保留在《名理探》中。《范畴篇》2a11—13的意思是："任何不能用来称一个主体或不能'在'一个主体中的东西被叫作第一性实体，并具有最高度的自在性"，它后面又写道："例如某个人和某匹马"（2a14："ut quidam homo, et quidam equus"）。① 评注部分解释道："这里引用的'某个人或某匹马'是用来服务于证明某些东西，即它们是用来标明这些东西在逻辑关系中的位置。苏格拉底和柏拉图在那种形式里就不属于第一性实体的范畴，而是那种我们以后会说到的含糊个体"。② 这种解释完全是弗雷格数理逻辑诞生之前存在的一种糟糕的思路造成的。对经院哲学家来说，"所有的人"和"一个人"肯定是指称语，和"苏格拉底"一模一样。"苏格拉底"指称苏格拉底，"所有的人"指称所有的人，"一个人"指称一个人，而这一个人既不是苏格拉底，也不是柏拉图，也不是……这一个人只是一个人，一个悬而未决的"含糊"个体。评注部分在讲了这些令人糟心的事之后提出了反驳，现翻译如下：所有含糊的个体（"游移特一"，字面意思是"变换的个体"）如"一个人"或"一匹马"都是第一性实体，但这个意思并没有体现在它们的定义中，因为它们的定义是，第一性实体不能被用来称主体。但"一个人"是被用来称谓所有个体的人（"可用一人以称某某"），因为"一个人的"定义（"故"）适用于它们中的每一个。所以第一性实体的定义有缺陷。③

对此回应有二。首先，含糊个体是第一实体，因为它们不是用来称谓某个复数集合。一个含糊个体是不能用来像称谓主体那样地称谓个体，含糊个体和主体的本质相连。含糊个体跟这些个体是一样的（"惟一

---

① 《亚里士多德辩证法概论》，第370页。
② 拉丁原文："Haec afferuntur loco exempli pro iis, pro quibus verificantur, scilicet pro Socrate et Platone, namsub ea forma non sunt primae substantiae praedicamentales, sed vaga individua ut postea dicemus"（同上，第372页）。
③ 《名理探》，第380页。原文："凡游移特一，如云一人，云一马者，皆为初体。然而其解未括，则解之未尽也。何谓其解未括者，解云不可用初体以称诸底，然而可用一人以称某某，缘某与某，各可谓之一人故，则似另有初体，而未括于其所解者也"。对应于《亚里士多德辩证法概论》，第398页。

而已")。假如有人说,一个个体是"一个人",他所说的只是他是这个或那个个体("指其为此一人彼一人云尔")。① 这个解决办法试图解释量化问题,但不必设定存在着"含糊"的所指,并有可能提供一种不同的解答,即否定含糊个体是第一性实体,因为它们是"一般本性和不确定特殊种差"的复合体("公性未定之特殊所成者")。② 很可惜,中国人被从这个解决办法引开了。这部分的讨论结束在一个庄严但讳莫如深的声明上:

> 亚利篇中,不举有定之某特一,而举游移之特一,缘定特一者不足为明悟恒然之定界。而游移之特一,则脱乎定限之殊,第存所共之性。故明悟用之以为恒然之界焉。③

这里的意思是,真正的第一性实体只存在于短暂的时间内,含糊个体则带有类的不变特性,而哲学知识的对象应该是一般不变的东西。这一切听起来都不错,但用作《范畴篇》第五章中把特殊者替换为含糊个体的理由则非常不合情理。实际上汉译本所根据的那个未加修饰的原文对这种解释并不积极:"假如我们相信司各特所说的,比起那些确定的个体来,亚里士多德更喜欢用这个例子,这样可以使这一哲学的大部分能成立,而这一哲学的大部分所关注的并不是特殊的个体。"④从整体上讲,高因盘利版的作者们不大相信司各特。

把反驳部分的汉译版和拉丁版相比较,我们可以清楚地看到《名理探》所处的困境:"相反,我们认为一个人和其他含糊个体是第一性实体,但关于第一性实体的定义并不适用于它们,所以是不合适的。大前提来自亚里士多德,是亚里士多德拿它做例子;小前提被证明为真,因为一个人可以用来称谓许多人,正如可以用来称谓主体。"⑤由于 2a14 没有被译

---

① 同上,第 381 页。对应于《亚里士多德辩证法概论》,第 400 页。
② 同上。
③ 同上。
④ 《亚里士多德辩证法概论》,第 400 页。
⑤ 同上,第 398 页。译者加着重号。

成汉语,我们不禁要问,难道会有人认为含糊个体应该符合第一性实体的定义?不管这种想法对还是错。对此的回应确实含有如下意思,亚里士多德本人所指称的确实是它们(他"指称的不是确定的特殊个体,而是含糊个体"):在哪里呢?我们至少可以本分地还原这一情境,因为《范畴篇》稍后的一部分页被解释为是指称含糊个体,而这部分被译成汉语了:"一个人"("quidam homo")属于人这个属(2a16—17):但汉语版只有"人",而没有"一人"。① 假如《十论》的读者最终在区别特殊和一般时还会犹豫,原因是在晚期经院逻辑学中的纷争,而和汉语中那些被认为是指称或量化方面的资源匮乏无关。

11. 译不可译

"亚里士多德传话游戏"的简要总结是:我们的目的是试图按它曾经被理解(或误解)的方式去阅读《名理探》,而不是按严格的翻译标准找出它明显的成败之处。但是最后我们要回到《范畴篇》的开端处思考《十论》中最让人惊讶的段落之一。

第一章介绍了一些后来用到的语义方面的区别。② 拉丁版是这样的:"这类东西被叫作合称之名(denominatives),它们是从某物获得名词化的称谓,它们只在格上有区别,这正如语法学家从语法获得(它的/他的)称谓,勇士从勇敢获得(它的/他的)称谓(《范畴篇》,1a12—15)。③ 拉丁版的评注解释道:"合称之名源自先前存在的某些形式,并从那里获得

---

① 《亚里士多德辩证法概论》,第 370 页。
② 沃迪在 1992 年的论文中讨论了第一章翻译的某些方面,在此就不在重复了。
③ "Denominativa ea dicuntur, quae ab aliquo nominis appellationem habent, solo differentia casu: uta Grammatica Grammaticus appellationem habet, et a fortitudine fortis"(《亚里士多德辩证法概论》,第 306 页)。拉丁原文中没有英译本中的"its/ his"("它的/他的"),要在二者中选择哪一个,我们当然不得不在那个对象,即语法学家,和那个词"语法学家"做出选择。但是在拉丁版中没有物主代词,所以也不存在选择的问题。

它们的名称,它们开端处和那些形式有同样的名称,但结尾处则不同"。①看来这种情况应被认为是不可译的。亚里士多德在界定合称之名时,不仅仅因为用某些语法特征可以更方便地表达他的理论,他的理论本身就是建立在词形变化之上的。汉语版的翻译则是:"由彼他物,以成厥名,是缘底模。合成而谓,如德与人,皆称谓勇,由德而谓"。② 评注中这些词被称为:"西言得诺摩纳第勿(denominativa),译云合称之名"。③

读到这里,我们可能会认为 1a12—15 的汉译是个败笔。《十论》会说这些名称"是基于别的东西而形成的",但它所用的例子并不支持这种说法:在英语中,如果德行是"courage(勇敢)",有此德行的人便是"courageous(勇敢的人)"。在汉语中,此德行(德)和有此德行的人(人)用的是同一个字,即"勇"。再则,汉译本避开了"……从某物获得名词化的称谓,它们只在格上有区别"这部分:"主体和形式"("底和模")怎么会跟词根和表达格的词尾有关呢?

如果我们仔细阅读这段明确地提到"主体和形式"的评注④,我们会注意到它给我们的印象有戏剧性的变化。首先,"两者之名,在始则相合,在末则相异"⑤跟拉丁版的意思是一样的。第二,它们的本质原则在存在意义上是相当的,而只在语式上不同,因为形式(模)就其本身而言只是一种抽象的存在,内在于具体主体中的形式实际上描述的是特殊者。

> 比如智为模,智者为其所由以称人者,论启口所称之智,惟一而已。译其末,则有指德指人之异焉。⑥

---

① 同上,第 305—306 页。
② 《名理探》,第 292 页。
③ 同上,第 293 页。
④ 《名理探》,第 313—314 页。对应于《亚里士多德辩证法概论》,第 327—330 页。
⑤ 《名理探》,第 313 页。
⑥ 同上。

李之藻和傅汎济为这个翻译上巨大难题所找到的解决办法是采用"者"这个具有多重动能的字。"智"("知识")是一个抽象的名词,而"智者"则是"知的状态"。英语的"courageous(勇敢者)"这个合称之名的最前面的两个音节是和命名某种美德的名词"courage(勇敢)"完全一样的,但其后缀标示它是派生的。同样,在汉语的"智者"中,第一个字是命名某种德行的抽象名词"智",但这之后的功能性字则标明"智"这个字在这里被用作不同的目的。

我们可能会为这种翻译上的独具匠心而鼓掌,但它翻译得再好又怎么样?关于合称之名的理论难道不就是印欧语言学中一个不起眼的片段?由于某种显而易见的原因,拉丁评注中有一段没有被译出,但通过这段未译的文字,我们可以理解被译出来的部分所包含的,远不止对《名理探》读者而言没有任何用处的语法知识。"有些词仅就其名称的某一格而言和主格形式没有什么不同,它们也应该属于合称之名。例如在 Grammaticus, Grammatica, Grammaticum 中,阴性的 Grammatica 明显和作为主格形式的 Grammatica 是一致的,尽管圣奥古斯丁不这么认为。"①那些叫作"合称之名"的东西有一个在格上与命名抽象偶然形式的主格词不同的名称,这对"合称之名"而言是常态。但这种常态并不是作为"合称之名"的一个必要条件,因为"如果我们仔细观察,我们就会发现意义模式上的差别倒是优先的,因为既然形式是在它所处的一个不同状态中,并和主体结合在一起,我们用一个以不同方式构成的词来表达加在形式之上的模式意义。② 把在处理像 grammatica("语法")/grammatica("女语法家")这种(非常态的)不变形式中发展起来的策略稍加修改,就可以用来处理汉语中的不变形式,而这在汉语应该成为常规的做法,不是例外。

---

① 《亚里士多德辩证法概论》,第 329 页。
② 同上,第 330 页。

第一章关于语义差别的讨论是如何为范畴理论做准备的？不要忘了,《范畴篇》的主要目的是向我们证明,尽管存在着异常多的存在方式,实体和特殊者比偶性和一般者要优先。像人和智慧这样的共相是真实的,但像孔子和孔子的智慧这样的特殊个体处于最重要的位置,并且孔子的智慧依附于孔子。这就是为什么就形而上学而言以下的区别非常重要:"我们不说" wisdom is Confucius(智慧是孔子)或 Confucius is wisdom(孔子是智慧);"我们说" Confucius is wise(孔子智慧);对哲学语法学家来说,正确地辨别主项和谓项并清楚"wise(智慧)"只是一个形容词,可以使他认识到这个智慧性质的具体特例是孔子的智慧。

中国人能否如此表达是个非常重要的形而上学问题吗？"卡耶坦正确地指出,因为白(white)是白色性质(whiteness)的效果,它在本性上就后于白色性质。所以效果的名称预先假定了其成因的名称,即白色性质的名称。并非服从语法的规则的复合名称总是源自抽象名称。"①高因盘利版的作者们不大可能认为所谓"albus"("白色")来自"albedo"("白色性质")只具有词源学的意义,实际情况恰恰相反。"我们"应该关注的事情是现实的结构,而不是某种语言的结构,不管这种语言是我们熟悉的还是异域的。有时候,如就在这里,语言学的依附关系正好跟本体论的依附关系相反。这时候我们所需要的是哲学"语法"而不是语言的"语法"。以类似于构造合称之名的方式来构造带"者"的词是一大胆的尝试,它从语音学的角度看也是可行的。指称偶然形式的抽象名词和指称个别实体的特殊偶性的名词＋"者"可以形成某种对比,而我们所需要的就是这种对比。但是,显然"智"后面没有跟着"者"完全不同于印欧语言中被去除了词形变化部分(accidence)的形位(morpheme):可以说"智"内部并没有由于"者"的出现而受影响,它总能被看成是语义上完整的。在这点上它不像希腊语、拉丁语或英语的词根(如果上面那个汉语例子

---

① 同上,第328—329页

被以印欧语言的方式稍作修改,它就可能变成:"比如 know-ledge 为模,智者为其所由 know-ing 以称人者,论启口所称之 know-,惟一而已"。)但是因为西方哲学家知道 white(白色)来自 whiteness(白色)性质,并不在意"white(白色)"和"whiteness(白色性质)"这些词。而中国哲学家能够知道"智者"表明一种偶性殊相从属于偶性共相"智",并不在意两个字排列在一起的方式会表示某种形而上学意义上的"派生"关系。"我们所说的"在某种合适的上下文中可以指"我们哲学家所学会说的",无论傅汎济是否教李之藻任何拉丁语,他为后者打开了一个充满艰辛但正确的通道,使其能有机会领略他自己文化中的至高成就之一,即哲学家们的语言。

后记

在第二章中我们见证了作为一个里程碑和数世纪评注传统的注意中心,亚里士多德的《范畴篇》是如何传递给中国人的。即使没有原文精致的参照体系和三段论格式,这个不寻常的注释运作系统所具有的丰富性和威力,加上它那权威和细致推论的有效结合,在汉语版的评注中,我们必须承认,有时在汉语版的《范畴篇》本身都能被清楚地感受到。我们发现在作者的本文和他人的解释之间的区别有时会变得模糊,这种现象在现在是不可接受的。当然我们忍不住要问,是否这种区别是被故意忽略的。但也许这个问题对耶稣会士来说没什么意义,假如他的目的是把"确实是亚里士多德所说的"传达给一批新的读者。而(人们认为)如果没有广泛和复杂的术语库以及与之相关的区别和定义,这一任务根本无法完成,不管受众是什么样的人。

让读者印象深刻的肯定是那种巨大并独特的创造性:如何以巧妙和精确的语言来完成全新和艰难的工作。(如有必要,汉语的亚里士多德术语目录还会强化这一印象。)但是这一成就的巨大规模不应该被用来忽视或掩盖它所表现出来的紧张或失衡、生硬或不妥的表达,甚至可能是错译,如果真有这些问题。为使这个《范畴篇》项目能帮助我们应对来自语言相对主义的挑战,我们必须仔细地处理那些带有各种微妙细节的具体案例。人们一直在问,被叫作西方形而上学历史上唯一最有影响的文本,是否可以被视作仅仅出自某一语言(或语系)及其某些特征的地方性产物。

  人们有关"中国人绝对无法理解《范畴篇》"的想法不断被证明是不真实的。那些深奥但关键的区别,如存在本身和持存本身的区别、第一性和第二性实体的区别,以及实体和一般及特殊偶性的区别,都能完美地表达出来。《范畴篇》的论证轻松地从语言漫游至世界,由于汉译本忠实于这种占主导地位且相当可靠的解释,看上去像是具有中国特征的"唯名论"观点便消失了。那两段关于相对者和合称之名的文字被看作是相对论提供了强有力的支持,可是即使在这里,汉译本用中国传统哲学中所谓的"意译"方法轻松而成功地传达了它们的含义。我们还看到,汉语的某些相关的特征可以被理解为既没有歪曲,更没有丢失亚里士多德的意图,它们实际上反倒更适合于再现所讨论对象的逻辑特性。汉语缺乏词形变化这一特点有助于避免某些(名称间)的变化现象,这些变化现象似乎表达真实的关系但实际上不是,它们只是格的曲折变化的语法规则强加在希腊语或拉丁语上的:从另一方面来说,如果我们非得说这类语法上的变化鼓励人们辨认各种关系,那么在这点上,让谁去在曲折的印欧语言和非曲折的汉语之间作出选择?最初合称之名的表达出人意料地用了功能字"者",但我们所要强调的是,译文不仅仅成功地传达了这一区别,而且还像拉丁版那样传达了在这以区别后面的本体论。而且这还不是《名理探》中唯一的一段采用传统评注中的一些方法:在此应该提及"简单"和"复合"名称之间的区别。

  如果"中国读者"(不管他是谁)觉得《范畴篇》和包含其中的评注有点怪,把它和中国自己的哲学教学传统比较一下就会发现,这种奇怪的感觉至少源自西方所强调的有关正确推理是通向真理与和谐的确实途径的信条,它还源自本书阐述的(但显然对中国人来说陌生的)形而上学本身。(从西方读者的角度来看,他们觉得自己被卷入了一场新儒学及反佛教争论的陌生世界之中。)评注部分似乎努力把《范畴篇》和那些和它有关但不太让人接受的东西分开,这些东西有历史方面的(亚里士多德主要是以一位智者和受人尊敬的大帝顾问的身份出现的),也有神学方面的(像我们已经指出的那样,它没有提到化质说和三位一体这类难懂的教义),尽管所做的筛选并不很完善。但是读者还是遇到在我们看来是对《范畴篇》大肆扩展的诠释,倒不是那些行话术语。《亚里士多德辩证法概论》完全是它那个时代和(文化)地域的产物,是一本传统经院哲学的教科书。但在现代西方,人们可以理解甚至欣赏这种奇怪的东西,这本身就表明它并没有被封存于十七世纪,而且我们没有任何证据显示公元前四世纪的希腊语中的亚里士多德无法进入十七世纪的拉丁语和十七世纪的汉语。

"由于它用的语言如此凝练,我喉咙里像有了刺,好几次为其艰深所迫,我想搁笔。"我可以将李之藻描述亚里士多德的话来描述李之藻,但试图在李之藻的译文中感受到我的亚里士多德,教会了我许多有关亚里士多德和语言本身的事情。不管是不是有过什么"中国读者",我希望本书的读者能和我一样相信,李之藻和傅汎济的劳作没有白费。

术语表

这个术语表并不完整，它只包括专门术语说明性的样本（并不是所有的这些术语都在书中被谈论过），以期读者能了解《名理探》是如何顺便为它自己建立起一个经院哲学词汇系统。那些用来翻译拉丁术语的汉字出现不止一次，我还在必要的地方提供了拉丁语和英语的翻译。第一个列表是为汉学家们准备的，以偏旁部首来安排先后①。第二个列表是为不懂汉语的读者准备的，按首字母的顺序排列。

不分一者 particular individual

互视 relation

作所以然 efficient cause

作为 action

依模 accidental form

依结乎底 inherence

依赖 accident

伦 category

---

① 译者注：原书所引汉语术语均为繁体字，术语表次序也均已繁体笔划为准。本译本用简体字，但保留原书术语表次序。

元质 prime matter

内 essence

内有 essence

次质 secondary matter

次体 secondary substance

函内性 essential

切所 place

初情 primary quality

初自立 primary substance

剖析 to analyse

动感 affection

动成 affective quality

动者 motion

反 contradictory

受德 the will

受饰 having

理 mode

可不然 accidental

合一之结 real identity

合底 concrete subject

合成者 compound

合称之名 *denominativa*

合限 term

名理探 dialectic

何似 quality

何时 time

固然之称 necessary predicate

天主 God

天文 astronomy

宗 genus or class

实互 real relation

实别 actually distinct

专而无合 simple

就有而为互物 *relata secundum esse*

就谓而为互物 *relata secundum dici*

几何 quantity

底 subject

形 physical, corporeal

形性学 physics

彼此相转应 to reciprocate

往作为 transitive action

德 potential

思互 relation of thought

性 nature

情 affection, condition

情 proper character

意想 concepts

受德 the will

爱知学 philosophy

怀理 mental definition

抵受 passion

指 designate, signify

推论 inference

掌展拓广狭 extension

据 proof

收论 inference

效 effect

文艺 rhetoric

所以然 cause

所向之为 goal

断通 analysis

作为 action

施动者 mover

既然之须 hypothetical necessity

旨 signification

明学 speculative science

明悟 intellect

明辩 inference

有 being

有也者 existent

有在者 subsisting being

有隔之终底 mediate subject

内 essence

本在之有 *per se* existence

函内性 essential

本理 definition

本自 *per se*

本自在之有 *per se* subsistent being

模 form

模别 formally distinct

模效 formal effect

殊 *differentia*

游移特一 vague individual

为 actual

为所以然 final cause

无属 *simpliciter*

无隔之中底 immediate subject

率基 virtual basis

率基之别 virtual distinction

现在 actually subsistent

现在之称 existential predicate

理 principle

理 mode

理学士 philosophers

生觉 animal

界理 objective definition

留作为 immanent action

直然之须 absolute necessity

直通 simple apprehension

相对 opposite

确 valid

称 appellation, predicate

积 intensity

缺 privation

义 definition

能 potential

能推 extension

能觉之模 sensitive form/soul

脱底 abstract subject

自在 subsistence *per se*

自立 substance

自立体 substance

号 signified

解 definition

解释 to define

据 proof

谭艺 grammar

质 matter

赖 attribute

超形性学 *Metaphysics*, metaphysics

超有 transcendent being

超模 absolute form

游互视者 transcendental relation

辩艺 logic

辩 disputation

限解 strict definition

开展 extension

灵 soul

灵魂 soul

静天 the fixed stars

题论 proposition

类 species

体执 situation

体模 substantial form

absolute form 超模

absolute necessity 直然之须

abstract subject 脱底

accident 依赖

accidental 可不然

accidental attribute 依

accidental combination 依合

accidental form 依模

action 作为

action 施

actual 为

actually distinct 实别

actually subsistent 现在

affection 动感

affection, condition 情

affective quality 动成

to analyse 剖析

analysis 断通

animal 生觉

appellation, predicate 称

astronomy 天文

attribute 赖

being 有

category 伦

cause 所以然

compound 合成者

concepts 意想

concrete subject 合底

contradictory 反

to define 解释

definition 本理

definition 义

definition 解

denominativa 合称之名

designate, signify 指

dialectic 名理探

differentia 殊

disputation 辩

effect 效

efficient cause 作所以然

essence 内

essence 内有

essence 本元

essential 函内性

essential 本然

existent 有也者

existential predicate 现在之称

extension 掌展拓广狭

extension 能推

extension 开展

final cause 为所以然

the fixed stars 静天

form 模

formal effect 模效

formally distinct 模别

genus or class 宗

goal 所向之为

God 天主

grammar 谭艺

having 受饰

hypothetical necessity 既然之须

immanent action 留作为

immediate subject 无隔之中底

inference 推论

inference 收论

inference 明辩

inherence 依结乎底

intellect 明悟

intensity 积

logic 辩艺

matter 质

mediate subject 有隔之终底

mental definition 怀理

Metaphysics, metaphysics 超形性学

mode 即

mode 理

motion 动者

mover 施动者

nature 性

necessary predicate 固然之称

objective definition 界理

opposite 相对

particular individual 不分一者

passion 抵受

per se 本自

per se existence 本在之有

per se subsistent being 本自在之有

philosophers 理学士

philosophy 爱知学

physical, corporeal 形

physics 形性学

place 切所

potential 德

potential 能

primary quality 初情

primary substance 初自立（第一性实体）

prime matter 元质

principle 理

privation 缺

proof 据

proof 证

proper character 情

proposition 题论

quality 何似

quantity 几何

real identity 合一之结

real relation 实互

to reciprocate 彼此相转应

relata secundum dici 就谓而为互物
relata secundum esse 就有而为互物
relation 互视
relation of thought 思互
rhetoric 文艺
secondary matter 次质
secondary substance 次体
sensitive form/soul 能觉之模
signification 旨
signified 号
simple 专而无合
simple apprehension 直通
simpliciter 无属
situation 体执
soul 灵
soul 灵魂
species 类
speculative science 明学
strict definition 限解
subject 底
subsistence per se 自在
subsisting being 有在者
substance 自立
substance 自立体
substantial form 体模
term 合限
time 何时

transcendent being 超有

transcendental relation 游互视者

transitive action 往作为

vague individual 游移特一

valid 确

virtual basis 率基

virtual distinction 率基之别

the will 受德

the will 爱欲

书 目

Ackrill, J. L. (阿克瑞尔). 1979. *Aristotle's* Categories and De Interpretatione *Translated with Notes and Glossary*. (《亚里士多德的〈范畴篇〉和〈解释篇〉,翻译、注释和术语》) Oxford.

Allinson, R. E. (ed.) (爱莲心编). 1989. *Understanding the Chinese Mind: The Philosophical Roots*. (《理解中国心:中国哲学之根源》) Hong Kong.

Anscombe, G. E. M. (安斯康). 1959. *An Introduction to Wittgenstein's Tractatus*. (《维特根斯坦〈逻辑哲学导论〉介绍》), London.

Aristotle(亚里士多德). 1978. *Categories and De Interpretatione*, (《范畴篇》和《解释篇》.) ed. L. Minio-Paluello, Oxford.

——1979. *Topics and Sophistici Elenchi*. (《论题篇》和《辩谬篇》) ed. W. D. Ross, Oxford.

——1995. *Aristotle's Posterior Analytics, Translated with Notes*. (《亚里士多德的〈前分析篇〉,翻译和注释》) ed. J. Barnes, 2nd edition, Oxford.

Bloom, A. (布鲁姆). 1981. *The Linguistic Shaping of Thought: A Study in the Impact of Language on Thinking in China and the West*. (《语言塑造思想:语言对中西思维方式的影响》) Hillsdale, N. J.

Chao, Y. -R. (赵元任) 1955. 'Notes on Chinese Grammar and Logic'. ("论汉语语法和逻辑"). *Philosophy East and West* 5: 31—41.

Chomsky, N. (乔姆斯基) 1967. *Aspects of the Theory of Syntax*. (《句法理论的若干问题》) Cambridge, Mass. 1969.

——*Current Issues in Linguistic Theory, Janua Linguarum*. (《当代语言学问题,语言之门》) Series Minor 38, The Hague.

Chroust, A. -H. (克罗斯特). 1973. *Aristotle*: *New Light on his Life and on Some of his Lost Works*, vol. I, *Some Novel Interpretations of the Man and his Life*. (《亚里士多德生平与遗失著作新探》,第一卷:《亚里士多德及其一生新解》) London.

Cicero(西塞罗). 1971. *Tusculan Disputations*,(《图斯库卢姆之辩》) trans. J. E. King, London.

Collegium Conimbricense(克宁博里森斯学会). 1976. *In Universam Dialecticam Aristotelis*. (《亚里士多德辩证法全集》)Hildesheim.

Davidson, D. (戴维森). 1980. *Essays on Actions and Events* (《论行动与事件文集》), Oxford.

——1984. *Inquiries into Truth and Interpretation*. (《追问真理和解释》) Oxford.

Denyer, N. C. (丹尼厄)1981. "Time and Modality in Diodorus Cronus". ("狄奥多鲁·克罗鲁斯论时间和模态") *Theoria* 47: 31—53.

Diderot, D. (狄德罗). 1875. *OEuvres complètes de Diderot*. (《狄德罗全集》) ed. J. Assézat, Paris, vol. I.

DiogenesLaertius. (第欧根尼·拉尔修)1972. *Lives of Eminent Philosophers*. (《杰出哲学家的生平》)trans. R. D. Hicks (2 vols.), Cambridge, Mass.

Dudink, A. and Standaert, N. (杜丁克和斯丹达尔) n. d. (无年代) "Ferdinand Verbiest's《穷理学》(1683)" ("南怀仁的《穷理学》(1683)"). Unpublished(未出版).

Düring, I. (杜林)1957. *Aristotle in the Ancient Biographical Tradition*. (《古代传记传统中的亚里士多德》)Göteborg.

Engelfriet, P. (恩格尔福里特) 1993. "The Chinese Euclid and its European Context". ("中国的欧几里得及其欧洲语境")in Jami and Delahaye 1993.

——1998. *Euclid in China*: *The Genesis of the First Chinese Translation of Euclid's* Elements Books I—VI (Jihe yuanben; *Beijing*, 1607) *and its Reception up to 1723*. (《欧几里得在中国:欧几里得〈几何原本〉第 1 至第 6 卷的最早汉语译本(1607 年)及其在 1723 年之前的接受史》)Leiden.

Etiemble. (艾田伯)1988. *L'Europe chinoise* I: *de l'Empire romain à Leibniz*. (《中国之欧洲,卷一:从罗马帝国至莱布尼兹》)Paris.

Father FangHao(方毫) 1967—73.《中国大主教史人物传》, Hong Kong.

Fang, W. -C. (方万全)1984. "Chinese Language and Theoretical Thinking: A Review Article". ("汉语和理论思维:书评一篇") *Journal of Oriental Studies* 22: 25—32.

Flew, A. G. N. (ed.)(傅卢编)1968. *Logic and Language*. (《逻辑和语言》)(First Series), Oxford.

Frankenhauser, U. (佛兰肯豪瑟). 1996. *Die Einführung der buddhistischen Logik in China*.(《中国佛学逻辑介绍》)Wiesbaden.

Frede, M. (福雷德). 1987. *Essays in Ancient Philosophy*.(《古代哲学文集》), Oxford.

Furth, M. (福特). 1988. *Substance, Form and Psyche: An Aristotelian Metaphysics*.(《实体、形式和心灵:亚里士多德形而上学》)Cambridge.

Gallagher, L. (ed.)(加拉格编). 1953. *China in the Sixteenth Century: The Journals of Matthew Ricci: 1583—1610*.(《十六世纪的中国:利玛窦日志 1583-1610》)New York.

Geach, P. T. (吉实). 1981. *Logic Matters*.(《逻辑问题》)London.

Gernet, J. (谢和耐). 1985. *China and the Christian Impact: A Conflict of Cultures*.(《中国与基督教影响:文化间的冲突》)trans. J. Lloyd, Cambridge.

Girdansky, M. (格丹斯基) 1963. *The Adventure of Language*.(《语言的历险》)New York.

Givón, T. (吉冯). 1978. "Universal Grammar, Lexical Structure and Translatability". ("普遍语法、语汇的结构和可翻译性")in Guenthner and Guenthner-Reutter 1978.

Graham, A. C. (葛瑞汉). 1978. *Later Mohist Logic, Ethics and Science*.(《后期墨家的逻辑、伦理和科学》)London.

——1989. *Disputers of the Tao: Philosophical Argument in Ancient China*.(《论道者—古代中国的哲学辩论》)La Salle, Ill.

Granet, M. (葛兰言)1934. *La Pensée chinoise*.(《中国思维》)Paris.

Guenthner, F. and Guenthner-Reutter, M. (eds.),(古恩特纳和古恩特纳-路特编)1978. *Meaning and Translation: Philosophical and Linguistic Approaches*.(《意义和翻译:哲学和语言学方法》)London.

Guttenplan, S. (古腾普兰) 1986. *The Languages of Logic*.(《逻辑语言》)Oxford.

Haack, S. 1978.(哈克)*Philosophy of Logics*.(《逻辑哲学》)Cambridge.

Hacking, I. (海金)1968. "A Language without Particulars". ("没有特殊个体的语言")*Mind* 77: 168—85.

Hall, D. and Ames, R. (郝大维和安乐哲) 1987. *Thinking Through Confucius*.(《孔子哲学思微》), Albany.

Hall, E. (哈尔)1959. *The Silent Language*.(《沉默的语言》)New York.

Hansen, C. (陈汉生). 1983. *Language and Logic in Ancient China*.(《古代中国的语言和逻辑》)Ann Arbor.

——1985. "Chinese Language, Chinese Philosophy, and 'Truth'". ("汉语、中

国哲学和'真理'")*Journal of Asian Studies* 44：491—519.

——1987. "Classical Chinese Philosophy as Linguistic Analysis". ("作为语言分析的古典中国哲学")*Journal of Chinese Philosophy* 14：309—30.

——1989. "Language in the Heart-mind". ("心中的语言")in Allinson 1989.

——1991. "Should the Ancient Masters Value Reason?". ("古代大师应看重理性?")in Rosemont 1991.

Harbsmeier，C. 1979.（何莫邪）*Zur philosophischen Grammatik des Altchinesischen im Anschluß an Humboldts Brief an Abel-Rémusat*, published with his German translation of Humboldt, *Brief an M. Abel-Rémusat über die Natur grammatischer Formen im allgemeinen und über den Geist der chinesischen Sprache im besondern*，(《论洪堡写给亚伯-雷缪撒信中谈到的古汉语哲学语法》,附洪堡写给亚伯-雷缪撒信的德语翻译)Stuttgart—Bad Cannstatt.

——1981. *Aspects of Classical Chinese Syntax*.(《古汉语句法要义》)London and Malmö.

——1989. "Marginalia Sino-Logica". ("中国逻辑旁注")in Allinson 1989.

——1991. "The Mass Noun Hypothesis and the Part—Whole Analysis of the White Horse Dialogue". ("质料名词假说和对白马对话作的部分-整体分析")in Rosemont 1991.

——1998. *Science and Civilisation in China*（vol. 7），Part I：*Language and Logic*.(《中国的科学和文明》(卷七),第一部：语言和逻辑)Cambridge.

Harris, R.（哈里斯）1980. *The Language Makers*.(《语言》)London.

——1981. *The Language Myth*.(《语言神话》)London.

Hawkins, E. L.（豪金斯）1893. *The Oxford Handbook of Logic Deductive and Inductive*, *Specially Adopted for the Use of Candidates for Moderations at Oxford with Questions that have been Set in the Schools*, *together with Answers to the Same*.(《牛津演绎及归纳逻辑手册》)5th edition, Oxford.

Henderson, J. B.（亨德森）1991. *Scripture, Canon, and Commentary*：*A Comparison of Confucian and Western Exegesis*,(《经书、典籍和评注：儒家训诂和西方注经的比较》)Princeton.

Hirsch, E.（赫尔什）1993. *Dividing Reality*.(《划分现实》)Oxford.

Hobbes, T.（霍布斯）1973. *Leviathan*.(《利维坦》)London.

Hoijer, H.（ed.）（霍伊杰编）1954. *Language in Culture*, *Conference on the Interrelations of Language and Other Aspects of Culture*.(《文化中的语言,关于语言和其他文化方面互动关系的会议》)Chicago.

Holzman, D.（霍尔兹曼）1956. 'Conversational Tradition in Chinese Philosophy',("中国哲学中的交谈传统")*Philosophy East and West* 6：223—30.

Humboldt, W. von(洪堡)1827. *Lettre à M. Abel-Rémusat sur la nature des formes grammaticales en général, et sur le génie de la langue chinoise en particulier*,(《致阿贝尔-雷缪萨先生,关于语法形式的本质的一般问题以及汉语之奇才》)Paris.

Hummel, A.(恒慕义)1943. *Eminent Chinese of the Ch'ing Period*.(《清代著名中国人》)vol. I, Washington.

Jami, C. and Delahaye, H. (eds.)(亚米和德拉哈耶编)1993. *L'Europe en Chine: Interactions scientifiques, religieuses et culturelles aux XVIIE et XVIIIE siècles*.(《欧十七和十八世纪欧洲在中国:科学、宗教和文化上的相互影响》)Paris.

Katz, J. 1978.(卡茨)'Effability and Translation'. ("不可言说性和翻译") in Guenthner and Guenthner-Reutter 1978.

——1988. 'The Refutation of Indeterminacy'. ("驳不可确定性") *Journal of Philosophy* 85: 227—52.

Kirwan, C.(克尔万)1978. *Logic and Argument*.(《逻辑和论理》)London.

Lakoff, G.(拉可夫)1973. "Fuzzy Grammar and the Performance/Competence Terminology Game". ("模糊语法和表达/表达力术语游戏") in *Papers from the Ninth Regional Meeting, Chicago Linguistic Society*, Chicago.

Lemmon, E. J.(莱蒙)1984. *Beginning Logic*.(《初始逻辑》)Wokingham.

Li Chih-tsao(李之藻)1965.《名理探》, Taipei.

Lippiello, T. and Malek, R. (eds.)(里皮艾罗和马勒克编)1997. *Scholar from the West: Giulio Aleni S. J. (1582—1649) and the Dialogue between Christianity and China*.(《来自西方的学者:艾儒略(1582-1649)及基督教与中国的对话》)Monumenta Serica Monograph Series XLII, Nettetal.

Lloyd, G. E. R.(劳艾德)1990. *Demystifying Mentalities*.(《去神秘化心态》) Cambridge.

Luk, B. H.-K.(鲁克)1988. "A Serious Matter of Life and Death: Learned Conversations at Foochow in 1627". ("生死攸关之事:1627年福州学术交流") in Ronan and Oh 1988.

——1997. "Aleni Introduces the Western Academic Tradition to Seventeenth-Century China: A Study of the *Xixue fan*". ("艾儒略为十七世纪中国引进西方学术传统:《西学凡》研究")in Lippiello and Malek 1997.

Malotki, E.(马洛特基)1983. *Hopi Time: A Linguistic Analysis of the Temporal Concepts in the Hopi Language*.(《霍皮时间:霍皮语中时间概念的语言学分析》)Berlin.

Melis, G.(梅利斯)1994. "Temi e tesi della filosofia europea nel'Tianzhu Shiyi'di Matteo Ricci". ("利玛窦《天主实义》中欧洲哲学的主题和论述")in *Atti del convegno internazionale di studi Ricciani*,Macerata.

Monumenta Paedagogica Societatis Jesu.(《耶稣会教学文献志》)1965—. Rome.

Müller,W.(缪勒)n. d.(未注明出版日期)"Raum und Zeit in Sprachen und Kalendern Nordamerikas und Alteuropas".("北美洲和旧欧洲语言和历法中的时空")*Anthropos* 57:568—90.

Mungello,D. E.(孟德卫)1989. *Curious Land:Jesuit Accommodation and the Origins of Sinology*,(《奇异的国度:耶稣会适应政策及汉学的起源》)Honolulu.

——1994. *The Forgotten Christians of Hangzhou*,(《被遗忘的杭州基督徒》)Honolulu.

Nietzsche,F.(尼采)1973. *Beyond Good and Evil*,trans. R. J. Hollingdale,London.

——1987. *Jenseits von Gut und Böse:Vorspiel einer Philosophie der Zukunft*,Augsburg.

Owen,G. E. L.(欧文)1986. *Logic,Science and Dialectic:Collected Papers in Greek Philosophy.*(《逻辑、科学和辩证法:希腊哲学论文集》)ed. M. Nussbaum,London.

Passmore,J.(帕斯摩尔)1961. *Philosophical Reasoning.*(《哲学推理》)London.

Peterson,W. J.(彼得森)1988. 'Why Did They Become Christians? Yang T'ing-yün, Li Chih-tsao, and Hsü Kuang-ch'i',("他们为什么成为基督徒？杨廷筠、李之藻和徐光启")in Ronan and Oh 1988.

Pinxton,R.(ed.)(平克斯顿)1976. *Universalism versus Relativism in Language and Thought.*(《语言和思想中的普适主义和相对主义》)The Hague.

Prior,A. N.(普莱尔)1955. *Formal Logic.*(《形式逻辑》)Oxford.

Quine,W. V.(奎因)1960. *Word and Object.*(《语词和对象》)Cambridge,Mass.

——1969. *Ontological Relativity and Other Essays.*(《本体相对论和其他论文》)New York.

——1974. *Methods of Logic.*(《逻辑方法》)3rd edition,London.

——1980. *Elementary Logic.*(《基础逻辑》)2nd edition,London.

——1981. *Theories and Things.*(《理论和事物》)London.

——1986. *Philosophy of Logic.*(《逻辑的哲学》)2nd edition,London.

——1987. "Indeterminacy of Translation Again". ("再论翻译不确定性") *Journal of Philosophy* 84:5—10.

Ramsey,F. P.(兰姆塞)1990. *Philosophical Papers.*(《哲学论文》)ed. D. H.

Mellor Cambridge.

Reding, J.-P. (雷丁) 1986. "Greek and Chinese Categories: A Reexamination of the Problem of Linguistic Relativism". ("希腊和中国的范畴:重估语言相对主义") *Philosophy East and West* 36: 349—74.

Resnik, M. (莱斯尼克) 1988. "Second-order Logic Still Wild". ("二阶逻辑仍然生猛") *Journal of Philosophy* 85: 75—87.

Robins, R. (罗宾斯) 1976. "The Current Relevance of the Sapir—Whorf Hypothesis". ("撒皮尔-沃尔夫假说的当代相关性") in Pinxton 1976.

Ronan, C. E. and Oh, B. B. C. (罗南和欧) (eds.) 1988. *East Meets West: The Jesuits in China*, 1582—1773,(《东方遇见西方:在中国的耶稣会士》) Chicago.

Rosemont, H. Jr. (罗思文) 1974. 'On Representing Abstractions in Archaic Chinese',("论在古汉语中表达抽象") *Philosophy East and West* 24: 71—88.

——1991 (ed.) *Chinese Texts and Philosophical Contexts: Essays Dedicated to Angus C. Graham*. (《汉语文本和哲学语境:献给葛瑞汉的文集》) La Salle, Ill.

Ross, J. R. (罗斯) 1972. "The Category Squish; Endstation Hauptwort". ("范畴挤压;终极名词") in *Papers from the Eighth Regional Meeting, Chicago Linguistic Society*, Chicago.

Russell, B. (罗素) 1956. *Logic and Knowledge, Essays* 1901—1950,(《逻辑和知识,论文集 1901-1950 年》) ed. R. C. Marsh, New York.

Ryle, G. (赖尔) 1968. "Systematically Misleading Expressions". ("系统性误导的表达式") in Flew 1968.

Sainsbury, M. (圣斯伯力) 1991. *Logical Forms: An Introduction to Philosophical Logic*. (《逻辑形式:哲学逻辑导论》) Oxford.

Schenkeveld, D. M. (申克菲尔德) 1992. "Prose Usages of AKOYEIN 'to Read'". ("AKOYEIN("阅读")的散文用法") *Classical Quarterly* n. s. 42: 129—41.

Schmitt, C. B. and Skinner, Q. (eds.) (施密特和斯金纳编) 1988. *The Cambridge History of Renaissance Philosophy*. (《剑桥文艺复兴哲学史》) Cambridge.

Sedley, D. (塞德雷) 1977. "Diodorus Cronus and Hellenistic Philosophy". ("卡里亚雅苏斯的狄奥多罗斯和希腊化时期的哲学") *Proceedings of the Cambridge Philological Society* n. s. 23: 74—120.

Semedo, A. (赛梅多) 1655. *The History of the Great and Renowned Monarchy of China*. (《非凡显赫的中国君主制历史》) trans. E. Tyler, London.

Spence, J. D. (斯宾塞) 1985. *The Memory Palace of Matteo Ricci*. (《利玛窦的记忆宫》) London.

Standaert, N. (斯丹达尔) 1994. "The Investigations of Things and the

Fathoming of Principles (*Gewu Qiongli*) in the Seventeenth-Century Contact between Jesuits and Chinese Scholars". ("十七世纪耶稣会士和中国文人的个无格物穷理")in Witek 1994.

Steiner, G. (斯坦纳) 1992. *After Babel: Aspects of Language and Translation*, 2nd edition. (《巴别塔之后:语言与翻译》,第二版)Oxford.

Strawson, P. F. (斯特劳森)1952. *Introduction to Logical Theory*. (《逻辑理论导论》)London.

——1971. *Logico-Linguistic Papers*. (《逻辑语言学论文集》)London.

Usener, H. (乌斯纳)1887. *Epicurea*. (《伊壁鸠鲁文集》) Leipzig.

Verhaar, J. W. M. (ed.) (维尔哈尔编)1967— . *The Verb 'Be' and its Synonyms*, (《动词"be"及其同义词》)in *Foundations of Language*, supplementary series, Dordrecht.

Verhaeren, H. (惠泽霖)1935. "Aristote en Chine". ("亚里士多德在中国") *Bulletin catholique de Pékin* 22 (1935).

Wardy, R. (沃迪)1992. "Chinese Whispers". ("传话游戏") *Proceedings of the Cambridge Philological Society* n. s. 38: 149—70.

Webb, J. (维伯)1669. *An Historical Essay Endeavouring a Probability That the Language of the Empire of China is the Primitive Language*. (《试图证明某种可能性的历史论文:中华帝国的语言是一种原始语言》)London.

——1678. *The Antiquity of China, or an Historical Essay, Endeavouring a Probability That the Language of the Empire of China is the Primitive Language Spoken Through the Whole World Before the Confusion of Babel*. (《中国古代历史论文:中华帝国的语言可能是巴比伦塔倒塌之前全世界统一的原始语言》)London.

Whorf, B. (伍尔夫)1967. *Language Thought and Reality*. (《语言、思想与现实世界》)ed. J. Carroll, Cambridge, Mass.

Wiggins, D. (维金斯)1980. *Sameness and Substance*. (《同一与实体》)Oxford.

Williams, C. J. F. (威廉姆斯)1981. *What is Existence?* (《存在是什么?》) Oxford.

Wilson, M. (威尔逊)1994. "Can We Trust Logical Form?". ("我们能信任逻辑形式吗?")*Journal of Philosophy* 91: 519—44.

Witek, J. W. (ed.) (维泰克编) 1994. *Ferdinand Verbiest (1623—1688): Jesuit Missionary, Scientist, Engineer and Diplomat*, (《南怀仁(1623—1688):耶稣会传教士、科学家、工程师和外交家》) Monumenta Serica Monograph Series XXX, Nettetal.

Wittgenstein, L. (维特根斯坦)1978. *Tractatus Logico-Philosophicus*. (《逻辑哲学导论》) trans. D. F. Pears and B. F. McGuinness, London.

——1981. *Tractatus Logico-Philosophicus*.(《逻辑哲学导论》) London.

Wright, A. (ed.)(芮沃寿编)1953. *Studies in Chinese Thought*.(《中国思想研究》)Cambridge.

Wu, K.-M.(吴光明) 1987. "Counterfactuals, Universals, and Chinese Thinking". ("违反现实条件句、共相和中国思维") *Philosophy East and West* 37: 84—94.

"海外中国研究丛书"书目

1. 中国的现代化　[美]吉尔伯特·罗兹曼 主编　国家社会科学基金"比较现代化"课题组 译　沈宗美 校
2. 寻求富强:严复与西方　[美]本杰明·史华兹 著　叶凤美 译
3. 中国现代思想中的唯科学主义(1900—1950)　[美]郭颖颐 著　雷颐 译
4. 台湾:走向工业化社会　[美]吴元黎 著
5. 中国思想传统的现代诠释　余英时 著
6. 胡适与中国的文艺复兴:中国革命中的自由主义,1917—1937　[美]格里德 著　鲁奇 译
7. 德国思想家论中国　[德]夏瑞春 编　陈爱政 等译
8. 摆脱困境:新儒学与中国政治文化的演进　[美]墨子刻 著　颜世安 高华 黄东兰 译
9. 儒家思想新论:创造性转换的自我　[美]杜维明 著　曹幼华 单丁 译　周文彰 等校
10. 洪业:清朝开国史　[美]魏斐德 著　陈苏镇 薄小莹　包伟民 陈晓燕 牛朴 谭天星 译　阎步克 等校
11. 走向21世纪:中国经济的现状、问题和前景　[美]D.H.帕金斯 著　陈志标 编译
12. 中国:传统与变革　[美]费正清 赖肖尔 主编　陈仲丹 潘兴明 庞朝阳 译　吴世民 张子清 洪邮生 校
13. 中华帝国的法律　[美]D.布朗 C.莫里斯 著　朱勇 译　梁治平 校
14. 梁启超与中国思想的过渡(1890—1907)　[美]张灏 著　崔志海 葛夫平 译
15. 儒教与道教　[德]马克斯·韦伯 著　洪天富 译
16. 中国政治　[美]詹姆斯·R.汤森 布兰特利·沃马克 著　顾速 董方 译
17. 文化、权力与国家:1900—1942年的华北农村　[美]杜赞奇 著　王福明 译
18. 义和团运动的起源　[美]周锡瑞 著　张俊义 王栋 译
19. 在传统与现代性之间:王韬与晚清革命　[美]柯文 著　雷颐 罗检秋 译
20. 最后的儒家:梁漱溟与中国现代化的两难　[美]艾恺 著　王宗昱 冀建中 译
21. 蒙元入侵前夜的中国日常生活　[法]谢和耐 著　刘东 译
22. 东亚之锋　[美]小R.霍夫亨兹 K.E.柯德尔 著　黎鸣 译
23. 中国社会史　[法]谢和耐 著　黄建华 黄迅余 译
24. 从理学到朴学:中华帝国晚期思想与社会变化面面观　[美]艾尔曼 著　赵刚 译
25. 孔子哲学思微　[美]郝大维 安乐哲 著　蒋弋为 李志林 译
26. 北美中国古典文学研究名家十年文选　乐黛云 陈珏 编选
27. 东亚文明:五个阶段的对话　[美]狄百瑞 著　何兆武 何冰 译
28. 五四运动:现代中国的思想革命　[美]周策纵 著　周子平 等译
29. 近代中国与新世界:康有为变法与大同思想研究　[美]萧公权 著　汪荣祖 译
30. 功利主义儒家:陈亮对朱熹的挑战　[美]田浩 著　姜长苏 译
31. 莱布尼兹和儒学　[美]孟德卫 著　张学智 译
32. 佛教征服中国:佛教在中国中古早期的传播与适应　[荷兰]许理和 著　李四龙 裴勇 等译
33. 新政革命与日本:中国,1898—1912　[美]任达 著　李仲贤 译
34. 经学、政治和宗族:中华帝国晚期常州今文学派研究　[美]艾尔曼 著　赵刚 译
35. 中国制度史研究　[美]杨联陞 著　彭刚 程钢 译

36. 汉代农业:早期中国农业经济的形成　[美]许倬云 著　程农 张鸣 译　邓正来 校
37. 转变的中国:历史变迁与欧洲经验的局限　[美]王国斌 著　李伯重 连玲玲 译
38. 欧洲中国古典文学研究名家十年文选　乐黛云 陈珏 龚刚 编选
39. 中国农民经济:河北和山东的农民发展,1890—1949　[美]马若孟 著　史建云 译
40. 汉哲学思维的文化探源　[美]郝大维 安乐哲 著　施忠连 译
41. 近代中国之种族观念　[英]冯客 著　杨立华 译
42. 血路:革命中国中的沈定一(玄庐)传奇　[美]萧邦奇 著　周武彪 译
43. 历史三调:作为事件、经历和神话的义和团　[美]柯文 著　杜继东 译
44. 斯文:唐宋思想的转型　[美]包弼德 著　刘宁 译
45. 宋代江南经济史研究　[日]斯波义信 著　方健 何忠礼 译
46. 一个中国村庄:山东台头　杨懋春 著　张雄 沈炜 秦美珠 译
47. 现实主义的限制:革命时代的中国小说　[美]安敏成 著　姜涛 译
48. 上海罢工:中国工人政治研究　[美]裴宜理 著　刘平 译
49. 中国转向内在:两宋之际的文化转向　[美]刘子健 著　赵冬梅 译
50. 孔子:即凡而圣　[美]赫伯特·芬格莱特 著　彭国翔 张华 译
51. 18世纪中国的官僚制度与荒政　[法]魏丕信 著　徐建青 译
52. 他山的石头记:宇文所安自选集　[美]宇文所安 著　田晓菲 编译
53. 危险的愉悦:20世纪上海的娼妓问题与现代性　[美]贺萧 著　韩敏中 盛宁 译
54. 中国食物　[美]尤金·N.安德森 著　马孆 刘东 译　刘东 审校
55. 大分流:欧洲、中国及现代世界经济的发展　[美]彭慕兰 著　史建云 译
56. 古代中国的思想世界　[美]本杰明·史华兹 著　程钢 译　刘东 校
57. 内闱:宋代的婚姻和妇女生活　[美]伊沛霞 著　胡志宏 译
58. 中国北方村落的社会性别与权力　[加]朱爱岚 著　胡玉坤 译
59. 先贤的民主:杜威、孔子与中国民主之希望　[美]郝大维 安乐哲 著　何刚强 译
60. 向往心灵转化的庄子:内篇分析　[美]爱莲心 著　周炽成 译
61. 中国人的幸福观　[德]鲍吾刚 著　严蓓雯 韩雪临 吴德祖 译
62. 闺塾师:明末清初江南的才女文化　[美]高彦颐 著　李志生 译
63. 缀珍录:十八世纪及其前后的中国妇女　[美]曼素恩 著　定宜庄 颜宜葳 译
64. 革命与历史:中国马克思主义历史学的起源,1919—1937　[美]德里克 著　翁贺凯 译
65. 竞争的话语:明清小说中的正统性、本真性及所生成之意义　[美]艾梅兰 著　罗琳 译
66. 中国妇女与农村发展:云南禄村六十年的变迁　[加]宝森 著　胡玉坤 译
67. 中国近代思维的挫折　[日]岛田虔次 著　甘万萍 译
68. 中国的亚洲内陆边疆　[美]拉铁摩尔 著　唐晓峰 译
69. 为权力祈祷:佛教与晚明中国士绅社会的形成　[加]卜正民 著　张华 译
70. 天潢贵胄:宋代宗室史　[美]贾志扬 著　赵冬梅 译
71. 儒家之道:中国哲学之探讨　[美]倪德卫 著　[美]万白安 编　周炽成 译
72. 都市里的农家女:性别、流动与社会变迁　[澳]杰华 著　吴小英 译
73. 另类的现代性:改革开放时代中国性别化的渴望　[美]罗丽莎 著　黄新 译
74. 近代中国的知识分子与文明　[日]佐藤慎一 著　刘岳兵 译
75. 繁盛之阴:中国医学史中的性(960—1665)　[美]费侠莉 著　甄橙 主译　吴朝霞 主校
76. 中国大众宗教　[美]韦思谛 编　陈仲丹 译
77. 中国诗画语言研究　[法]程抱一 著　涂卫群 译
78. 中国的思维世界　[日]沟口雄三 小岛毅 著　孙歌 等译

79. 德国与中华民国　[美]柯伟林 著　陈谦平 陈红民 武菁 申晓云 译　钱乘旦 校
80. 中国近代经济史研究:清末海关财政与通商口岸市场圈　[日]滨下武志 著　高淑娟 孙彬 译
81. 回应革命与改革:皖北李村的社会变迁与延续　韩敏 著　陆益龙 徐新玉 译
82. 中国现代文学与电影中的城市:空间、时间与性别构形　[美]张英进 著　秦立彦 译
83. 现代的诱惑:书写半殖民地中国的现代主义(1917—1937)　[美]史书美 著　何恬 译
84. 开放的帝国:1600年前的中国历史　[美]芮乐伟·韩森 著　梁侃 邹劲风 译
85. 改良与革命:辛亥革命在两湖　[美]周锡瑞 著　杨慎之 译
86. 章学诚的生平与思想　[美]倪德卫 著　杨立华 译
87. 卫生的现代性:中国通商口岸健康与疾病的意义　[美]罗芙芸 著　向磊 译
88. 道与庶道:宋代以来的道教、民间信仰和神灵模式　[美]韩明士 著　皮庆生 译
89. 间谍王:戴笠与中国特工　[美]魏斐德 著　梁禾 译
90. 中国的女性与性相:1949年以来的性别话语　[英]艾华 著　施施 译
91. 近代中国的犯罪、惩罚与监狱　[荷]冯客 著　徐有威 等译　潘兴明 校
92. 帝国的隐喻:中国民间宗教　[英]王斯福 著　赵旭东 译
93. 王弼《老子注》研究　[德]瓦格纳 著　杨立华 译
94. 寻求正义:1905—1906年的抵制美货运动　[美]王冠华 著　刘甜甜 译
95. 传统中国日常生活中的协商:中古契约研究　[美]韩森 著　鲁西奇 译
96. 从民族国家拯救历史:民族主义话语与中国现代史研究　[美]杜赞奇 著　王宪明 高继美 李海燕 李点 译
97. 欧几里得在中国:汉译《几何原本》的源流与影响　[荷]安国风 著　纪志刚 郑诚 郑方磊 译
98. 十八世纪中国社会　[美]韩书瑞 罗友枝 著　陈仲丹 译
99. 中国与达尔文　[美]浦嘉珉 著　钟永强 译
100. 私人领域的变形:唐宋诗词中的园林与玩好　[美]杨晓山 著　文韬 译
101. 理解农民中国:社会科学哲学的案例研究　[美]李丹 著　张天虹 张洪云 张胜波 译
102. 山东叛乱:1774年的王伦起义　[美]韩书瑞 著　刘平 唐雁超 译
103. 毁灭的种子:战争与革命中的国民党中国(1937—1949)　[美]易劳逸 著　王建朗 王贤知 贾维 译
104. 缠足:"金莲崇拜"盛极而衰的演变　[美]高彦颐 著　苗延威 译
105. 饕餮之欲:当代中国的食与色　[美]冯珠娣 著　郭乙瑶 马磊 江素侠 译
106. 翻译的传说:中国新女性的形成(1898—1918)　胡缨 著　龙瑜宬 彭珊珊 译
107. 中国的经济革命:20世纪的乡村工业　[日]顾琳 著　王玉茹 张玮 李进霞 译
108. 礼物、关系学与国家:中国人际关系与主体性建构　杨美惠 著　赵旭东 孙珉 译　张跃宏 译校
109. 朱熹的思维世界　[美]田浩 著
110. 皇帝和祖宗:华南的国家与宗族　[英]科大卫 著　卜永坚 译
111. 明清时代东亚海域的文化交流　[日]松浦章 著　郑洁西 等译
112. 中国美学问题　[美]苏源熙 著　卞东波 译　张强强 朱霞欢 校
113. 清代内河水运史研究　[日]松浦章 著　董科 译
114. 大萧条时期的中国:市场、国家与世界经济　[日]城山智子 著　孟凡礼 尚国敏 译　唐磊 校
115. 美国的中国形象(1931—1949)　[美]T.克里斯托弗·杰斯普森 著　姜智芹 译
116. 技术与性别:晚期帝制中国的权力经纬　[英]白馥兰 著　江湄 邓京力 译

117. 中国善书研究　［日］酒井忠夫 著　刘岳兵 何英莺 孙雪梅 译
118. 千年末世之乱:1813年八卦教起义　［美］韩书瑞 著　陈仲丹 译
119. 西学东渐与中国事情　［日］增田涉 著　由其民 周启乾 译
120. 六朝精神史研究　［日］吉川忠夫 著　王启发 译
121. 矢志不渝:明清时期的贞女现象　［美］卢苇菁 著　秦立彦 译
122. 明代乡村纠纷与秩序:以徽州文书为中心　［日］中岛乐章著　郭万平 高飞 译
123. 中华帝国晚期的欲望与小说叙述　［美］黄卫总著　张蕴爽 译
124. 虎、米、丝、泥:帝制晚期华南的环境与经济　［美］马立博 著　王玉茹 关永强 译
125. 一江黑水:中国未来的环境挑战　［美］易明 著　姜智芹 译
126. 《诗经》原意研究　［日］家井真 著　陆越 译
127. 施剑翘复仇案:民国时期公众同情的兴起与影响　［美］林郁沁 著　陈湘静 译
128. 华北的暴力和恐慌:义和团运动前夕基督教传播和社会冲突　［德］狄德满 著　崔华杰 译
129. 铁泪图:19世纪中国对于饥馑的文化反应　［美］艾志端 著　曹曦 译
130. 饶家驹安全区:战时上海的难民　［美］阮玛霞 著　白华山 译
131. 危险的边疆:游牧帝国与中国　［美］巴菲尔德 著　袁剑 译
132. 工程国家:民国时期(1927—1937)的淮河治理及国家建设　［美］戴维·艾伦·佩兹 著　姜智芹 译
133. 历史宝筏:过去、西方与中国妇女问题　［美］季家珍 著　杨可 译
134. 姐妹们与陌生人:上海棉纱厂女工,1919—1949　［美］韩起澜 著　韩慈 译
135. 银线:19世纪的世界与中国　林满红 著　詹庆华 林满红 译
136. 寻求中国民主　［澳］冯兆基 著　刘悦斌 徐硙 译
137. 墨梅　［美］毕嘉珍 著　陆敏珍 译
138. 清代上海沙船航运业史研究　［日］松浦章 著　杨蕾 王亦诤 董科 译
139. 男性特质论:中国的社会与性别　［澳］雷金庆 著　［澳］刘婷 译
140. 重读中国女性生命故事　游鉴明 胡缨 季家珍 主编
141. 跨太平洋位移:20世纪美国文学中的民族志、翻译和文本间旅行　黄运特 著　陈倩 译
142. 认知诸形式:反思人类精神的统一性与多样性　［英］G.E.R.劳埃德 著　池志培 译
143. 中国乡村的基督教:1860—1900 江西省的冲突与适应　［美］史维东 著　吴薇 译
144. 假想的"满大人":同情、现代性与中国疼痛　［美］韩瑞 著　袁剑 译
145. 中国的捐纳制度与社会　伍跃 著
146. 文书行政的汉帝国　［日］富谷至 著　刘恒武 孔李波 译
147. 城市里的陌生人:中国流动人口的空间、权力与社会网络的重构　［美］张骊 著　袁长庚 译
148. 性别、政治与民主:近代中国的妇女参政　［澳］李木兰 著　方小平 译
149. 近代日本的中国认识　［日］野村浩一 著　张学锋 译
150. 狮龙共舞:一个英国人笔下的威海卫与中国传统文化　［英］庄士敦 著　刘本森 译　威海市博物馆 郭大松 校
151. 人物、角色与心灵:《牡丹亭》与《桃花扇》中的身份认同　［美］吕立亭 著　白华山 译
152. 中国社会中的宗教与仪式　［美］武雅士 著　彭泽安 邵铁峰 译　郭潇威 校
153. 自贡商人:近代早期中国的企业家　［美］曾小萍 著　董建中 译
154. 大象的退却:一部中国环境史　［英］伊懋可 著　梅雪芹 毛利霞 王玉山 译
155. 明代江南土地制度研究　［日］森正夫 著　伍跃 张学锋 等译　范金民 夏维中 审校
156. 儒学与女性　［美］罗莎莉 著　丁佳伟 曹秀娟 译

157. 行善的艺术:晚明中国的慈善事业(新译本)　[美]韩德玲 著　曹晔 译
158. 近代中国的渔业战争和环境变化　[美]穆盛博 著　胡文亮 译
159. 权力关系:宋代中国的家族、地位与国家　[美]柏文莉 著　刘云军 译
160. 权力源自地位:北京大学、知识分子与中国政治文化,1898—1929　[美]魏定熙 著　张蒙 译
161. 工开万物:17世纪中国的知识与技术　[德]薛凤 著　吴秀杰 白岚玲 译
162. 忠贞不贰:辽代的越境之举　[英]史怀梅 著　曹流 译
163. 内藤湖南:政治与汉学(1866—1934)　[美]傅佛果 著　陶德民 何英莺 译
164. 他者中的华人:中国近现代移民史　[美]孔飞力 著　李明欢 译　黄鸣奋 校
165. 古代中国的动物与灵异　[英]胡司德 著　蓝旭 译
166. 两访中国茶乡　[英]罗伯特·福琼 著　敖雪岗 译
167. 缔造选本:《花间集》的文化语境与诗学实践　[美]田安 著　马强才 译
168. 扬州评话探讨　[丹麦]易德波 著　米锋 易德波 译　李今芸 校译
169. 《左传》的书写与解读　李惠仪 著　文韬 许明德 译
170. 以竹为生:一个四川手工造纸村的20世纪社会史　[德]艾约博 著　韩巍 译　吴秀杰 校
171. 东方之旅:1579—1724耶稣会传教团在中国　[美]柏理安 著　毛瑞方 译
172. "地域社会"视野下的明清史研究:以江南和福建为中心　[日]森正夫 著　于志嘉 马一虹 黄东兰 阿风 等译
173. 技术、性别、历史:重新审视帝制中国的大转型　[英]白馥兰 著　吴秀杰 白岚玲 译
174. 中国小说戏曲史　[日]狩野直喜 著　张真 译
175. 历史上的黑暗一页:英国外交文件与英美海军档案中的南京大屠杀　[美]陆束屏 编著/翻译
176. 罗马与中国:比较视野下的古代世界帝国　[奥]沃尔特·施德尔 主编　李平 译
177. 矛与盾的共存:明清时期江西社会研究　[韩]吴金成 著　崔荣根 译　薛戈 校译
178. 唯一的希望:在中国独生子女政策下成年　[美]冯文 著　常姝 译
179. 国之枭雄:曹操传　[澳]张磊夫 著　方笑天 译
180. 汉帝国的日常生活　[英]鲁惟一 著　刘洁 余霄 译
181. 大分流之外:中国和欧洲经济变迁的政治　[美]王国斌 罗森塔尔 著　周琳 译　王国斌 张萌 审校
182. 中正之笔:颜真卿书法与宋代文人政治　[美]倪雅梅 著　杨简茹 译　祝帅 校译
183. 江南三角洲市镇研究　[日]森正夫 编　丁韵 胡婧 等译　范金民 审校
184. 忍辱负重的使命:美国外交官记载的南京大屠杀与劫后的社会状况　[美]陆束屏 编著/翻译
185. 修仙:古代中国的修行与社会记忆　[美]康儒博 著　顾漩 译
186. 烧钱:中国人生活世界中的物质精神　[美]柏桦 著　袁剑 刘玺鸿 译
187. 话语的长城:文化中国历险记　[美]苏源熙 著　盛珂 译
188. 诸葛武侯　[日]内藤湖南 著　张真 译
189. 盟友背信:一战中的中国　[英]吴芳思 克里斯托弗·阿南德尔 著　张宇扬 译
190. 亚里士多德在中国:语言、范畴和翻译　[英]罗伯特·沃迪 著　韩小强 译
191. 马背上的朝廷:巡幸与清朝统治的建构,1680—1785　[美]张勉治 著　董建中 译
192. 申不害:公元前四世纪中国的政治哲学家　[美]顾立雅 著　马腾 译
193. 晋武帝司马炎　[日]福原启郎 著　陆帅 译
194. 唐人如何吟诗:带你走进汉语音韵学　[日]大岛正二 著　柳悦 译

195. 古代中国的宇宙论　［日］浅野裕一 著　吴昊阳 译
196. 中国思想的道家之论:一种哲学解释　［美］陈汉生 著　周景松 谢尔逊 等译　张丰乾 校译
197. 诗歌之力:袁枚女弟子屈秉筠(1767—1810)　［加］孟留喜 著　吴夏平 译
198. 中国逻辑的发现　［德］顾有信 著　陈志伟 译
199. 高丽时代宋商往来研究　［韩］李镇汉 著　李廷青 戴琳剑译　楼正豪 校
200. 中国近世财政史研究　［日］岩井茂树 著　付勇 译　范金民 审校
201. 魏晋政治社会史研究　［日］福原启郎 著　陆帅 刘萃峰 张紫毫 译
202. 宋帝国的危机与维系:信息、领土与人际网络　［比利时］魏希德 著　刘云军 译
203. 中国精英与政治变迁:20世纪初的浙江　［美］萧邦奇 著　徐立望 杨涛羽 译　李齐 校
204. 北京的人力车夫:1920年代的市民与政治　［美］史谦德 著　周书垚 袁剑 译　周育民 校
205. 1901—1909年的门户开放政策:西奥多·罗斯福与中国　［美］格雷戈里·摩尔 著　赵嘉玉 译
206. 清帝国之乱:义和团运动与八国联军之役　［美］明恩溥 著　郭大松 刘本森 译